[개정판]

상속재산분할심판청구 실무의 완성판

상속재산분할의 정석

김정대 · 이재우 공저

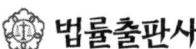 법률출판사

머리글

이미 시중에 훌륭한 교과서들이 많이 있지만, 상속재산분할심판청구소송을 처음 접하는 당사자가 교과서를 보고 소송을 진행하긴 어렵습니다. 법률용어도 생소할 뿐만 아니라, 그 용례도 잘 알지 못하기 때문입니다. 이는 비단 당사자뿐만 아니라 상속소송을 처음 진행하시는 변호사들도 마찬가지일 것입니다. 저 역시도 상속 소송을 처음 진행할 때 안갯길을 걷는 듯한 막막함을 느꼈습니다.

이에 초심자들이 이 책만 보고도 충분히 상속재산분할심판청구의 소를 진행할 수 있도록 소송절차, 소장 및 준비서면 작성요령, 상속재산분할심판의 뼈대가 되는 법리들에 관하여 근거가 되는 조문을 넣은 것은 물론, 함께 많은 수의 사례와 예시를 넣어 독자들께서 직면한 사건들이 빠짐없이 포섭될 수 있도록 하였습니다. 많은 상속전문변호사들과 대화하며 고민되었던 부분들에 대한 우리 법원의 판결 역시 수록하였습니다. 또한 상속재산분할심판을 진행할 때, 판결문에 나타나있지 않아 고민이 되는 부분들에 대한 실무상 처리방침에 관하여도 풍부하게 서술하려 노력하였습니다.

이처럼 본 교과서를 완전한 '실무형 교과서'로 기획하였고, 그 결실을 이제 맺었습니다. 본 서적이 상속소송의 길잡이가 되어 독자분들께서 수 많은 인터넷 페이지와 책들을 찾는 수고를 하지 않을 수 있기를 간절히 바래봅니다.

2025년 8월
저자 김정대

머리글

　상속을 해결하는 과정에서 상속인들은 시행착오를 겪거나 잘못된 정보로 예상치 못한 분쟁과 소송이 발생하기도 합니다. 그렇다고 주변의 도움을 받기도 마땅치 않고 소송실무를 일목요연하게 볼 수 있는 자료를 구하기도 어려운 것이 현실입니다.

　이 책은 이러한 상속인들이 시행착오 없이 무난하게 상속절차를 정리할 수 있도록 도움을 줄 목적으로 시작되었습니다. 이 책은 독자들이 법률적 지식이 전혀 없다는 사실을 전제로 쉽게 이해하고 실무에 적용할 할 수 있도록 상속인의 결정, 법정상속분, 상속재산과 고유재산의 구분, 사전증여의 증명 방법, 증명된 사전증여의 특별수익 포함 여부, 법원이 각 상속인의 최종상속분을 확정하는 과정과 분할 방법 등을 체계적으로 안내하고 각 단계별로 실무서식을 기재하고, 각 쟁점별 대법원 판례를 기재하여 독자들이 쉽게 이해할 수 있도록 했습니다.

　이 책이 법률전문가가 아닌 일반 상속인들에게 도움이 되어 상속과 관련한 어려움을 해결하고, 공동상속인들이 상속재산분할을 마치는데 시행착오를 줄일 수 있는 해결책이 될 수 있다면 저자로서는 이 책을 통해서 이루고자 하는 소기의 목적을 달성했다고 할 수 있습니다.

2025년 8월
저자 이재우

차 례

1. 상속재산분할의 개념 ·· 9

2. 상속인 ·· 11
   가. 호적과 가족관계등록부 ································ 11
   나. 상속순위 ·· 15
   다. 상속인의 결정 ·· 17

3. 법정상속지분 ·· 21
   가. 피상속인의 사망 시기에 따른 법정상속분의 변경 ········· 21
   나. 1순위 상속인의 법정상속비율 (현재 민법을 기준으로) ····· 24
   다. 2순위 상속인 ·· 29
   라. 3순위 상속인 ·· 30
   마. 4순위 상속인 ·· 31

4. 상속재산 ·· 33
   가. 개념 ·· 33
   나. 분할대상인 상속재산 ···································· 34

다. 분할대상에서 배제되는 상속재산 ·· 36

5. 상속분의 결정 ··· 39
가. 법정상속분 ·· 39
나. 협의분할 ··· 40
다. 유언 ·· 42
라. 상속재산분할심판청구 ·· 43

6. 법정상속지분을 기준으로 하는 단순분할 : 잠정적 공유 ········ 45

7. 상속재산분할협의 ··· 49
가. 개념 ·· 49
나. 성립요건 ··· 49
다. 미성년자인 상속인의 특별대리인 선임 ································· 50
라. 재분할 ··· 50

8. 유 언 ·· 53
가. 형식에 의한 구분 ·· 53
나. 효력에 의한 구분 : 포괄적 유증과 특정유증 ························ 75
다. 유언의 철회 ·· 82
라. 유언집행자의 사망과 집행의 거부 ······································ 83
마. 수증자의 사망 ··· 84
바. 기타 유언과 유사한 제도 ·· 84

9. 상속재산분할심판청구 ·· 95
가. 의의 ·· 95
나. 구체적 상속분 ··· 95

다. 특별수익 ··· 105
　　라. 기여분 ··· 133

10. 상속재산의 분할방법 ································· **149**

　　가. 법원의 후견적 재량 ··································· 149
　　나. 공유분할 ··· 150
　　다. 부동산에 대한 분할방법 ····························· 151
　　라. 분할 주문 사례 ·· 153

11. 상속재산분할심판청구의 절차 ······················· **157**

　　가. 상속재산분할심판청구의 세부적 절차 ··········· 157
　　나. 상속재산분할심판 및 기여분결정 청구절차 도해 ··· 163
　　다. 심판청구서 제출 ······································· 164
　　라. 주소보정 ··· 175
　　마. 답변서 ··· 177
　　바. 반심판청구 ·· 179
　　사. 준비서면 제출 ·· 184
　　아. 특별수익 ··· 186
　　자. 준비서면 (청구취지 및 청구원인변경신청) ····· 220
　　차. 참고서면 ··· 233
　　카. 심판문 ··· 233
　　타. 항고장 ··· 243

12. 사후인지자의 상속회복청구권 ······················· **247**

　　가. 인지청구 ··· 247
　　나. 인지청구되지 않은 혼외자를 배제한 상속재산분할협의 ··· 248
　　다. 혼인외의 자의 사후 인지청구 ····················· 248

라. 분할을 마치지 못한 상속재산 ·· 249
마. 마쳐진 상속재산분할협의와 상속회복 ·· 250

13. 친생자관계부존재확인의 소와 상속재산분할청구권의 관계   257

가. 상속인으로부터 배제하는 친생자관계부존재확인의 소 ················ 257
나. 무효인 출생신고의 입양으로의 전환 ·· 259
다. 입양에 대응하는 파양 ·· 260
라. 친생자관계부존재확인의 소에 대한 흐름 ·································· 266

14. 상속재산분할과 사해행위취소소송 간의 관계 ···················· 269

가. 사해행위에 해당하는 상속재산분할협의 ·································· 269
나. 상속분을 양수받은 상속인의 선의 여부 ·································· 270
다. 사해행위취소의 범위 ·· 274
라. 상속재산분할협의를 한 후 상속포기를 하는 경우 ···················· 280
마. 유증의 포기 ·· 281
바. 사해행위취소소송의 시효 ·· 282

1. 상속재산분할의 개념

1. 상속재산분할의 개념

피상속인이 사망으로 상속인의 지위를 취득한 상속인들이 상속개시 당시 피상속인의 명의로 된 적극재산 중 유언이나 사인증여 등으로 분할방법이 사전에 정해지지 않은 재산에 대해서 공동상속인들이 일정한 비율에 따라 분할해서 취득하는 것을 의미합니다. 이러한 상속재산분할은 상속이 개시된 때에 소급하여 효력이 생기고(민법 1015조), 상속인이 2명 이상일 때에는 확정될 때까지 잠정적인 공유관계를 형성합니다(민법 1006조).

2. 상속인

가. 호적과 가족관계등록부

(1) 기준

제적등본과 가족관계등록부의 차이는 호주를 기준으로 가족관계가 작성되었는가, 개인을 기준으로 가족관계가 작성되었는가입니다.

민법의 '호주제'를 폐지하고 호주제를 대체할 '가족관계 등록법'이 2008년 1월 1일부터 시행되어, 2008년 1월 1일 기준 그 이전은 제적등본, 그 이후는 가족관계등록부가 신분서류의 대표서류가 됩니다. 근데 왜 호주제 하에서 호적등본이 아니라 제적등본이냐면, 호주제가 폐지되고 가족관계등록부 중심으로 가면서 2008. 1. 1.부터 호적등본을 제적등본으로 부르게 된 것 뿐입니다(그럼에도 호적초본은 떼어달라고 하면 떼어 줍니다. 그냥 과거의 흔적일 뿐이니 의미를 둘 필요는 없습니다.).

그러나 호주제의 폐지로 제적등본이 폐지되고 가족관계등록부를 작성하는 과정에서 제적등본의 내용 중 일부가 누락된 내용이 있으므로 제적등본을 확인할 필요가 있습니다.

(2) 제적등본의 기재

제적등본의 경우, '호주를 기준'으로 작성됩니다. 여기서 호주란 남자를 기준으로 하여, 아버지가 호주가 되고 그 처와 자녀들은 모두 아버지에 딸린 식구에 불과합니다. 나중에 아버지가 돌아가시면 장남이 옛날에는 집안 제사 등 아버지의 모든 것을 물려받으므로 대를 잇는다고 하여 호주가 되며, 장남이 죽으면 장남의 첫째 아들인 장손이 호주가 됩니다. 이렇게 호주를 중심으로 하여, 처자식이 기재가 되는 것이 제적등본입니다. 그래서 '처'의 제적등본을 떼면, 자신이 중심이 아니라 '호주'를 중심으로 하여 자신의 인적사항이 기재되어 있습니다. 제적등본의 주인은 호주이고, 따라서 호주의 제적등본을 떼면 그 가족들의 인적사항이 다 기재되어 있습니다.

그런데, 자식들 중에 시집을 가거나 장가를 가는 경우가 있는데 이런 경우에도 위와 같이 아버지가 호주인 상태가 유지되는지 궁금할 것입니다. 먼저 여성이 시집을 가는 경우에는, 이제 시댁을 중심으로 하여 시아버지께서 살아계시는 경우 시아버지가 호주가 되고 시아버지가 사망한 경우, 남편이 장남이면 남편이 호주가 됩니다. 이 때 여성은 남편을 따라 호주(시아버지 또는 남편)의 호적에 입적하게 됩니다. 이때, 아내의 제적등본을 보면 '전호적 칸'이 있는데 여기에는 전호주인 친아버지가 나오게 됩니다. 그런데 만약 이 여성이 이혼을 한다면, '복적'이라고 해서 전호주인 친아버지의 밑으로 다시 들어가게 됩니다.

그런데, 드라마 같은 데 보면, 친아버지가 호적을 더럽히지 말라고 해서 복적을 못하게 막는 경우가 있습니다. 이런 경우에 여성은 아예 일가를 창립하여 본인이 호주가 될 수 있는 길도 열려 있었습니다. 어쨌든 이런 법적인 건 잘 모르다보니 여성이 여러 번 결혼하고 여러 번 이혼하는 경우, 그 복적을 한 흔적이 모두 호주의 제적등본에 남게 되는 폐단이 있었습니다. 반면에, 남성이 이혼하는 경우, 남성은 결혼할 때 분가를 하여 본인이 호주가 되고 여성이 처로 들어오는 구조이므로, 여성만 나갔다 들어오는 식으로 기재가 되고 남성은 누군가의 남편으로 들어갔다가 나온 흔적이 남지 않습니다. 그래서 남성 위주의 문화였기 때문에 폐지된 것입니다.

한편, 남자가 장가를 가는 경우, 이때는 장남이 아닌 경우에는 아버지 밑에서 분가를 하여 남자가 호주가 됩니다. 그러므로, 시집간 여성의 남편이 장남이 아닌 경우에는 이제 그 남편을 기준으로 분가를 하여 남편이 호주가 되고, 시집간 여성은 그 남편을 호주로 하여 일가 식구가 됩니다. 그런데, 장남의 경우에는 아버지의 대를 이어야 하므로 제적등본상 분가하는 게 아니고, 그대로 호주인 아버지 밑에 남게 됩니다.

결국 제적등본은 호주 중심으로 작성되므로, 여성의 경우 뿌리(호주)를 찾기 위해서 제적등본을 떼면 그 호주 밑에 딸린 가족 구성원의 인적사항이 모두 나오므로, 호주의 제적등본을 떼면 형제자매를 포함하여 모두의 인적사항을 발급받을 수 있었습니다.

* 참고 : 제적등본 뗄 때, 원칙적으로 주민번호 뒷자리 가리므로 이거 가리지 말고 발급해달라고 요청 필요함.

> **예시 1** 여성이 A에게 시집을 간다. 그러면 제적등본에는 남편 A를 따라 '입적'했다고 나오고, 그 여성은 A와 시아버지의 제적등본을 볼 수 있음. 그런데, A의 남동생(차남)은 결혼하여 자기가 호주가 되어 분가한 상황. 그러면 남동생의 인적사항은 시아버지 또는 A(둘 중 한 명은 호주일 것이므로)의 제적등본에 기재되어 있음. 그러나 남동생의 처 및 그의 자녀들은 기재가 없는데 남편의 동생의 제적등본은 그 여성이 뗄 수가 없고 법원에 보정명령을 받아야 한다.

> **예시 1** 남성이 장가를 가면 장남이 아닌 이상 호주가 됨. 그럼 제적등본의 전호적에 전호주의 이름이 나옴. 그런데, 아버지가 살아계신 상태에서 장가를 갔으면 전호적에 아버지의 이름이 나오나, 아버지가 돌아가시고 장남인 형이 살아있는 상태에서 장가를 갔으면, 전호적에 형의 이름이 나온다. 손주의 경우, 아버지, 할아버지 모두 살아있는 상태에서 장가, 시집을 갔으면 전호적에 할아버지의 이름이 나온다(할아버지가 호주인 상태에서 장가, 시집 간 것이므로).

> 제적등본은 3가지가 있습니다.
> 1. 수기 작성
> 2. 타자 작성
> 3. 컴퓨터로 작성

(3) 가족관계등록부의 기재

가족관계등록부의 경우, 모두 컴퓨터로 작성하였고(2008년부터 시행되었으니까) 철저히 개인을 기준으로 작성됩니다. 가족관계등록부는 5가지 종류가 있습니다.

1. 기본증명서(일반, 상세, 특정 3가지가 있습니다.)
    일반 - 아주 기본적인 것만 나옴
    상세 - 아주 자세하게 나옴
    특정 - 내가 원하는 것만 특정해서 나옴. 그러므로 숨겨진 것이 있을 수 있음.
2. 가족관계증명서
3. 혼인관계증명서
4. 입양관계증명서
5. 친양자입양관계증명서

가족관계등록부는 본인, 처나 남편, 자식, 부모님의 것(직계 및 처, 남편)은 발급받을 수 있지만, 형제자매(방계)의 것은 발급받을 수 없습니다. 즉 직계가족 및 처, 남편 것은 발급받을 수 있으나 방계혈족의 것은 발급받을 수 없습니다.

2008. 1. 1.부터 기존 제적등본에서 가족관계등록부로 전산이기하는 과정에서 누락한 부분, 오기인 부분은 아직도 다 정정이 안 되었으나, 정정이 된 부분도 있고 그건 위 5종의 가족관계등록부를 잘 보면 정정되었다고 나옵니다.

그리고 2008. 1. 1. 이전에 사망한 사람은 가족관계등록부로 이기되지 않을 수 있고 이기가 되더라도 이름만 기재되어 있는 경우가 있습니다. 그래서 가족관계증명서에 사망, 주민번호, 본관 제대로 들어가 있는 사람은 2008. 1. 1. 이후 사망한 사람들입니다. 따라서 2007년도에 돌아가신 분은 가족관계등록부가 아닌 제적등본을 발급받아 보다 정확한 내역을 확인해야 합니다.

나. 상속순위

(1) 상속순위

민법 제1000조에서는 상속순위에 관해서 1순위를 직계비속, 2순위를 직계존속, 3순위를 형제자매, 4순위를 4촌 이내의 방계혈족이라고 규정하고 있습니다.

여기서 직계비속이란 피상속인을 기준으로 수직으로 내려가는 자녀, 손자, 증손자 등을 의미하며, 직계존속이란 피상속인을 기준으로 수직으로 올라가는 부모, 조부모, 증조부모를 의미합니다.

그리고 형제자매는 아버지는 같지만 어머니가 다른 이복형제는 물론 어머니는 같지만 아버지가 다른 이부형제도 모두 포함합니다.

그리고 방계혈족은 아버지와 혈연관계인 친가(親家) 쪽만이 아니라 어머니와 혈연관계가 있는 외가(外家) 쪽도 포함한다는 의미입니다.

또한 민법 제1003조 1.항에서는 '1순위와 2순위 상속인이 있는 경우에는 그 상속인과 동순위로 공동상속인이 되고 그 상속인이 없는 때에는 단독상속인이 된다.'라고 규정하고 있습니다.

따라서 배우자[1]는 1순위 상속인이 있으면 1순위 상속인과 함께 상속인이 되고, 1순위 상속인이 없이 2순위 상속인이 있으면 2순위와 함께 상속인이 됩니다. 그리고 1순위와 2순위 상속인이 없으면 그때 비로소 단독상속인이 됩니다.

따라서 이러한 민법 규정을 쉽게 풀이하면 상속순위는 「배우자와 자녀(또는 손자) ⇒ 배우자와 부모 ⇒ 배우자 ⇒ 형제자매 ⇒ 4촌 이내의 방계혈족」입니다.

> **민법 제1000조(상속의 순위)**
> ① 상속에 있어서는 다음 순위로 상속인이 된다.
>   1. 피상속인의 직계비속
>   2. 피상속인의 직계존속
>   3. 피상속인의 형제자매
>   4. 피상속인의 4촌 이내의 방계혈족
> ② 전항의 경우에 동순위의 상속인이 수인인 때에는 최근친을 선순위로 하고 동친등의 상속인이 수인인 때에는 공동상속인이 된다.
> ③ 태아는 상속순위에 관하여는 이미 출생한 것으로 본다.
>
> **민법 제1003조(배우자의 상속순위)**
> ① 피상속인의 배우자는 제1000조제1항제1호와 제2호의 규정에 의한 상속인이 있는 경우에는 그 상속인과 동순위로 공동상속인이 되고 그 상속인이 없는 때에는 단독상속인이 된다.
> ② 제1001조의 경우에 상속개시전에 사망 또는 결격된 자의 배우자는 동조의 규정에 의한 상속인과 동순위로 공동상속인이 되고 그 상속인이 없는 때에는 단독상속인이 된다.

(2) 대습상속인

상속인이 되는 자녀 또는 형제가 피상속인보다 먼저 사망한 경우

---

[1] 민법 제1000조 등에서 정하고 있는 상속에 관한 배우자는 법률상 배우자만을 의미하므로, 사실혼 배우자는 상속인에 해당하지 않습니다.

민법 제1001조에서는「상속인이 될 피상속인의 직계비속 또는 형제자매가 상속개시 전에 사망하거나 결격자가 된 경우에 그 직계비속이 있는 때에는 그 직계비속이 사망하거나 결격된 자의 순위에 갈음하여 상속인이 된다.」고 규정하고 있습니다.

따라서 만일 피상속인의 자녀 중 일부가 피상속인보다 먼저 사망한 경우에는 사망한 자녀의 배우자(며느리, 사위)와 자녀(손자)가 사망한 자녀를 대신해서 상속을 받게 됩니다.

> **민법 제1001조(대습상속)**
> 전조 제1항제1호와 제3호의 규정에 의하여 상속인이 될 직계비속 또는 형제자매가 상속개시전에 사망하거나 결격자가 된 경우에 그 직계비속이 있는 때에는 그 직계비속이 사망하거나 결격된 자의 순위에 갈음하여 상속인이 된다.

> **예시** 피상속인이 배우자 A와 아들 B를 두었는데, 아들 B가 결혼해서 며느리 C와 손자 D를 둔 상태에서 아들 B가 사망하고 그 후에 피상속인이 사망했다면, 상속인은 배우자 A, 며느리 B, 손자 D 입니다.

다. 상속인의 결정

(1) 1순위 상속인

(가) 배우자와 자녀가 있는 경우 : 배우자, 자녀

(나) 대습상속 : 자녀 중 일부가 피상속인보다 먼저 사망한 경우
① 자녀가 미혼인 경우 ⇒ 사망한 자녀는 상속인으로부터 배제
② 자녀가 혼인한 후 자녀(손자녀)를 낳지 않고 사망한 경우

㉮ 사망한 자녀의 배우자(며느리, 사위)가 피상속인 사망 당시까지 재혼하지 않은 경우 ⇒ 배우자, 생존 중인 자녀, 사망한 자녀의 배우자(며느리, 사위)

㉯ 사망한 자녀의 배우자(며느리, 사위)가 피상속인의 사망 전에 재혼한 경우 ⇒ 배우자, 생존 중인 자녀

(다) 자녀가 혼인해서 자녀(손자녀)를 낳고 사망한 경우

① 사망한 자녀의 배우자(며느리, 사위)가 피상속인 사망 당시까지 재혼하지 않은 경우 ⇒ 배우자, 자녀, 사망한 자녀의 배우자(며느리, 사위), 사망한 자녀의 자녀(손자녀)

② 사망한 자녀의 배우자(며느리, 사위)가 피상속인의 사망 전에 재혼한 경우 ⇒ 배우자, 자녀, 사망한 자녀의 자녀(손자녀)

(라) 상속포기, 한정승인

① 자녀들이 모두 상속포기한 경우 ⇒ 배우자

② 자녀 중 1명 이상이 상속을 받거나 한정승인하고 나머지 자녀들이 상속포기한 경우 ⇒ 배우자, 상속받거나 한정승인을 받은 자녀

(2) 2순위 상속인

(가) 피상속인의 부모와 배우자가 있는 경우 ⇒ 배우자, 부모

(나) 피상속인의 부모 중 일부가 피상속인보다 먼저 사망하고 배우자가 있는 경우 ⇒ 생전 중인 피상속인의 부모, 배우자

(다) 부모가 모두 피상속인보다 먼저 사망하고 배우자만 있는 경우

① 배우자가 재혼하지 않은 경우 ⇒ 배우자

② 배우자가 재혼한 경우 ⇒ 형제자매

(3) 3순위 상속인

(가) 형제자매가 피상속인의 사망 당시에 생존한 경우 ⇒ 형제자매

(나) 형제자매 중 일부가 피상속인보다 먼저 사망한 경우 ⇒ 생존 중인 형제자매와 피상속인 보다 먼저 사망한 형제자매의 배우자와 자녀

(4) 4순위 상속인

(가) 4촌 이내의 방계혈족 중 가장 가까운 혈족

(나) 피상속인 보다 먼저 사망한 4촌 이내의 방계혈족이 있는 경우 ⇒ 생존 중인 4촌 이내의 방계혈족 중 촌수가 가장 가까운 혈족

3. 법정상속지분

3. 법정상속지분

가. 피상속인의 사망 시기에 따른 법정상속분의 변경

(1) 피상속인이 1978. 12. 31. 이전에 사망한 경우

호주인 상속인(통상 장남)은 1.5지분, 아들은 1지분, 직계비속과 함께 상속하는 배우자는 1/2지분, 직계존속과 함께 상속하는 배우자는 1지분, 같은 호적에 있는 딸(예 미혼, 이혼으로 복적 등)은 1/2지분, 호적에 없는 딸(통상 결혼한 딸)은 1/4지분입니다.

따라서 1978년 이전에 피상속인이 사망한 경우에는 장남과 아들들이 상대적으로 많은 재산을 상속받게 되고, 배우자와 딸들은 상대적으로 적은 재산을 상속받게 되는데, 이때는 유류분 제도 자체가 없었으므로 피상속인이 배우자와 딸들에게 재산을 증여하지 않고 아들들에게 모든 재산을 증여하고 사망한 경우라고 하더라도 배우자와 딸들은 유류분반환청구를 할 수 없었습니다.

> **민법 제1009조(법정상속분)**
> ① 동순위의 상속인이 수인인 때에는 그 상속분은 균분으로 한다. 그러나 재산상속인이 동시에 호주상속을 할 경우에는 상속분은 그 고유의 상속분의 5할을 가산하고 여자의 상속분은 남자의 상속분의 2분의 1로 한다.
> ② 동일가적내에 없는 여자의 상속분은 남자의 상속분의 4분의 1로 한다.
> ③ 피상속인의 처의 상속분은 직계비속과 공동으로 상속하는 때에는 남자의 상속분의 2분의 1로 하고 직계존속과 공동으로 상속하는 때에는 남자의 상속분과 균분으로 한다.

> **예시** 배우자와 아들A, 아들B, 딸A, 딸B를 둔 피상속인이 상속재산으로 375,000,000원을 남기고 1970년에 사망했는데, 피상속인이 사망할 당시 딸A이 혼인해서 남편의 호적으로 간 경우
> ⇒ 배우자 0.5지분, 호주를 승계한 아들A이 1.5지분, 아들B가 1지분, 혼인한 딸A이 0.25지분, 미혼인 딸B가 0.5지분으로 전체 상속지분의 합계는 3.75지분(=배우자 0.5+아들A 1.5+아들B 1+딸A 0.25+딸B 0.5)이므로, 상속재산 375,000,000원은 배우자가 50,000,000원(=375,000,000원×0.5/3.75), 아들A이 150,000,000원(=375,000,000원×1.5/3.75), 아들B가 100,000,000원(=375,000,000원×1/3.75), 딸A이 25,000,000원(=375,000,000원×0.25/3.75), 딸B가 50,000,000원(=375,000,000원×0.5/3.75)씩 상속을 받게 됩니다.

(2) 피상속인이 1979. 1. 1.부터 1990. 12. 31. 사이에 사망한 경우

1979. 1. 1.부터 1990. 12. 31. 이전에 피상속인이 사망한 경우, 배우자는 1.5지분, 호주인 상속인(통상 장남)은 1.5지분, 아들과 같은 호적에 있는 딸(통상 미혼)은 1지분, 호적이 다른 딸(통상 결혼한 딸)은 0.25지분입니다.

따라서 1979. 1. 1.부터 배우자의 법정상속비율이 0.5할 가산되었고 자녀들 중 호적에 함께 있는 딸의 법정상속비율이 아들들과 같게 되었으나, 여전히 혼인한 딸에 대해서는 출가외인이라는 인식으로 인하여 상대적으로 불리한 위치를 벗어나지 못하였습니다.

다만 이때에는 유류분 제도에 의한 유류분반환청구가 가능하게 되나, 혼인으로 남편의 호적으로 이적한 딸의 경우에는 법정상속비율이 적어 유류분청구에서도 상대적으로 불리한 지위를 여전히 벗어나지 못하였습니다.

> **민법 제1009조(법정상속분)**
> ① 동순위의 상속인이 수인인 때에는 그 상속분은 균분으로 한다. 그러나 재산상속인이 동시에 호주상속을 할 경우에는 상속분은 그 고유의 상속분의 5할을 가산한다.
> ② 동일가적내에 없는 여자의 상속분은 남자의 상속분의 4분의 1로 한다.
> ③ 피상속인의 처의 상속분은 직계비속과 공동으로 상속하는 때에는 동일가적내에 있는 직계비속의 상속분의 5할을 가산하고 직계존속과 공동으로 상속하는 때에는 직계존속의 상속분의 5할을 가산한다.

> **예시** 배우자와 아들A, 아들B, 딸A, 딸B를 둔 피상속인이 상속재산으로 375,000,000원을 남기고 1980년에 사망했는데, 피상속인이 사망할 당시 딸A이 혼인해서 남편의 호적으로 간 경우
> ⇒ 배우자가 1.5지분, 호주를 승계한 아들A이 1.5지분, 아들B가 1지분, 혼인한 딸A가 1/4지분, 미혼인 딸B가 1지분으로 전체 상속지분의 합계는 5.25지분(=배우자 1.5+아들A 1.5+아들B 1+딸A 0.25+딸B 1)이므로, 상속재산 375,000,000원은 배우자가 107,142,857원(=375,000,000원×1.5/3.75), 아들A이 107,142,857원(=375,000,000원×1.5/5.25), 아들B가 71,428,571원(=375,000,000원×1/3.75), 혼인한 딸A이 17,857,143원(=375,000,000원×0.25/5.75), 미혼인 딸B가 71,428,571원(=375,000,000원×1/5.75)씩 상속을 받게 됩니다.

(3) 피상속인이 1991. 1. 1. 이후에 사망한 경우

1991. 1. 1. 이후에 피상속인이 사망한 경우에는 현재의 민법이 적용되므로 배우자 1.5지분, 자녀는 아들과 딸의 구분 없이 1지분입니다.

> **민법 제1009조(법정상속분)**
> ① 동순위의 상속인이 수인인 때에는 그 상속분은 균분으로 한다.
> ② 피상속인의 배우자의 상속분은 직계비속과 공동으로 상속하는 때에는 직계비속의 상속분의 5할을 가산하고, 직계존속과 공동으로 상속하는 때에는 직계존속의 상속분의 5할을 가산한다.

> **예시** 배우자와 아들A, 아들B, 딸A, 딸B를 둔 피상속인이 상속재산으로 375,000,000원을 남기고 2000년에 사망했는데, 피상속인이 사망할 당시 딸A이 혼인해서 남편의 호적으로 간 경우
> ⇒ 배우자가 1.5지분, 자녀들은 구분이 없이 모두 1이므로 전체 상속지분의 합계는 5.5지분(=배우자 1.5+아들A 1+아들B 1+딸A 1+딸B 1)이므로, 상속재산 375,000,000원은 배우자가 102,272,727원(=375,000,000원×1.5/5.5), 자녀들은 모두 각 68,181,818원(=375,000,000원×1/5.5)씩 상속을 받게 됩니다.

(4) 법정상속분의 변천 비교

상속인	1978.12.31. 이전	1990.12.31. 이전	현재
배우자	0.5	1.5	1.5
호주상속 아들A	1.5	1.5	1
아들B	1	1	1
결혼한 딸A	0.25	0.25	1
미혼 딸B	0.5	0.5	1
계	3.75	4.75	5.5

나. 1순위 상속인의 법정상속비율 (현재 민법을 기준으로)

배우자와 아들A, 아들B, 딸A, 딸B를 둔 피상속인이 상속재산으로 375,000,000원을 남기고 1991년 이후에 사망한 경우(이하 각 사례는 위와 같은 가족관계와 상속재산을 전제로 함)

(1) 상속인으로 배우자와 자녀가 있는 경우 ⇒ 배우자 1.5지분, 자녀 각 1지분

> **예시** 배우자가 1.5지분, 자녀들은 구분이 없이 모두 1이므로 전체 상속지분의 합계는 5.5지분(=배우자 1.5+아들A 1+아들B 1+딸A 1+딸B 1)이므로, 상속재산 375,000,000원은 배우자가 102,272,727원(=375,000,000원×1.5/5.5), 자녀들은 모두 각 68,181,818원(=375,000,000원×1/5.5)씩 상속
>
> | 상속인 | 상속지분 | 상속분액 |
> |---|---|---|
> | 배우자 | 1.5 | 102,272,727원 |
> | 아들A | 1.0 | 68,181,818원 |
> | 아들B | 1.0 | 68,181,818원 |
> | 딸A | 1.0 | 68,181,818원 |
> | 딸B | 1.0 | 68,181,818원 |
> | 계 | 5.5 | 374,999,999원 |

(2) 자녀 중 일부가 피상속인보다 먼저 사망한 경우

(가) 자녀가 미혼인 경우 ⇒ 배우자 1.5지분, 자녀 각 1지분(사망한 자녀는 상속인에서 배제)

> **예시** 아들A은 대습상속인이 없이 사망했으므로, 상속인은 배우자, 아들B, 딸A, 딸B이고, 법정상속지분은 배우자가 1.5지분, 자녀들은 구분이 없이 모두 1로써 상속지부의 합계는 4.5지분(=배우자 1.5+아들B 1+딸A 1+딸B 1)이므로, 배우자가 125,000,000원(=375,000,000원×1.5/4.5), 자녀인 아들B, 딸A, 딸B는 모두 각 83,333,333원(=375,000,000원×1/4.5)씩 상속
>
> | 상속인 | 상속지분 | 상속분액 |
> |---|---|---|
> | 배우자 | 1.5 | 125,000,000원 |
> | 아들A (미혼사망) | 0 | |
> | 아들B | 1.0 | 83,333,333원 |
> | 딸A | 1.0 | 83,333,333원 |
> | 딸B | 1.0 | 83,333,333원 |
> | 계 | 4.5 | 374,999,999원 |

(나) 자녀가 배우자만 있는 경우

① 배우자가 재혼하지 않은 경우 ⇒ 사망한 자녀의 배우자가 사망한 자녀의 상속인 지위를 대습하므로, 상속인과 지분은 배우자 1.5지분, 사망한 자녀의 배우자(며느리, 사위)와 자녀 각 1지분(사망한 자녀의 배우자의 상속지분은 자녀의 상속지분과 동일)

예시 배우자가 1.5지분, 자녀들은 구분이 없이 모두 1로써 상속지분 합계는 5.5지분(=배우자 1.5+아들A의 배우자인 며느리 1[2])+아들B 1+딸A 1+딸B 1)이므로, 상속재산 375,000,000원은 배우자가 102,272,727원(=375,000,000원×1.5/5.5), 아들A의 배우자인 며느리가 68,181,818원, 아들B와 딸A,2가 모두 각 68,181,818원(=375,000,000원×1/5.5)씩 상속

당초			대습상속			최종	
상속인	상속분	상속인	상속분	상속인	상속분[3]	상속분액	계산식
배우자	1.5			배우자	1.5	102,272,727원	=375,000,000원×1.5/5.5
아들A	1.0	며느리	1.0	며느리	1.0	68,181,818원	=375,000,000원×1.0/5.5
아들B	1.0			아들B	1.0	68,181,818원	=375,000,000원×1.0/5.5
딸A	1.0			딸A	1.0	68,181,818원	=375,000,000원×1.0/5.5
딸B	1.0			딸B	1.0	68,181,818원	=375,000,000원×1.0/5.5
계	5.5				5.5	374,999,999원	

---

2) 아들A가 사망한 경우에 상속인은 부모와 배우자가 되나, 아들A를 피대습인으로 하는 상속절차에 관하여 민법 제1003조 2.항에서는 「제1001조의 경우에 상속개시전에 사망 또는 결격된 자의 배우자는 동조의 규정에 의한 상속인과 동순위로 공동상속인이 되고 그 상속인이 없는 때에는 단독상속인이 된다.」라고 규정하고 있으므로, 손자가 없는 경우에는 며느리가 단독으로 대습합니다.
3) 대습상속지분은 피대습인의 상속지분을 대습상속인들이 피대습인에 대한 법정상속비율에 따라 다시 분할하는 것이므로, 대습상속인들의 법정상속지분의 합계는 피대습인의 법정상속지분의 합계와 같습니다.

② 배우자가 재혼한 경우 ⇒ 사망한 자녀의 배우자가 피상속인의 사망 전에 재혼한 경우에는 상속인의 자격을 상실하므로, 상속인과 지분은 배우자 1.5지분, 자녀 각 1지분(재혼한 사망한 자녀의 배우자는 상속인에게 배제)

> **예시** 법정상속지분은 배우자가 1.5지분, 자녀들은 구분이 없이 모두 1로써 상속지부의 합계는 4.5지분(=배우자 1.5+아들B 1+딸A 1+딸B 1)이므로, 배우자 125,000,000원(=375,000,000원×1.5/4.5), 자녀인 아들B, 딸A, 딸B는 모두 각 83,333,333원(=375,000,000원×1/4.5)씩 상속

당초		대습상속		최종			
상속인	상속분	상속인	상속분	상속인	상속분	상속분액	계산식
배우자	1.5			배우자	1.5	125,000,000원	=375,000,000원×1.5/4.5
아들A	1.0	배우자재혼	0.0	×	0.0		
아들B	1.0			아들B	1.0	83,333,333원	=375,000,000원×1.0/4.5
딸A	1.0			딸A	1.0	83,333,333원	=375,000,000원×1.0/4.5
딸B	1.0			딸B	1.0	83,333,333원	=375,000,000원×1.0/4.5
계	5.5				4.5	374,999,999원	

따라서 며느리의 법정상속지분은 피대습인인 아들A의 법정장속지분 1지분을 손자와 나눈 0.6지분{=아들A의 법정상속지분 1×[며느리의 아들A에 대한 상속지분 1.5/(며느리의 아들A에 대한 상속지분 1.5+손자의 아들A에 대한 상속지분 1)]}, 즉 며느리의 법정상속지분 0.6지분은 '1지분×(1.5/2.5)'입니다.

(다) 자녀가 배우자와 자녀가 있는 경우

① 배우자가 재혼하지 않은 경우 ⇒ 사망한 자녀의 배우자와 자녀(손자녀)가 사망한 자녀의 상속인 지위와 법정상속분을 대습상속한다.

예시 법정상속분은 배우자가 1.5지분, 자녀들은 구분이 없이 모두 1이나, 사망한 아들A의 법정상속지분 1은 배우자(며느리)와 자녀(손자녀)들이 대습하므로, 상속재산 375,000,000원은 배우자가 102,272,727원(=375,000,000원×1.5/5.5), 아들A의 배우자인 며느리와 손자녀들이 합해서 68,181,818원, 아들B와 딸A,2가 모두 각 68,181,818원(=375,000,000원×1/5.5)씩 상속한다.

당초		대습상속		최종			
상속인	상속분	상속인	상속분	상속인	상속분	상속분액	계산식
배우자	1.5			배우자	1.5	102,272,727원	=375,000,000원×1.5/5.5
아들A	1.0	며느리	1.0	며느리	0.6	40,909,091원	=375,000,000원×1.0/5.5
		손자녀	1.5	손자녀	0.4	27,272,727원	=375,000,000원×(1.0×1.5/2.5)/5.5
아들B	1.0			아들B	1.0	68,181,818원	=375,000,000원×1.0/5.5
딸A	1.0			딸A	1.0	68,181,818원	=375,000,000원×1.0/5.5
딸B	1.0			딸B	1.0	68,181,818원	=375,000,000원×1.0/5.5
계	5.5				5.5	374,999,999원	

② 배우자가 재혼한 경우 ⇒ 사망한 자녀의 자녀(손자녀)가 사망한 자녀의 상속인 지위와 법정상속분을 대습상속한다.

예시 사망한 아들A의 배우자인 며느리는 피상속인의 사망 당시에 재혼했으므로 상속인으로부터 배제되고 사망한 아들A의 자녀가 아들A의 법정상속지분을 대습하므로, 피상속인의 배우자 1.5지분, 아들A의 자녀가 1, 아들B와 딸A,2가 각 1씩 상속한다.

당초		대습상속		최종			
상속인	상속분	상속인	상속분	상속인	상속분	상속분액	계산식
배우자	1.5			배우자	1.5	102,272,727원	=375,000,000원×1.5/5.5
아들A	1.0	손자녀	1.0	손녀	1.0	68,181,818원	=375,000,000원×1.0/5.5
아들B	1.0			아들B	1.0	68,181,818원	=375,000,000원×1.0/5.5
딸A	1.0			딸A	1.0	68,181,818원	=375,000,000원×1.0/5.5
딸B	1.0			딸B	1.0	68,181,818원	=375,000,000원×1.0/5.5
계	4.5				4.5	306,818,181	

다. 2순위 상속인

(1) 상속인으로 부모와 배우자가 있는 경우 ⇒ 배우자가 1.5지분, 부모가 각 1지분으로 상속

상속인	상속지분	상속분액	계산식
배우자	1.5	160,714,286원	=375,000,000원×1.5/3.5
아버지	1.0	107,142,857원	=375,000,000원×1.0/3.5
어머니	1.0	107,142,857원	=375,000,000원×1.0/3.5
계	3.5	375,000,000원	

(2) 부모 중 일부가 피상속인보다 먼저 사망한 경우 ⇒ 배우자가 1.5지분, 생전중인 부모가 1지분으로 상속

상속인	상속지분	상속분액	계산식
배우자	1.5	225,000,000원	=375,000,000원×1.5/2.5
아버지(사망)			
어머니	1.0	150,000,000원	=375,000,000원×1.0/2.5
계	2.5	375,000,000원	

(3) 부모가 모두 피상속인보다 먼저 사망하고 배우자만 있는 경우

(가) 배우자가 재혼하지 않은 경우 ⇒ 배우자가 단독으로 상속해서 상속재산 375,000,000원을 전부 취득

(나) 배우자가 재혼한 경우 ⇒ 상속재산 375,000,000원은 3순위 상속인인 피상속인의 형제자매가 취득

라. 3순위 상속인

(1) 형제자매가 피상속인의 사망 당시에 생존한 경우 ⇒ 형제자매들이 각 1/N지분으로 상속

상속인	상속분	상속분액	계산식
아버지와 어머니가 같은 형제	1	125,000,000원	=375,000,000원×1/3
아버지가 같고 어머니가 다른 이복형제	1	125,000,000원	=375,000,000원×1/3
어머니가 같고 아버지가 다른 이부형제	1	125,000,000원	=375,000,000원×1/3
계	3	375,000,000원	

(2) 형제자매가 피상속인보다 먼저 사망한 경우 ⇒ 대습상속의 규정이 그대로 적용됨

당초		대습상속		최종			
상속인	상속분	상속인	상속분	상속인	상속분	상속분액	계산식
친형제	1			친형제	1.0	125,000,000원	=375,000,000원×1/3
이부형제	1	배우자	1.5	배우자	0.6	75,000,000원	=375,000,000원×(1.0×1.5/2.5)/3
		자녀	1.0	자녀	0.4	50,000,000원	=375,000,000원×(1.0×1/2.5)/3
동복형제	1			동복제	1.0	125,000,000원	=375,000,000원×1/3
계	3				3.0	375,000,000원	

마. 4순위 상속인

(1) 4촌 이내의 방계혈족이 피상속인의 사망 당시에 생존한 경우 ⇒ 4촌 이내 방계혈족 중 촌수가 가까운 최근친이 각 1/N지분으로 상속

4촌 이내의 방계혈족	상속분	상속분액	계산식
외삼촌(3촌)	1	75,000,000원	=375,000,000원×1/5
작은 아버지(3촌)	1	75,000,000원	=375,000,000원×1/5
고모(3촌)	1	75,000,000원	=375,000,000원×1/5
이모(3촌)	1	75,000,000원	=375,000,000원×1/5
외조카(3촌)	1	75,000,000원	=375,000,000원×1/5
외사촌(4촌)	0	0	
사촌(4촌)	0	0	
계	5	375,000,000	

(2) 4촌 이내의 방계혈족이 피상속인보다 먼저 사망한 경우 ⇒ 대습상속의 규정이 작용되지 않으므로, 사망한 방계혈족은 없는 것으로 계산

4촌 이내의 방계혈족	상속분	상속분액	계산식
외삼촌(3촌)	1	93,750,000원	=375,000,000원×1/4
작은 아버지(3촌)	1	93,750,000원	=375,000,000원×1/4
고모(3촌) ⇒ 피상속인보다 먼저 사망	0	0	
이모(3촌)	1	93,750,000원	=375,000,000원×1/4
외조카(3촌)	1	93,750,000원	=375,000,000원×1/4
외사촌(4촌)	0	0	
사촌(4촌)	0	0	
계	4	375,000,000	

4. 상속재산

4. 상속재산

가. 개념

상속재산은 피상속인[4]이 사망할 당시에 피상속인 명의로 된 재산 중 피상속인의 사망과 함께 소멸하는 권리(예 변호사자격증, 인간문화재 등)를 제외한 금전적 가치가 있는 모든 재산을 의미합니다. 여기에는 부동산과 예금 같은 일반적인 재산 이외에도 제3자에 대한 청구권(예 대여금반환청구채권 등)도 포함이 됩니다. 다만 상속재산이라고 하더라도 피상속인의 유언을 통하여 상속받을 당사자를 지정한 경우에는 분할의 대상이 아니므로, 유언된 재산에 대한 분할청구는 인정되지 않습니다.

또한 상속재산이라고 해서 반드시 이익을 얻는 재산만을 포함하는 것이 아니라 대출금 채무 등도 상속재산에 포함합니다. 따라서 금전적 이익이 되는 상속재산을 적극적 상속재산이라고 하고, 채무를 소극적 상속재산이라고 합니다. 다만 피상속인이 보험계약자로써 피상속인의 사망 등으로 지급되는 보험금은 분할대상인 상속재산이 아니라 보험수익자의 고유재산입니다.

---

[4] 피상속인 ⇒ 사망함으로써 상속이 발생되는 당사자(보통은 아버지 또는 어머니)

그러나 실무에서는 이를 구분해서 통상 적극적 상속재산을 상속재산이라고 칭하고, 소극적 상속재산을 상속채무라고 합니다. 그러므로 상속재산은 협의의 상속재산과 상속채무로 구분됩니다.

> **대법원 2004. 7. 9. 선고 2003다29463 판결**
> 보험계약자가 피보험자의 상속인을 보험수익자로 하여 맺은 생명보험계약에 있어서 피보험자의 상속인은 피보험자의 사망이라는 보험사고가 발생한 때에는 보험수익자의 지위에서 보험자에 대하여 보험금 지급을 청구할 수 있고, 이 권리는 보험계약의 효력으로 당연히 생기는 것으로서 상속재산이 아니라 상속인의 고유재산이다.

나. 분할대상인 상속재산

(1) 부동산 등 피상속인 명의의 재산

피상속인의 사망 당시에 피상속인 명의로 되어 있는 부동산, 주식 등은 원칙적으로 분할대상이지만, 해당 부동산이 유증 대상, 종중 또는 배우자로부터 명의신탁된 부동산, 금양임야 등이라면 분할대상에서 배제됩니다.

(2) 가분채권 (예금반환청구채권, 타인에 대한 부당이득반환청구권 등)

피상속인 명의의 예금, 타인에 대한 손해배상채권, 부당이득반환청구권 등의 채권도 상속재산에 포함됩니다. 그러나 소멸시효가 완성된 채권, 채무자가 변제능력이 없는 채권은 경제적 이익이 없으므로 사실상 분할대상에서 배제하는 것이 일반적입니다.

필자의 생각도 이에 동의하는바, 만일 그렇지 않고 현실적인 이익을 취할 가능성이 없는 재산을 분할대상에 포함하게 되면, 생전에 경제적 가치가 있는 금전이나 부동산을 증여받은 상속인은 그 재산을 취득함으로써 경제적 이익을 누리는 반면에 생전에 아무런 재산도 증여받지 못한 상속인이 경제적 의미가 없는 재산을 상속받는 불합리한 점이 발생합니다.

그리고 유류분반환청구와 관련해서도 남은 재산이 경제적 가치가 없는 채권임에도 불구하고 이를 상속재산으로 산입하게 되면, 생전에 증여를 받지 못한 상속인이 무가치한 상속채권을 취득함으로써 유류분반환청구를 할 수 없을 수 있으므로 경제적 가치가 없는 채권은 간주상속재산에서 배제하는 것이 타당하다고 생각됩니다.

(3) 특허권, 초상권 등

특허권, 초상권, 저작권료 등도 재산적 가치를 갖고 있으면 상속재산이나, 실제 가액을 정하기 어렵다는 현실적 문제가 있으므로 분할대상에서 제외하고 법정상속분을 기준으로 분할하거나 감정을 통하여 가액을 결정한 후에 분할대상에 포함하는 것이 합당하다고 판단됩니다.

(4) 사망보험금

사망보험금은 원칙적으로 보험수익자의 고유재산입니다. 그러나 사망보험금의 수익자가 지정되지 않거나 피상속인 본인 또는 상속인으로 지정되어 있는 경우에는 상속재산에 포함할 수 있습니다.

이에 대해서 법원은 '퇴직생활급여금은 피상속인의 출연으로 보험에 가입하고 피보험자 또는 보험수익자를 상속인 중 특정인으로 지정해 둔 결과 피상속인의 사망에 따라 해당자가 보험금을 수령하는 것과 유사하게, 상대방 1이 이를 독자적으로 수령할 고유의 권한이 있는 고유재산이므로 이를 상속재산의 범위에 포함된다고 볼 수 없다(대구고등법원 2017. 1. 18.자 2015브102(본심판), 2015브103(반심판) 결정).'라고 하여 퇴직생활급여금을 상속재산에서 배제한 반면에, '이 사건 상속재산 가액의 합계는 12,828,370,201원{815,744,090원(별지 부동산목록 제1 기재 각 부동산의 가액) + 84,180,648원(별지 부동산목록 제2 기재 부동산 중 3/17 지분의 가액) + 9,117,296,500원(별지 주식목록 기재 주식의 가액) + 241,000,000원(별지 회원권목록 기재 회원권의 가액) +

2,570,148,963원(보험금 및 예금, 원 미만 버림)}이다(서울가정법원 2005. 5. 19.자 2004느합152 심판: 항고).'라고 하여 분할대상에 포함한 사례가 있습니다.

다. 분할대상에서 배제되는 상속재산

(1) 유언 또는 사인증여된 재산

피상속인에게 속한 재산 중 유언(또는 사인증여)된 재산은 피상속인이 생전에 분할방법을 지정한 재산이므로 상속인들이 이에 대해서 분할신청을 할 수 없습니다.

(2) 기여분에 해당하는 재산

민법 제1008조의2 1.항에서는 「공동상속인 중에 상당한 기간 동거·간호 그 밖의 방법으로 피상속인을 특별히 부양하거나 피상속인의 재산의 유지 또는 증가에 특별히 기여한 자가 있을 때에는 상속개시 당시의 피상속인의 재산가액에서 공동상속인의 협의로 정한 그 자의 기여분을 공제한 것을 상속재산으로 보고 제1009조 및 제1010조에 의하여 산정한 상속분에 기여분을 가산한 액으로써 그 자의 상속분으로 한다.」라고 규정하고 있습니다.

따라서 위 규정에 의하더라도 '피상속인 명의의 재산 - 기여분=분할대상인 상속재산'이라는 사실을 알 수 있습니다.

> **민법**
>
> **제1008조의2(기여분)**
>
> ① 공동상속인 중에 상당한 기간 동거·간호 그 밖의 방법으로 피상속인을 특별히 부양하거나 피상속인의 재산의 유지 또는 증가에 특별히 기여한 자가 있을 때에는 상속개시 당시의 피상속인의 재산가액에서 공동상속인의 협의로 정한 그 자의 기여분을 공제한 것을 상속재산으로 보고 제1009조 및 제1010조에 의하여 산정한 상속분에 기여분을 가산한 액으로써 그 자의 상속분

으로 한다.
② 제1항의 협의가 되지 아니하거나 협의할 수 없는 때에는 가정법원은 제1항에 규정된 기여자의 청구에 의하여 기여의 시기·방법 및 정도와 상속재산의 액 기타의 사정을 참작하여 기여분을 정한다.
③ 기여분은 상속이 개시된 때의 피상속인의 재산가액에서 유증의 가액을 공제한 액을 넘지 못한다.
④ 제2항의 규정에 의한 청구는 제1013조제2항의 규정에 의한 청구가 있을 경우 또는 제1014조에 규정하는 경우에 할 수 있다.

제1009조(법정상속분)
① 동순위의 상속인이 수인인 때에는 그 상속분은 균분으로 한다.
② 피상속인의 배우자의 상속분은 직계비속과 공동으로 상속하는 때에는 직계비속의 상속분의 5할을 가산하고, 직계존속과 공동으로 상속하는 때에는 직계존속의 상속분의 5할을 가산한다.

제1010조(대습상속분)
① 제1001조의 규정에 의하여 사망 또는 결격된 자에 갈음하여 상속인이 된 자의 상속분은 사망 또는 결격된 자의 상속분에 의한다.
② 전항의 경우에 사망 또는 결격된 자의 직계비속이 수인인 때에는 그 상속분은 사망 또는 결격된 자의 상속분의 한도에서 제1009조의 규정에 의하여 이를 정한다. 제1003조제2항의 경우에도 또한 같다.

(3) 배우자에게 지급할 것을 내규로 지정한 위로금 등

피상속인이 직장을 다니던 중 사망하게 되면 내규에 의하여 위로금이 지급되는 경우가 있습니다. 그런데 이 경우 수령자를 상속인으로 지정하거나 별도의 지정을 하지 않으면 상속인들에게 지급되는 재산이나 수령자를 배우자로 특정한 경우에는 이를 분할대상으로 보지 않습니다.

(4) 연금 등

퇴직연금, 국민연금 등은 분할대상에서 제외되고 배우자의 특별수익에 산입하지도 않습니다.

> **대법원 1996. 9. 24. 선고 95누9945 판결**
> 구 공무원연금법(1995. 12. 29. 법률 제5117호로 개정되기 전의 것) 제3조 제1항 제2호, 제28조, 제29조, 제30조, 제42조 제3호, 제4호, 제56조, 제57조, 제60조, 제61조의2의 규정은 공무원 또는 공무원이었던 자의 사망 당시 그에 의하여 부양되고 있던 유족의 생활보장과 복리향상을 목적으로 하여 민법과는 다른 입장에서 수급권자를 정한 것으로, 수급권자인 유족은 상속인으로서가 아니라 이들 규정에 의하여 직접 자기의 고유의 권리로서 취득하는 것이고, 따라서 그 각 급여의 수급권은 상속재산에 속하지 아니하므로 같은 법 제30조 제1항이 정하는 수급권자가 존재하지 아니하는 경우에 상속재산으로서 다른 상속인의 상속의 대상이 되는 것은 아니며, 위 규정이 국민의 재산권보장에 관한 헌법 제23조의 규정에 위배되는 것도 아니다.

5. 상속분의 결정

5. 상속분의 결정

가. 법정상속분

상속은 사망으로 인하여 개시됩니다(민법 제997조). 따라서 피상속인의 사망으로 상속개시가 되면 상속인들의 분할협의와 무관하게 공동상속인들은 법정상속분을 기준으로 상속재산을 취득하게 되고 그 성격은 공유관계입니다. 즉 피상속인이 사망하면 공동상속인들은 등기의 여부와 무관하게 피상속인의 상속재산을 각자의 법정상속분에 해당하는 지분을 취득하게 되고, 상속재산은 공동상속인들의 공유재산이 됩니다.

그러나 이러한 법정상속분을 기준으로 하는 분할비율은 잠정적 공유상태에 불과하므로 상속인 전원이 참여한 상속재산분할협의 또는 법원에 신청된 상속재산분할심판청구로 변경될 수 있습니다.

따라서 법정상속분을 기준으로 하는 공유상태는 실제 분할이 마쳐졌다고 할 수 없습니다.

> **대법원 2007. 7. 26. 선고 2007다29119 판결**
>
> 상속재산의 분할협의는 상속이 개시되어 공동상속인 사이에 잠정적 공유가 된 상속재산에 대하여 그 전부 또는 일부를 각 상속인의 단독소유로 하거나 새로운 공유관계로 이행시킴으로써 상속재산의 귀속을 확정시키는 것으로 그 성질상 재산권을 목적으로 하는 법률행위이다.
>
> **서울고등법원 2013. 1. 10. 자 2011브115(본심판), 2011브116(반심판) 결정**
>
> 상속인이 수인일 때에는 상속재산은 상속인들의 공유관계에 놓이게 되고(민법 제1006조), 상속재산이 분할되기 전 단계에서의 공동상속인의 상속재산 공유는 상속재산의 분할에 이르기까지 상속재산의 현상을 유지하기 위한 잠정적 성격을 갖는 것으로서 상속재산의 분할은 상속재산을 공동상속인 각자에게 그 구체적 상속분에 따라 공평하게 배분하여 위와 같은 공유상태를 해소하는 절차라고 할 것이다.

나. 협의분할

(1) 상속재산분할협의는 공동상속인 전원이 참여해야 합니다. 따라서 일부 상속인만으로 상속재산분할협의를 한 것은 무효이고 이것은 확정판결이라고 해도 같습니다.

다만 공동상속인 전원이 동시에 합의를 할 필요는 없으며 순차적으로 합의를 했다고 하더라도 그 결과 공동상속인 전원의 동의가 있었다면 해당 합의는 유효합니다(대법원 2010. 2. 25. 선고 2008다96963,96970 판결).

또한 공동상속인들은 피상속인의 상속재산 전부를 상대로 분할협의를 할 필요가 없으며 일부에 대한 합의도 가능합니다.

(2) 만일 이때 공동상속인 중 미성년자가 있다면, 해당 미성년자의 법정대리인이 미성년자를 대리해서 상속재산분할협의를 할 수 있습니다. 그러나 미성년자의 법정대리인이 공동상속인이라면 해당 법정대리인은 미성년자와 이해상반관계에 있으므로

미성년자를 대리해서 상속재산분할협의를 할 수 없고 상속재산분할협의를 위한 특별대리인을 선임해야 합니다. 미성년자가 2명 이상인 경우에는 각각의 미성년자를 대리할 특별대리인을 각각 선입해야 합니다. 만일 이러한 특별대리인의 선임이 없이 이해상반관계에 있는 법정대리인이 미성년자를 대리해서 상속재산분할협의를 마쳤다면 이러한 분할협의는 대리권의 흠결을 이유로 무효입니다(대법원 2001. 6. 29. 선고 2001다28299 판결).

(3) 다만 유효한 상속재산분할합의가 있었다고 하더라고 공동상속인들 전원이 합의하여 기존의 유효한 합의를 해제하고 새로운 합의를 하는 것은 허용되나, 이때 최초의 합의로 이해관계가 발생한 제3자에 대한 권리를 해하지 못합니다(대법원 2004. 7. 8. 선고 2002다73203 판결).

대법원 2010. 2. 25. 선고 2008다96963,96970 판결

상속재산의 협의분할은 공동상속인 간의 일종의 계약으로서 공동상속인 전원이 참여하여야 하고 일부 상속인만으로 한 협의분할은 무효라고 할 것이나, 반드시 한 자리에서 이루어질 필요는 없고 순차적으로 이루어질 수도 있으며, 상속인 중 한 사람이 만든 분할 원안을 다른 상속인이 후에 돌아가며 승인하여도 무방하다.

민법 제921조(친권자와 그 자간 또는 수인의 자간의 이해상반행위)
① 법정대리인인 친권자와 그 자사이에 이해상반되는 행위를 함에는 친권자는 법원에 그 자의 특별대리인의 선임을 청구하여야 한다.
② 법정대리인인 친권자가 그 친권에 따르는 수인의 자 사이에 이해상반되는 행위를 함에는 법원에 그 자 일방의 특별대리인의 선임을 청구하여야 한다.

대법원 2001. 6. 29. 선고 2001다28299 판결

상속재산에 대하여 그 소유의 범위를 정하는 내용의 공동상속재산 분할협의는 그 행위의 객관적 성질상 상속인 상호간의 이해의 대립이 생길 우려가 있는 민법 제921조 소정의 이해상반되는 행

> 위에 해당하므로 공동상속인인 친권자와 미성년인 수인의 자 사이에 상속재산 분할협의를 하게 되는 경우에는 미성년자 각자마다 특별대리인을 선임하여 그 각 특별대리인이 각 미성년자인 자를 대리하여 상속재산분할의 협의를 하여야 하고, 만약 친권자가 수인의 미성년자의 법정대리인으로서 상속재산 분할협의를 한 것이라면 이는 민법 제921조에 위반된 것으로서 이러한 대리행위에 의하여 성립된 상속재산 분할협의는 적법한 추인이 없는 한 무효라고 할 것이다.
>
> **대법원 2004. 7. 8. 선고 2002다73203 판결**
> [1] 상속재산 분할협의는 공동상속인들 사이에 이루어지는 일종의 계약으로서, 공동상속인들은 이미 이루어진 상속재산 분할협의의 전부 또는 일부를 전원의 합의에 의하여 해제한 다음 다시 새로운 분할협의를 할 수 있다.
> [2] 상속재산 분할협의가 합의해제되면 그 협의에 따른 이행으로 변동이 생겼던 물권은 당연히 그 분할협의가 없었던 원상태로 복귀하지만, 민법 제548조 제1항 단서의 규정상 이러한 합의해제를 가지고서는, 그 해제 전의 분할협의로부터 생긴 법률효과를 기초로 하여 새로운 이해관계를 가지게 되고 등기·인도 등으로 완전한 권리를 취득한 제3자의 권리를 해하지 못한다.

다. 유언

우리 민법은 제102조에서 '피상속인은 유언으로 상속재산의 분할방법을 정하거나 이를 정할 것을 제삼자에게 위탁할 수 있고 상속개시의 날로부터 5년을 초과하지 아니하는 기간내의 그 분할을 금지할 수 있다.'라고 규정하고 있습니다. 따라서 이와 같은 규정에 따라 유언은 피상속인이 상속재산의 분할방법을 사전에 정하는 것이라는 사실을 알 수 있습니다.

그러므로 피상속인이 생전에 유언을 통하여 자신이 소유한 재산을 상속할 사람과 분할방법을 사전에 지정하게 되면, 해당 상속재산은 분할대상으로 부터 배제되므로 공동상속인들은 유증재산에 대한 분할을 요구할 수 없습니다. 만일 유언의 대상인 재산을 분할대상으로 하는 상속재산분할심판청구를 하게 되면 요건을 갖추지 못하여 각하가 됩니다.

이러한 유언의 방법에 관하여 민법 제1065조에서는 유언의 방식에 관하여 자필증서, 녹음, 공정증서, 비밀증서와 구수증서를 기재하고 있습니다. 그러나 이와 같은 유언의 방식에도 불구하고 실무에서는 자필유언이라고 하는 자필증서에 의한 유언과 공증사무실을 이용한 유언공증정서에 의한 방법이 자주 사용되고 있습니다.

라. 상속재산분할심판청구

공동상속인 사이에 유효한 상속재산분할협의와 기여분에 합의를 하지 못하면 상속인 중 일부는 나머지 상속인들을 상대로 법원에 상속재산에 대한 공동상속인의 비율과 분할방법 및 기여분을 정해 줄 것을 신청할 수 있습니다. 이것을 상속재산분할심판청구라고 합니다.

따라서 상속재산분할심판청구는 법원이 후견적인 입장에서 상속재산에 대한 분할비율과 방식 및 기여분의 인정 정도를 정해 주는 또 다른 형태의 상속재산분할협의입니다. 그러므로 상속재산분할심판청구는 청구인을 제외한 나머지 상속인 전원을 상대로 신청해야 하고 상속인이 아닌 제3자는 당사자가 될 수 없습니다.

다만 상속분을 양도한 상속인은 상속재산분할판청구를 할 수 없습니다(출서울가법 2002.05.21. 자 2001느합71 심판)[5].

---

[5] 서울가법 2002.05.21. 자 2001느합71 심판 : 확정 상속재산분할
청구인 1, 2, 3, 4는 위 인정 사실과 같이 그들의 상속분을 청구인 5에게 양도하였으므로, 위 상속재산의 분할을 구할 수 있는 지위에 있지 아니하고, 따라서 청구인 1, 2, 3, 4의 이 사건 상속재산분할 심판청구는 부적법하다.

6. 법정상속지분을 기준으로 하는 단순분할 : 잠정적 공유

상속재산이 부동산 경우에 공동상속인 중 일부가 다른 공동상속인의 동의가 없이 일방적으로 법정상속지분을 기준으로 상속등기를 할 수 있으며, 피상속인 또는 상속인의 채권자는 대위등기를 신청할 수 있습니다. 그러나 이 경우 공동상속인 전원의 상속등기를 해야지 공동상속인 일부의 지분만 상속등기를 신청할 수 없습니다.

또한 금융기관에 피상속인의 예금이 있는 경우에는 원칙적으로 해당 예금도 법정상속지분을 기준으로 분할되는 것이 원칙이나 실무에서 금융기관은 공동상속인 전원의 동의서가 없으면 일부 상속인이 자신의 지분에 해당하는 예금의 반환을 청구해도 지급을 거부합니다.

그러나 우리 법원은 「상속재산의 분할협의는 상속이 개시되어 공동상속인 사이에 잠정적 공유가 된 상속재산에 대하여 그 전부 또는 일부를 각 상속인의 단독소유로 하거나 새로운 공유관계로 이행시킴으로써 상속재산의 귀속을 확정시키는 것이다(대법원 2007. 7. 26. 선고 2007다29119 판결).」라고 판단하고 있습니다.

그리고 대법원 2001. 2. 9. 선고 2000다51797 판결에서는 「채무초과 상태에 있는 채무자가 상속재산의 분할협의를 하면서 상속재산에 관한 권리를 포기함으로써 결과적으로 일반 채권자에 대한 공동담보가 감소되었다 하더라도, 그 재산분할결과가 채무자의 구체적 상속분에 상당하는 정도에 미달하는 과소한 것이라고 인정되지 않는 한 사해행위로써 취소되어야 할 것은 아니고, 구체적 상속분에 상당하는 정도에 미달하는 과소한 경우에도 사해행위로써 취소되는 범위는 그 미달하는 부분에 한정하여야 한다.」라고 함으로써 사해행위의 대상인 상속분액을 법정상속분이 아닌 특별수익(민법 제1008조)와 기여분(민법 제1008조의 2)가 반영된 구체적 상속분을 기준으로 판단하고 있습니다.

그리고 법정상속분을 기준으로 대위등기를 마친 후에 공유물분할을 신청한 사건에 관하여 「공동상속인은 상속재산의 분할에 관하여 공동상속인 사이에 협의가 성립되지 아니하거나 협의할 수 없는 경우에 가사소송법이 정하는 바에 따라 가정법원에 상속재산분할심판을 청구할 수 있을 뿐이고, 그 상속재산에 속하는 개별 재산에 관하여 민법 제268조의 규정에 의한 공유물분할청구의 소를 제기하는 것은 허용되지 않는다(대법원 2015. 8. 13. 선고 2015다18367 판결).」라고 함으로써, 상속재산분할절차를 거치지 않은 공유에 대한 물권법상의 공유관계를 부인하는 취지의 판단을 하고 있습니다.

그리고 이외에도 「상속개시 후 타인의 대위에 의한 법정상속지분대로의 상속등기가 이루어진 상태를 방치하여 두었다가 10년이 지난 후 위 등기내용과 다른 협의분할에 의한 등기를 하였더라도 증여세 부과대상이 되지 않는다(대법원 1994. 3. 22. 선고 93누19535 판결).」라고 하고 있으며, 「공동상속인 사이에 어떤 재산이 피상속인의 상속재산에 속하는지 여부에 관하여 다툼이 있어 일부 공동상속인이 다른 공동상속인을 상대로 그 재산이 상속재산임의 확인을 구하는 소를 제기한 경우, 이는 그 재산이 현재 공동상속인들의 상속재산분할 전 공유관계에 있음의 확인을 구하는 소송이다(대법원 2007. 8. 24. 선고 2006다40980 판결).」라고 하고 있습니다. 그리고 등기선례 제9-241호에서는 법정상속분을 기준으로 마쳐진 상속등기에 관하여 상속재산분할의 심판을 원인으로 경정등기를 할 수 있도록 하고 있습니다.

따라서 상속재산분할협의와 심판을 거치지 않은 법정상속분에 대해서는 잠정적 공유의 효력만을 인정하는 것이 우리 법원의 일관된 입장입니다.

그러므로 일부의 상속인이 다른 상속인들의 동의 없이 일방적으로 법정상속분을 기준으로 한 상속등기를 사실상 상속재산분할의 방법이라고 하기 어렵습니다.

> **법정상속등기를 마친 후에 상속재산분할심판이 있는 경우 상속등기에 대한 경정등기 신청 절차** 제정 2019. 6. 26. [등기선례 제9-241호, 시행]
> 1. 상속재산분할의 심판에 따라 상속등기를 신청할 때에는 등기원인을 '심판분할에 의한 상속'으로, 그 연월일을 피상속인이 사망한 날로 하여야 한다.
> 2. 또한, 법정상속분에 따라 여러 명의 공동상속인들을 등기명의인으로 하는 상속등기를 마친 후에 그 공동상속인들 중 일부에게 해당 부동산을 상속하게 하는 상속재산분할의 심판이 있어 이를 원인으로 상속등기의 경정등기를 신청할 때에는 등기원인을 '심판분할'로, 그 연월일을 심판의 확정일로 하고, 경정 전의 등기원인인 '상속'을 '심판분할에 의한 상속'으로, 경정 전의 등기명의인을 심판분할에 따라 해당 부동산을 취득한 상속인으로 경정한다는 뜻을 신청정보의 내용으로 제공하여야 한다.

7. 상속재산분할협의

7. 상속재산분할협의

가. 개념

상속재산의 분할협의는 상속이 개시되어 공동상속인 사이에 잠정적 공유가 된 상속재산에 대하여 그 전부 또는 일부를 각 상속인의 단독소유로 하거나 새로운 공유관계로 이행시킴으로써 상속재산의 귀속을 확정시키는 것입니다(대법원 2008. 3. 13. 선고 2007다73765 판결).

따라서 상속재산분할협의는 공동상속인 전원이 상속재산의 분할비율과 방법에 대한 합의를 하는 것으로써 이때 이루어진 합의는 최종적인 합의이므로, 이미 협의를 마친 상속재산을 분할대상으로 하는 상속재산분할심판청구는 각하됩니다.

나. 성립요건

상속재산의 협의분할은 공동상속인 간의 일종의 계약으로서 공동상속인 전원이 참여하여야 하고 일부 상속인만으로 한 협의분할은 무효라고 할 것이나, 반드시 한 자리에서 이루어질 필요는 없고 순차적으로 이루어질 수도 있으며, 상속인 중 한 사람이 만든 분할 원안을 다른 상속인이 후에 돌아가며 승인하여도 무방합니다(대법원 2010. 2. 25. 선고 2008다96963,96970 판결).

마찬가지로 수 개의 상속재산이 있는 경우에 각각의 상속재산에 대해서 개별적인 협의를 하는 것도 가능합니다.

다. 미성년자인 상속인의 특별대리인 선임

다만 상속재산분할협의는 그 행위의 객관적 성질상 상속인 상호간의 이해의 대립이 생길 우려가 있는 행위이므로, 적모가 그와 미성년자 사이에 이해가 상반되는 행위를 함에 있어서는 친족회의 동의를 얻어 미성년자를 대리할 수는 없고 민법 제921조에 의하여 미성년자를 위하여 특별대리인을 선임하여야 합니다(대법원 1994. 9. 9. 선고 94다6680 판결)

이때 미성년자가 수인인 경에는 미성년자 각자마다 특별대리인을 선임하여 그 각 특별대리인이 각 미성년자를 대리하여 상속재산분할의 협의를 하여야 하고, 만약 특별대리인 1인이 수인의 미성년자를 대리하여 상속재산분할협의를 하였다면 이는 민법 제921조에 위반된 것으로서 이러한 대리행위에 의하여 성립된 상속재산분할협의는 피대리자의 전원에 의한 추인이 없는 한 무효입니다(대법원 1994. 9. 9. 선고 94다6680 판결)

라. 재분할

상속재산 분할협의는 공동상속인들 사이에 이루어지는 일종의 계약으로서, 공동상속인들은 이미 이루어진 상속재산 분할협의의 전부 또는 일부를 전원의 합의에 의하여 해제한 다음 다시 새로운 분할협의를 할 수 있습니다.

따라서 상속재산 분할협의가 합의해제되면 그 협의에 따른 이행으로 변동이 생겼던 물권은 당연히 그 분할협의가 없었던 원상태로 복귀하지만, 민법 제548조 제1항 단서의 규정상 이러한 합의해제를 가지고서는, 그 해제 전의 분할협의로부터 생긴 법률효과를 기초로 하여 새로운 이해관계를 가지게 되고 등기·인도 등으로 완전한 권리를 취득한 제3자의 권리를 해하지 못하게 됩니다(대법원 2004. 7. 8. 선고 2002다73203 판결).

그러므로 이와 같이 기존의 상속재산분할협의를 마친 후에 새로운 협의를 한 경우에 소유권경정등기를 신청할 수 있으나, 등기상 이해관계 있는 제3자가 있는 때에는 신청서에 그 승낙서 또는 이에 대항할 수 있는 재판의 등본을 첨부하여야 합니다(등기선례 제8-199호[6]).

---

[6] 상속재산 분할협의의 합의해제 후 재분할협의에 따른 등기절차(선례변경) 제정 2005. 9. 26. [등기선례 제8-199호, 시행]
  상속인 전원이 상속인 중 갑, 을 공동으로 상속하기로 하는 상속재산 분할협의를 하여 상속등기를 마친 후 다시 공동상속인 전원의 합의에 따라 갑이 단독으로 상속하기로 하는 새로운 상속재산 분할협의를 한 경우 갑, 을 공유를 갑 단독소유로 하는 소유권경정등기를 신청할 수 있다.
  다만 이 경우의 경정등기에는 을 지분의 등기가 말소되는 의미가 포함되어 있으므로 을 지분의 말소등기에 관하여 등기상 이해관계 있는 제3자가 있는 때에는 신청서에 그 승낙서 또는 이에 대항할 수 있는 재판의 등본을 첨부하여야 한다.(2005. 09. 26. 부동산등기과-1550 질의회답)

8. 유 언

가. 형식에 의한 구분

민법 1065조에서는 '유언의 방식은 자필증서, 녹음, 공정증서, 비밀증서와 구수증서의 5종으로 한다.'라고 규정하고 있습니다. 그러나 실제 실무에서는 자필유언과 유언공정증서가 널리 사용되고 있으므로 아래에서는 자필유언과 유언공정증서에 의한 유언을 보겠습니다.

(1) 자필유언

(가) 작성방법

민법 제1066조 1.항에서는 '자필증서에 의한 유언은 유언자가 그 전문과 연월일, 주소, 성명을 자서하고 날인하여야 한다.'라고 규정하고 있습니다. 따라서 자필유언은 반드시 그 전부를 유언장의 자필로 기재해야 하고 주소와 연월일, 유언자의 이름을 적은 후에 도장 또는 무인을 날인해야 하는데, 이때 도장은 인감도장이 아니어도 무방합니다.

다만 주소는 반드시 주민등록상의 주소를 기재할 필요는 없으며 실제 거주하고 있는 주소를 기재하여도 무방하고 실제 주민등록초본에 없는 주소를 기재해도 좋지만 적어도 다른 장소와 구별되는 정도의 표시를 갖춘 생활의 근거되는 곳을 기재해야 할 것입니다[7].

또한 자필증서에 의한 유언에 있어서 그 증서에 문자의 삽입, 삭제 또는 변경을 함에는 민법 제1066조 제2항의 규정에 따라 유언자가 이를 자서하고 날인하여야 하나, 자필증서 중 증서의 기재 자체에 의하더라도 명백한 오기를 정정한 것에 지나지 않는다면 설령 그 수정 방식이 위 법조항에 위배된다고 할지라도 유언자의 의사를 용이하게 확인할 수 있으므로 이러한 방식의 위배는 유언의 효력에 영향을 미치지 않습니다(대법원 1998. 6. 12. 선고 97다38510 판결).

판례

1. 연월(年月)만 기재하고 일(日)의 기재가 없는 자필유언증서의 효력(무효)

민법 제1066조 제1항은 "자필증서에 의한 유언은 유언자가 그 전문과 연월일, 주소, 성명을 자서하고 날인하여야 한다"고 규정하고 있으므로, 연월일의 기재가 없는 자필유언증서는 효력이 없다. 그리고 자필유언증서의 연월일은 이를 작성한 날로서 유언능력의 유무를 판단하거나 다른 유언증서와 사이에 유언 성립의 선후를 결정하는 기준일이 되므로 그 작성일을 특정할 수 있게 기재하여야 한다. 따라서 연·월만 기재하고 일의 기재가 없는 자필유언증서는 그 작성일을 특정할 수 없으므로 효력이 없다(대법원 2009. 5. 14. 선고 2009다9768 판결).

2. 자필증서에 의한 유언의 요건 및 유언자의 주소를 유언 전문이 담긴 봉투에 기재하고 무인의 방법으로 날인한 자필유언증서의 효력(유효)

---

[7] 대구고등법원 2016. 6. 1. 선고 2015나22565 판결
   자서가 필요한 주소는 반드시 주민등록법에 의하여 등록된 곳일 필요는 없으나, 적어도 민법 제18조에서 정한 생활의 근거되는 곳으로서 다른 장소와 구별되는 정도의 표시를 갖추어야 하는데, 갑이 유언장에 기재한 주소가 주민등록상으로는 존재하지 않으나 유언장 작성 당시 갑의 주민등록상 주소와 가지번호를 제외하고는 동일한 점 등에 비추어 보면 다른 장소와 구별되는 정도의 표시를 갖춘 생활의 근거되는 곳을 기재한 것으로 볼 수 있어, 유언장의 주소 기재 부분이 법정 요건을 갖추었다.

> 민법 제1066조에서 규정하는 자필증서에 의한 유언은 유언자가 그 전문과 연월일, 주소 및 성명을 자서(自書)하는 것이 절대적 요건이므로 전자복사기를 이용하여 작성한 복사본은 이에 해당하지 아니하나, 주소를 쓴 자리가 반드시 유언 전문 및 성명이 기재된 지편이어야 하는 것은 아니고 유언서의 일부로 볼 수 있는 이상 그 전문을 담은 봉투에 기재하더라도 무방하며, 날인은 인장 대신에 무인에 의한 경우에도 유효하다(대법원 1998. 6. 12. 선고 97다38510 판결).

(나) 유언검인절차

민법 제1091조 1.항에서는 "유언의 증서나 녹음을 보관한 자 또는 이를 발견한 자는 유언자의 사망후 지체없이 법원에 제출하여 그 검인을 청구하여야 한다."라고 규정하고 있습니다. 따라서 유언자가 자필유언장을 남기고 사망한 후 해당 자필유언장을 보과하거나 발견한 사람은 법원에 자필유언장에 대한 검인을 신청해야 합니다. 물론 유언검인을 신청하지 않는다고 해서 해당 유언장이 무효가 되는 것도 아니고 청구기간이 정해진 것도 아니지만 특별한 사정이 없다면 유언검인을 신청해야 합니다. 이와 같이 민법이 자필유언장에 대해서 유언검인을 신청하도록 하는 이유는 유언장의 위조나 변조 등을 방지하고 신속히 유언자의 의사를 확인하는 절차이므로 의무사항은 아닙니다.

이러한 유언검인은 유언자의 주민등록상 최후주소지를 관할하는 가정법원에 신청하면 되는데, 이때 신청하는 당사자는 법원이 상속인들에게 유언검인신청이 된 사실과 검인기일을 통지할 수 있도록 상속인의 이름과 주소 및 전화번호를 기재해야 합니다. 그리고 이와 같이 기재한 사람들이 상속인이라는 사실과 상속인의 범위를 확정하기 위하여 아래의 자료를 발급받아 첨부해야 합니다.

> ※ 첨부할 일반적인 기본신분 자료
>
> ○ 유언자 : 출생신고가 될 당시에 있었던 제적등본을 포함한 모든 제적등본, 기본정명서, 가족관계증명서(상세), 혼인관계증명서(상세), 친양자입양관계증명서(상세), 입양관계증명서(상세), 주민등록초본.
>
> ○ 상속인 : 가족관계증명서(상세), 주민등록초본.
>
> ○ 유언자보다 먼저 사망한 상속인(피대습인) : 출생신고가 될 당시에 있었던 제적등본을 포함한 모든 제적등본, 기본증면서, 혼인관계증명서, 가족관계증명서
>
> ○ 유언자보다 먼저 사망한 상속인의 상속인(대습상속인) : 기본증명서(미성년자인 대습인), 가족관계증명서(상세), 주민등록초본(해외 거주의 경우 송달가능한 주소를 소명하는 자료), 혼인관계증명서(배우자인 대습인)

이때 상속인이 직계존비속이면 자신이 직접 발급받을 수 있으나, 만일 유언자가 유언검인신청자의 아버지인 경우에 상속인은 어머니와 다른 형제들이 되는데, 다른 형제들의 신분자료는 발급을 받을 수 없으므로 어머니에게 부탁하거나 아버님의 가족관계증명서를 발급받아 다른 형제인 상속인들이 인적사항인 이름, 주민등록번호, 전화번호 등만을 기재해서 법원에 제출한 후 법원의 보정명령을 받아 발급받아 제출할 수 있습니다.

법원의 보정명령에 의한 서류발급은 법원에서 온 보정명령서와 함께 청구인이 주민등록증을 지참하고 가까운 주민센터나 구청을 방문하면 보정서에 제출을 요구하는 신분자료를 발급받을 수 있습니다.

서류가 모두 제출되면 법원에서는 검인기일소환장을 각 상속인들에게 발송하게 되고, 송달을 받은 상속인들은 검인기일에 출석하게 됩니다.

이때 자필유언장을 갖고 있는 청구인은 원본을 지침해서 검인기일에 출석한 후 재판장님에게 제출하게 되고, 원본을 제출받은 재판장님은 원본을 확인한 후 이를 출석한 상속인들에게 보여 주면서 해당 자필유언장에 대해서 이의가 있는지를 질문하게 됩니다.

만일 참석한 상속인이 해당 유언장을 부인하고자 한다면 '유언장을 인정할 수 없다.'거나 '유언자의 필적이 아니라.'라거나 하는 등의 이의를 제기하거나 '이의가 없다.'는 등의 방법으로 자신의 입장을 밝히게 됩니다. 그리고 이러한 상속인들의 의견은 검인조서에 그대로 기록이 됩니다.

이후 집으로 돌아와 기다리면 법원에서 아래와 같은 유언검인조서를 발송하게 되는데, 유언검인조서에 이의를 제기한 상속인이 있다면 법원에 유언효력확인의 소 등을 신청해야 하나, 그렇지 않고 모두 이의가 없다는 사실이 기재되어 있다면 해당 검인조서와 등기신청에 필요한 자료를 첨부해서 유언등기를 신청하면 됩니다.

서식) 유언검인신청서

유언증서 검인신청

청 구 인	성 춘 향 (000000-2000000)
	파주시 ○○읍 ○○리 ○○번지
사건본인	이 몽 룡 (000000-1000000)
(유언자)	등록기준지 : 경기도 파주시 ○○읍 ○○리 ○○번지
	최후주소 : 파주시 ○○읍 ○○리 ○○번지
	사망일시 : 2018. 12. 30.

청 구 취 지

유언자 망 이몽룡이 2019. 1. 15. 작성한 별지의 자필증서에 기한 유언서의 검인을 청구합니다.

청 구 원 인

1. 청구인은 유언자의 배우자로서 본 건 유언증서를 보관하고 있는 상속인입니다. 유언자 망 이몽룡의 공동상속인은 배우자인 청구인과 자녀들인 이일남, 이이남, 이일녀가 있습니다.

2. 유언자는 1900년생으로 00세의 고령으로 2018. 12. 30. 사망했고, 2012. 10. 7.자 별지의 자필유언장을 남겼습니다.

3. 유언장의 형식과 내용을 보면, 유언자는 추후 사망을 대비하기 위해서 2012. 10. 7. 낮에 청구인과 같이 거주하던 파주시 문산읍 문산읍 ○○○리 ○○○번지의 거실에서 청구인이 보는 앞에서 편지용지 2장에 펜으로 별첨 자필유언장의 기재대로 주요 유언내용인 "내 재산 중 파주시 ○○읍 ○○리 ○○번지 땅과 집은 배우자인 성XX에게 유증한다."을 기재하고 2페이지 하단부에 "2012년 10월 7일"이라고 연월일을, "父 이몽룡"라고 성명을, "경기도 파주시 ○○읍 ○○리 ○○번지"라고 주소를 각 직접 자필로 모두 기재하고, 직접 보관중인 도장과 무인을 성명인 "父 이몽룡" 옆에 날인하였습니다[유언장 복사본 참조].

4. 당시 유언자는 위와 같이 자필유언장을 작성하자마자 배우자인 청구인에게 자필유언장을 교부하면서, 만약 유언자 본인이 사망하면 유언대로 할 것을 당부하셨습니다.

5. 그 후 유언자는 2018. 12. 30. 운명하였으므로, 청구인은 자필유언증서의 검인을 구하고자 이 건 청구에 이르게 되었습니다.

첨 부 서 류

1. 피상속인의 기본증명서, 가족관계증명서
1. 피상속인의 주민등록말소자초본
1. 유언장 복사본
1. 상속인 목록
1. 납부서

2024. 1. 10.

위 청구인 성XX (인)

의정부지방법원 고양지원 귀중

상 속 인 목 록

이름	상속인	주민등록번호	주소	전화번호
성XX (청구인)	배우자	000000-2000000	파주시 ○○읍 ○○리 ○○번지	010-0000-0000
이일남	1남	000000-1000000	서울 관악구 ○○동 ○○번지	010-0000-0000
이이남	2남	000000-1000000	여주시 ○○동 ○○번지	010-0000-0000
이일녀	1녀	000000-2000000	전주시 상세주소 불명	불명

서식) 보정명령

의정부지방법원 고양지원

보 정 명 령

사 건 2023느단○○○○ 자필유언증서의 검인

[청구인 : 홍○○ / 사건본인 : 김◆◆]

이 명령을 받은 날로부터 14일 안에 다음 사항을 보정하시기 바랍니다.

다 음

1. 사건본인 김◆◆(주민등록번호)의 혼인관계증명서(상세), 입양관계증명서(상세), 친양자입양관계 증명서(상세), 제적등본, 후견등기사항전부증명서(또는 후견등기사항부존재증명서)를 발급받아 제출하시기 바랍니다.
2. 청구인 홍○○(주민등록번호)의 입양관계증명서(상세), 친양자입양관계증명서(상세), 제출하시기 바랍니다.
3. 김□□(주민등록번호)의 사망을 소명할 수 있는 기본증명서(상세), 가족관계증명서(상세), 혼인관계증명서(상세) 및 말소자초본을 각 제출하시기 바랍니다.
4. 대습상속인 김◎◎(주민등록번호), 김◇◇(주민등록번호), 김△△(주민등록번호)의 가족관계증명서(상세), 주민등록표초본을 각 제출하시고, 만일 대습상속인들이 외국에 거주하고 있다면 송달가능한 주소를 소명하는 자료를 제출하시기 바랍니다.
5. 추후 지정될 심문(검인) 기일에 출석시 유언증서 원본과 상속인 수 만큼의 사본을 지참하여 주시기 바랍니다.

서식) 보정명령

보정서

사　　건　　2023느단○○○○ 자필유언증서의 검인
청 구 인　　홍○○
사건본인　　김◆◆
(유언자)

위 사건에 관하여 청구인은 2023.　.　1.자 보정명령과 관련하여 다음과 같이 보정서를 제출합니다.

다 음

1. 보정사항

1. 사건본인 김◆◆(주민등록번호)의 혼인관계증명서(상세), 입양관계증명서(상세), 친양자입양관계 증명서(상세), 제적등본, 후견등기사항전부증명서(또는 후견등기사항부존재증명서)를 발급받아 제출하시기 바랍니다.

2. 청구인 홍○○(주민등록번호)의 입양관계증명서(상세), 친양자입양관계증명서(상세), 제출하시기 바랍니다.

3. 김ㅁㅁ(주민등록번호)의 사망을 소명할 수 있는 기본증명서(상세), 가족관계증명서(상세), 혼인관계증명서(상세) 및 말소자초본을 각 제출하시기 바랍니다.

4. 대습상속인 김◎◎(주민등록번호), 김◇◇(주민등록번호), 김△△(주민등록번호)의 가족관계증명서(상세), 주민등록표초본을 각 제출하시고, 만일 대습상속인들이 외국에 거주하고 있다면 송달가능한 주소를 소명하는 자료를 제출하시기 바랍니다.

5. 추후 지정될 심문(검인) 기일에 출석시 유언증서 원본과 상속인 수 만큼의 사본

을 지참하여 주시기 바랍니다.

2. 보정내용

1. 사건본인 김◆◆(주민등록번호)의 혼인관계증명서(상세), 입양관계증명서(상세), 친양자입양관계 증명서(상세), 제적등본, 후견등기사항전부증명서(또는 후견등기사항부존재증명서)를 첨부하여 제출합니다.
2. 청구인 홍○○(주민등록번호)의 입양관계증명서(상세), 친양자입양관계증명서(상세)를 첨부하여 제출합니다.
3. 김□□(주민등록번호)의 사망을 소명할 수 있는 기본증명서(상세), 가족관계증명서(상세), 혼인관계증명서(상세) 및 말소자초본을 각 첨부하여 제출합니다.
4. 대습상속인 김◎◎(주민등록번호), 김◇◇(주민등록번호), 김△△(주민등록번호)의 가족관계증명서(상세), 주민등록표초본을 각 첨부하여 제출합니다.

첨 부 서 류

1. 김◆◆(사건본인) 혼인관계증명서
1. 김◆◆(사건본인) 입양관계증명서

이하 발급된 서류를 기재하면 됩니다.

2023.   .   .

위 청구인   홍○○

의정부지방법원 고양지원 귀중

사례) 유언검인조서

의정부지방법원 고양지원
유언검인조서

1차
사　　　건　2023느단◼◼　자필유언증서의 검인
판　　　사　◼◼◼◼◼　　　　기　　일 : 2023. ◼. ◼. 11:00
법원주사보　◼◼◼◼◼　　　　장　　소 : ◼◼호 법정
　　　　　　　　　　　　　　　공개 여부 : 공　개

사건과 당사자의 이름을 부름
　청구인 및 소송대리인 법무법인 ◼◼◼◼◼◼◼◼◼　　각 출석
　공동상속인　◼◼◼　　　　　　　　　　　　　　　　　출석
　공동상속인　김◼◼(공시), 김◼◼(공시), 김◼◼(공시)　각 불출석

제출자의 성명, 주소
　제출자 홍◼◼◼◼◼◼◼
　주　소 고양시 ◼◼◼◼◼◼◼◼◼◼◼◼◼◼◼◼◼◼◼◼◼

제출 및 검인 연월일 2023. ◼. ◼. 11:08

청구인 대리인
　청구서 진술

청구인
　유언증서 소지 경위에 대하여
　- 사건본인의 집에서 사건본인 김◼, 홍◼, 홍◼◼, 이◼◼ 등 5명이
　　동석한 가운데 2014. ◼. ◼ 사건본인이 유언서를 작성하였고, 당일 청구인에게
　　보관하라고 하여 보관하였다. 사건본인은 2022. ◼. ◼. 사망하였다.

참여인의 성명, 주소
　공동상속인 홍◼◼◼◼◼◼◼◼
　서울 ◼◼◼◼◼◼◼◼◼◼◼◼◼◼◼◼◼◼◼◼◼◼◼◼◼

판 사

 공동상속인 정■■■■■■, 김■■■■■■, 김지정■■■■
■■)은 미국에 있는데 주소불명으로 공시송달 되었고, 불출석하였음을 고지

사실조사의 결과

유언증서 원본을 조사한 바,

- 유언장은 가로 17.4cm, 세로 25cm의 일반 메모장이고, 뒷면은 백지이고 앞면은 줄이 그어져 있다. 상단에 유언장이라고 제목이 기재되어 있다.
- 유언장 내용은 아래와 같이 기재되어 있다

- 2014년 ■월 ■일 김■■이 기재되어 있고, 이름 옆에 도장이 2번 날인되어 있다.
- 검정색 펜으로 작성되어 있는 유언장의 상단 우측에 약간의 잉크 번짐이 있고, 4행의 첫 번째 글자는 화이트로 지워졌다. 유언장은 개봉되어 있는 봉투에 담겨있다.

청구인
 유언장에 이의 없다고 진술
공동상속인 홍■■
 유언내용에 이의 없다고 진술

이 유언증서 원본을 검인한 후 촬영하여 그 사진을 조서 말미에 첨부하고, 원본은 청구인에게 반환하였다.

위 검인절차는 2023. ■. ■. 11:17에 종료.

64 | 상속재산분할의 정석

법원주사보

판　　사

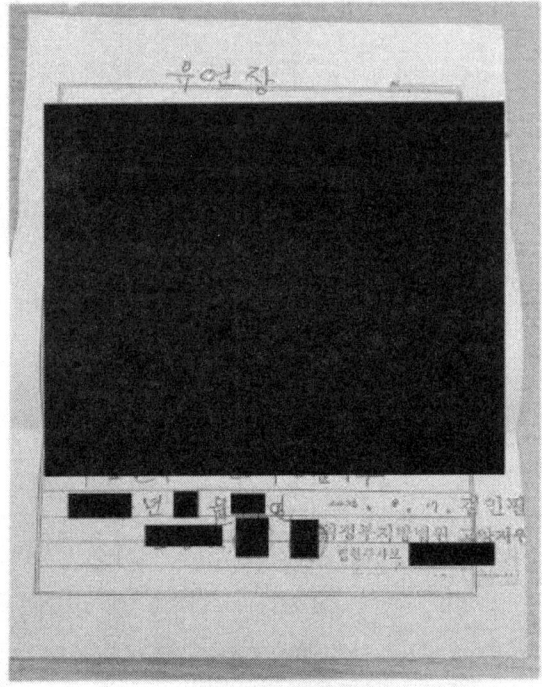

유언장 봉투

66 | 상속재산분할의 정석

정본입니다.

2023.

의정부지방법원 고양지원

법원주사보

> **민법 제1091조(유언증서, 녹음의 검인)**
> ① 유언의 증서나 녹음을 보관한 자 또는 이를 발견한 자는 유언자의 사망후 지체없이 법원에 제출하여 그 검인을 청구하여야 한다.
> ② 전항의 규정은 공정증서나 구수증서에 의한 유언에 적용하지 아니한다.
>
> **대법원 1980. 11. 19.자 80스23 결정**
> 유언서의 검인은 유언의 집행 전에 유언서의 형식 기타의 상태를 확증하고 그 위조 또는 변조되는 것을 예방하며 그 보존을 확실하게 하기 위한 목적에서 나온 검증절차에 지나지 아니하다 할 것이며, 검인의 실질은 유언서의 형식, 태양 등 오로지 유언의 방식에 관한 일체의 사실을 조사하여 유언서 자체의 상태를 확정하여 그 현상을 명확히 함에 있고, 유언의 효력을 판단함에 있는 것은 아니므로 법원은 유언서의 검인청구가 있을 때에는 유언서의 내용이나 형식이 어떠하던간에, 이에 대하여 가사심판규칙 제101조에 따라 조서를 작성함을 요한다.

(다) 유언검인의 효력

민법 제1091조 제1항에 규정된 유언증서에 대한 법원의 검인은 유언의 방식에 관한 사실을 조사함으로써 위조·변조를 방지하고 그 보존을 확실히 하기 위한 절차에 불과할 뿐 유언증서의 효력 여부를 심판하는 절차가 아니고, 민법 제1092조는 봉인된 유언증서를 검인하는 경우 그 개봉 절차를 규정한 데 불과합니다. 따라서 적법한 유언증서는 유언자의 사망에 의하여 곧바로 그 효력이 발생하고 검인이나 개봉 절차의 유무에 의하여 그 효력에 영향을 받지 않고, 무료의 유언은 유언검인이나 개봉절차의 유무와 무관하게 효력이 없습니다(대법원 1998. 5. 29. 선고 97다38503 판결).

따라서 해당 자필유언장이 유효한지의 여부는 일부 상속인 등이 자필유언장을 부인하는 취지의 소를 제기하거나 자필유언장에 대한 효력을 구하는 취지의 소송이 제기됨으로써 진행되는 민사소송 내지는 가사소송의 판결에 따라 판단됩니다.

(라) 집행방법

유언집행자는 유언자가 유언으로 지정할 수 있습니다(민법 1093조). 그러면 유언집행자가 등기의무자로써 유언에 따른 등기신청 등 유언에 따른 이행을 하게 됩니다. 그러나 유언자가 유언집행자를 지정하지 않거나 유언집행자가 먼저 사망하는 등의 이유로 유언자가 없는 경우에는 상속인이 유언집행자가 됩니다(민법 1095조, 선례 5-330). 이 때 유언집행자가 수인인 경우에는 그 과반수 이상의 유언집행자들이 수증자 명의의 소유권이전등기절차에 동의하면 그 등기를 신청할 수 있습니다(선례 5-329, 5-331).

따라서 민법 제1095조의 규정에 의하여 6명의 상속인들이 공동유언집행자가 되었으나 그 중 1명은 유언집행에 반대하고 다른 1명은 소재불명인 경우, 나머지 4명의 공동유언집행자들이 공동유언집행자 전원을 등기의무자로 하되 그들 4명의 인감증명만을 첨부하여(그들 4명이 유언집행에 찬성한다는 취지의 서면을 별도로 첨부할 수도 있을 것이나 반드시 요구되는 것은 아니라고 여겨짐) 유증을 원인으로 하는 소유권이전등기를 신청할 수 있습니다(등기선례 제5-334호)

다만 자필유언의 검인기일에 출석한 상속인들이 "유언자의 자필이 아니고 날인도 유언자의 사용인이 아니라고 생각한다"는 등의 다툼 있는 사실이 기재되어 있는 검인조서를 첨부한 경우에는 유언 내용에 따른 등기신청에 이의가 없다는 위 상속인들의 진술서(인감증명서 첨부) 또는 위 상속인들을 상대로 한 유언유효확인의 소나 수증자 지위 확인의 소의 승소 확정판결문을 첨부해서 등기를 신청해야 합니다(등기예규 제1512호, 시행 2014. 4. 9.)

그런데 이와 같이 일부 상속인들이 유언검인기일에 유언자의 자서와 날인을 부인하는 경우에 유언집행자는 '유언 내용에 따른 등기신청에 이의가 없다'는 진술을 구하는 소를 신청할 수 없고, 상속인들을 상대로 유언효력확인의 소나 포괄적 수증자 지위 확인의 소 등을 제기하여 승소 확정판결을 받은 다음, 이를 부동산등기규칙 제46조 제1항 제1호 및 제5호의 첨부정보로 제출하여 유증을 원인으로 하는 소유권이전등기를 신청할 수 있습니다(대법원 2014. 2. 13. 선고 2011다74277 판결).

참고로 구수증서에 의한 유언의 경우에는 급박한 사유의 종료일로부터 7일내에 법원에 그 검인을 신청하여야 하며, 유증에 인한 소유권이전등기의 신청서에 첨부한 유언서가 구수증서에 의한 유언서일 경우에는 그 유언서는 법원의 검인을 받은 것이어야 합니다(등기선례 제2-50호).

(2) 유언공정증서

(가) 유언공증의 성격과 장단점

유언 중에서 가장 많이 이용되는 방법 중의 하나가 유언공정증서에 의한 유언입니다. 유언공정증서는 유언자, 증인 2명이 참여해서 공증인이 유언의 취지를 낭독하고 유언자와 증인들이 유언의 내용을 모두 확인하고 이해한 후에 유언공증촉탁서에 서명날인함으로써 성립합니다.

그리고 이와 같이 작성된 유언공정증서는 공증사무 취급이 인가된 합동법률사무소 명의로 작성된 공증에 관한 문서로써 형법상 공정증서 기타 공문서에 해당하므로, 진정성립이 인정되는 유언공정증서는 진실에 반한다는 등의 특별한 사정이 없는 한 그 내용의 증명력을 쉽게 배척할 수는 없습니다(대법원 2002. 2. 22. 선고 2001다78768 판결, 대법원 1977. 8. 23. 선고 74도2715 전원합의체 판결).

따라서 이러한 이유로 유언공정증서에 의해서 부동산을 유증한 경우에는 다른 상속인들의 동의 없이 유언집행자가 일방적으로 유언에 의한 수증자 명의의 소유권이전등기를 실행할 수 있습니다(다만 유언집행의 편리성을 위해서 실무에서는 수증자를 유언집행자로 지정하는 경우가 많습니다.)

그러나 유언공정증서에 일부 증인이 실제로 참여하거나, 서명, 날인하지 않고 공증인이 유언자에게 가서 낭독하여 그 정확함을 승인받는 절차를 밟지 아니하였고, 제3자가 가져온 유언자의 인장을 대신 날인한 경우(대법원 2002. 9. 24. 선고 2002다35386 판결), 유언자의 참여 없이 유언공정증서가 작성된 경우(서울남부지방법원 2005. 4. 28. 선고 2001가단21643 판결), 유언자의 요청이 없이 공증인인 공증인가 합동법률사무소의 직원을 증인으로 한 경우(대법원 2014. 7. 25. 자 2011스226 결정) 등 형식적 요건을 갖추지 못하여 무효가 됩니다.

또한 형식적 요건을 갖추었다고 하더라고 유언공정증서를 작성할 당시에 유언자에게는 의사능력이 없었다면, 해당 공정증서에 의한 유언은 유언자가 유언의 취지를 구수하고 하고 이에 기하여 공정증서가 작성된 것으로 볼 수 없으므로 민법 제1068조가 정하는 공정증서에 의한 유언의 방식에 위배되어 무효가 될 수 있습니다(대법원 1996. 4. 23. 선고 95다34514 판결).

그럼에도 불구하고 어떤 유언방법이든 유언할 당시 유언자의 의사능력에 흠결이 있으면 해당 유언은 무효가 되므로, 유언공정증서에 의한 유언방식이 집행의 용이성과 추정력에 있어서 장점을 갖고 있습니다.

---

1. 유언공증에 필요한 서류

- 수증자 : 가족관계증명서, 주민등록초본[현주소만 나오면 됨]
  [미국시민권자일 경우 - 여권사본, 거주사실증명서]
- 유언집행자 : 기본증명서(1개월이내)
  주민등록초본 (현재주소만 나오면 됩니다)
  → 유언집행자의 결격사유 : 미성년자, 금치산자, 한정치산자, 파산자
- 유언자 : 가족관계증명서(1개월이내), 주민등록초본[현주소만 나오면 됨], 인감증명, 신분증, 도장.
  →유언자의 정신건강에 문제가 있을시 의사의 정신건강진단서 첨부

-. 증인(2人) : 기본증명서(1개월이내), 주민등록초본[현주소만 나오면 됨], 신분증, (막)도장
-. 유증재산 : 부동산등기부등본, 각 예금의 잔고증명서 등 유증할 재산을 특정할 수 있는 자료

2. 유언공증수수료

유언공증비용은 법무부의 계산식에 의하므로 전국이 동일하며 부가가치세 없습니다.
공증수수료=\{[(목적가액 - 15,000,000원) X 3] ÷ 2,000\}+44,000원+4,000원

ex) 1억원일 경우
\{ [(100,000,000원 - 15,000,000원) X 3] ÷ 2000원 \}+44,000원+4,000원=175,500원

다만 상한선을 3,000,000원(삼백만원정)으로 하고 있으므로, 공증할 대상의 가액이 19억 8,600만원을 초과하므로 3,000,000원이 됩니다.

(나) 유언공정증서가 무효로 판단된 사례

법원은 유언공정증서를 작성할 당시에 유언자가 반혼수상태였으며, 유언공정증서의 취지가 낭독된 후에도 그에 대하여 전혀 응답하는 말을 하지 아니한 채 고개만 끄덕인 사례(대법원 1996. 4. 23. 선고 95다34514 판결), 큰며느리를 몰라보거나 천장에 걸린 전기줄을 뱀이라고 하는 등 헛소리를 하기도 하였으며, 이 사건 유언 당시에도 고개를 끄덕이거나 "음", "어" 정도의 말을 할 수 있었을 뿐 자신의 의사를 제대로 말로 표현할 수 없었던 사례(대법원 2006. 3. 9. 선고 2005다57899 판결), 유언자인 망인의 의식상태는 반혼수상태로서 의사능력이 결여되어 있었을 뿐만 아니라, 공증인인 변호사가 유언 취지를 물음에 대하여 망인은 고개를 끄덕거리는 거동을 하였음에 불과한 사례(대법원 2000. 12. 12. 선고 2000다49275 판결), 의학상 가면성 정신상태에 놓여 있었던 유언자가 산소마스크를 착용하고 침대에 누워 있었는데 공증인이 유언자에게 유언의 취지를 설명하자 유언자가 말은 하지 않고 고개만 끄덕끄덕인 사례(대법원 1980. 12. 23. 선고 80므18 판결)에서 해당 유언공정증서의 무효를 선고하였습니다.

또한 하급심에서는 서울고등법원 2005. 11. 17. 선고 2005나5401,2005나5418(병합) 판결에서는 「이 사건 유언을 할 무렵 소외 1은 폐암 말기로 이미 한 차례 수술을 받은 후 퇴원하였다가 다시 입원하여 치료를 받던 중으로 극심한 통증에 시달리고 있었으며, 비록 의식은 있었으나, 반응이 느리고 멍한 표정으로 눈을 제대로 맞추지 못하기도 하고, 식사도 제대로 하지 못하는 상황이었던 사실, 그러던 중 상대방들은 서울 서초구 서초동에 있는 공증인가 법무법인 ○○을 찾아가 담당변호사 소외 5에게 자신들의 어머니인 소외 1이 증인 소외 3, 4의 참석하에 이 사건 부동산 중 소외 1의 지분을 장남인 청구인을 배제한 채 상대방들에게 각 1/2씩 유증하는 유언을 하기로 하였다면서 공정증서에 의한 유언이 이루어질 수 있도록 해달라고 의뢰한 사실, 이에 소외 5는 자신의 사무실에서 위와 같은 내용으로 된 유언공정증서를 작성한 후 이를 소지한 채 소외 1이 입원한 병실로 찾아가 위 증인들이 참석한 상태에서 소외 1에게 '이 사건 부동산 중 소외 1의 지분을 상대방들에게 1/2씩 유증하겠느냐'고 물었고 소외 1이 '그렇게 하라'고 답변하자, 소지하고 있던 위 유언공정증서에 소외 1과 증인들로 하여금 서명하도록 한 사실을 인정할 수 있다.」라고 하면서 「위 인정사실에 의하면, 이 사건 유언은 공정증서에 의한 유언의 유효요건 중 '유언자가 공증인의 면전에서 유언의 취지를 구수할 것'과 '공증인이 유언자의 구수를 필기해서 이를 유언자와 증인에게 낭독할 것' 및 '유언자와 증인이 공증인의 필기가 정확함을 승인한 후 각자 서명 또는 기명날인 하였을 것'이라는 요건을 갖추지 못하였음이 분명하고, 따라서 민법 제1068조가 정하는 공정증서에 의한 유언의 방식에 위배되어 무효라 할 것이다.」라고 하여, 유언자가 비록 의식은 있었으나, 반응이 느리고 멍한 표정으로 눈을 제대로 맞추지 못한 상태에서 한 유언공정증서에 대한 무효를 판단하였으며,

서울가정법원 2010. 12. 23. 선고 2010가합20414 판결에서도 유언서 작성일로부터 1년 전 및 4개월여 전인 2003. 11. 5.과 2004. 6. 9. 실시된 치매선별검사에서 초기 중증의 인지장애, 즉 초기 치매에 해당하는 알츠하이머형 치매에 해당한다는 진단을 받았으며, 이 사건 유언서 작성일로부터 1년 2개월여 후인 2006. 1. 5.경 실시된 신체감정

결과 알츠하이머형 치매에 해당하고 사물을 변별할 능력 및 의사결정능력 특히 부동산 소유권분쟁과 관련된 소송을 변호사에게 위임할 수 있는 판단능력과 의사결정능력에 관하여 망인은 현실적인 사회 판단 및 행위는 어렵고 지적능력 및 인지기능이 통상인에 비해 상당히 불완전한 판단능력을 갖고 있어 자신의 행위의 결과에 대하여 대체로 합리적인 판단능력을 상실한 상태라는 진단을 받은 유언자의 유언공정증서에 대한 무효를 판단하였습니다.

그리고 이외에 서울고등법원 2009. 6. 18. 선고2008나96262, 96279 판결, 대구고등법원2010. 2. 10. 선고2009나5323 판결, 서울가정법원 2010. 12. 23. 선고2010가합20414 판결 등에서도 유언장의 인지능력의 흠결을 이유로 유언무효를 선고하였습니다.

(다) 유언공정증서가 유효로 판단된 사례

법원은 공증인이 유언자의 의사에 따라 유언의 취지를 작성하고 그 서면에 따라 유언자에게 질문을 하여 유언자의 진의를 확인한 다음 유언자에게 필기된 서면을 낭독하여 주었고, 유언자가 유언의 취지를 정확히 이해할 의사식별능력이 있고 유언의 내용이나 유언 경위로 보아 유언 자체가 유언자의 진정한 의사에 기한 것으로 인정할 수 있는 경우에는, 유언취지의 구수 요건을 갖추었다고 보고 있습니다(대법원 2008. 8. 11. 선고 2008다1712 판결).

그리고 서울고등법원 2016.11.30. 선고 2015나27097 사건에서는 「망인이 2008년 유언을 하기 약 10개월 전인 2007. 3 .7.경 인제대학교 상계백병원에서 치매 진단을 받고 2007. 9.경까지 진료를 받은 사실이 인정된다. 그러나 … 2008년 유언의 내용은 이 사건 부동산을 모두 상대방에게 유증한다는 것으로 특별히 복잡하다고 볼 수 없고, 그와 같은 내용을 이해하는데 높은 정도의 의사능력을 요하는 사항이라고 보기 어려움 점」등을 이유로 해당 유언의 유효를 선고하였습니다.

그리고 대구지방법원 2016. 12. 15. 선고 2016나2480 사건에서는 「망인이 생전에 정신건강 의학과에서 치료를 받은 사실과 노인성 치매 진단을 받은 사실은 인정된다. 한편 제1심 법원의 공증인가 법률사무소와 요양병원장에 대한 각 사실조회 결과에 심문 전체의 취지를 종합하면, 이 사건 유증 당시 망인의 의사표현 능력이 정상이었고, 중요한 사항의 결정에 합리적인 판단이 가능한 상태였던 사실도 인정된다.」라고 하고 있으며,

또한 제주지방법원 2020. 9. 21. 선고 2018가단10189 사건에서는 「ㅁㅁㅁ은 2015. 3. 4. ㅇ정신과의원에서, 2015. 3. 6. ㅇ정신과의원에서 만기발병 알츠하이머병에서의 치매 진단을 받았고, 위와 같이 진단한 ㅇ정신과의원의 검사 결과 ㅁㅁㅁ은 당시 중등도의 인지장애로서 자신의 생활의 최근 사건과 최근 시사 문제들을 잘 기억하지 못하고, 자신의 중요한 과거사를 잊기도 하는 등 분명한 인지장애가 나타나는 상황이기는 하였다.」라고 하면사도, 「① 위와 같은 진단 만으로 ㅁㅁㅁ이 개별 의사표시 당시에 의사표시의 의미와 그 효과를 이해하지 못하는 상태로서 그 의사표시에 하자가 있다고 단정하기 어려운 점, ② ㅁㅁㅁ은 위와 같은 진단을 받은 후 2018년 3월경까지 치매와 관련된 진단을 받거나 그에 따른 진료를 받은 적이 없는 점, ③ ㅁㅁㅁ은 위와 같이 치매진단을 받은 이후 청구인으로부터 받은 부당한 대우를 비교적 상세하게 기억하고 있었고, 이를 딸들인 상대방들 앞 또는 수사기관에서 구체적으로 진술하기도 하였던 점, ④ ㅁㅁㅁ의 생전 모습을 촬영한 동영상에서도 ㅁㅁㅁ에게 특별한 인지기능장애가 있다고 보이지는 않은 점」을 이유로 유언공정증서의 유효를 확인하였습니다.

나. 효력에 의한 구분 : 포괄적 유증과 특정유증

(1) 개념

유증은 포괄적 유증과 특정유증으로 구분할 수 있습니다. 포괄적 유증은 유언자가 지정한 비율에 따라 유언자의 재산과 채무가 해당 비율에 따라 수유자에게 상속되나, 특정유증은 유언자가 지정한 특정한 재산만이 수유자에게 상속됩니다.

따라서 포괄적 유증은 피상속인의 재산권이 그대로 유증을 받은 수유자에게 승계되는 효력을 갖게 되어 상속인과 같은 지위에 있게 되어 포괄적 유증을 받은 수유자는 유언자로부터 포괄적 유증된 재산을 곧바로 취득하게 되나, 특정유증은 피상속인의 재산권이 상속인들에게 승계되고 수유자는 단지 상속인들에게 유증받은 재산에 대한 청구를 할 수 있는 채권적 권리를 갖게 될 뿐입니다.

이러한 포괄적 유증은 피상속인의 재산 일체를 유증할 수 있으나, 'ㅇㅇㅇ에게 30%를, ㅁㅁㅁ에게 70%의 비율에 따라 유증한다.'라는 등 일정한 비율로 유증하는 방법을 택할 수 있습니다.

또한 특정유증이 있는 경우에 피상속인의 상속채무는 분할대상이 아니므로 상속인들에게 법정상속분을 기준으로 상속되나 포괄적 유증이란 적극재산은 물론, 소극재산 즉 채무까지도 포괄하는 상속재산의 전부 또는 일부의 유증을 말하는 것이고, 포괄적 수증자는 재산상속인과 동일한 권리 의무가 있는 것으로서(민법 제1078조), 따라서 어느 망인의 재산 전부(적극재산 및 소극재산)가 다른 사람에게 포괄적으로 유증이 된 경우에는 그 망인의 직계비속이라 하더라도 유류분 제도가 없는 한, 그가 상속한 상속재산(적극재산 및 소극재산)이 없는 것이므로 그 망인의 생전 채무를 변제할 의무가 없습니다(대법원 1980. 2. 26. 선고 79다2078 판결).

(2) 포괄적 유증과 특정유증의 구분

우리 법원은 포괄적 유증에 관하여 「유언자가 자신의 재산 전부 또는 전 재산의 비율적 일부가 아니라 단지 일부 재산을 특정하여 유증한 데 불과한 특정유증(대법원 2010. 12. 23. 선고 2007다22859 판결)」이라고 하면서, 특정유증에 관하여 「유언자가 자신의 재산 전부 또는 전 재산의 비율적 일부가 아니라 단지 일부 재산을 특정하여 유증한 데 불과한 특정유증」이라고 함으로써 포괄적 유증과 특정유증을 구분하고 있습니다.

그러면서도「유증이 포괄적 유증인가 특정유증인가는 유언에 사용한 문언 및 그 외 제반 사정을 종합적으로 고려하여 탐구된 유언자의 의사에 따라 결정되어야 하고, 통상은 상속재산에 대한 비율의 의미로 유증이 된 경우는 포괄적 유증, 그렇지 않은 경우는 특정유증이라고 할 수 있지만, 유언공정증서 등에 유증한 재산이 개별적으로 표시되었다는 사실만으로는 특정유증이라고 단정할 수는 없고 상속재산이 모두 얼마나 되는지를 심리하여 다른 재산이 없다고 인정되는 경우에는 이를 포괄적 유증이라고 볼 수도 있다(대법원 2003. 5. 27. 선고 2000다73445 판결).」라고 하고 있습니다.

그리고 실제 대법원 2005. 3. 11 선고 2004다57014 판결에서도 유증 당시 유언자의 재산 중 벤츠e승용차가 누락되고 나머지가 모두 유증된 사건에서 해당 유언을 포괄적 유증으로 판단하였습니다.

그리고 서울고등법원 2004. 9. 16. 선고 2004나9796 판결에서는 유증목록에 유증자 명의의 일부 재산이 누락되어 있으나 유증 경위, 유증자 소유 재산 중 유증목록에 포함된 재산의 가액 정도, 유증목록에서 제외된 재산의 소유권 이전과 사용용도, 유언공정증서의 표현 내용 등의 제반 사정에 비추어 포괄적 유증으로 판단하였습니다.

그러므로 포괄적 유증이라는 기재가 없거나 비율로 유증된 것이 아니라 어떤 재산을 특정했다고 해서 이를 특정유증으로 판단할 것이 아니라 유언자의 의사, 전체 상속재산 중 유증된 재산이 차지하는 가액 등을 고려하여 해당 유증의 포괄적 유증과 특정유증을 구분해야 할 것입니다.

(3) 특정유증과 포괄적 유증의 효력

유증은 방식에 따라 5가지로 구분되나 효력은 크게 포괄적 유증과 특정유증으로 구분할 수 있습니다. 예를 들어 유언자가 "내 재산 중 2/3는 자녀A에게 1/3은 자녀B에게 유증한다."는 방식으로 재산 전체를 일정한 비율에 따라 유증하는 방식이라면 이는 포괄적 유증입니다. 반면에 "내 재산 중 서울 구로구 구로동 000번지 아파트 101동 101호를 자녀A에게 유증하고 신한은행의 예금을 자녀B에게 유증한다."라고 하면 특정유증이 됩니다. 즉 포괄적 유증은 유언자가 당시 소유하고 있는 모든 재산을 1/3지분 또는 30% 등의 방식으로 비율에 따라 유증하는 것인 반면에 특정유증은 유증하고자 하는 재산을 개별적으로 지정하는 방식입니다.

어떤 분들은 해당 유증이 특정유증인지 포괄적 유증인지 특별히 구분할 필요가 있는지 라고 질문할 수 있습니다. 그런데 간혹 이 문제는 중요한 상황에 직면할 수 있습니다.

가령 상속인인 배우자가 피상속인인 남편으로 부터 "지금 내가 살고 있는 서울 구로구 구로동 000번지 아파트 101동 101호를 배우자에게 유증한다."라는 취지의 유언을 하고 사망함으로써 해당 유언의 효력이 발생하였으나, 어떠한 사정으로 인하여 유언에 따른 등기를 하지 못하던 중 상속인인 자녀A의 채권자가 법정대위등기를 한 후 자녀A의 상속지분에 대한 가압류 또는 경매를 하게 되는 경우에 해당 유언이 포괄적 유증인지 아니면 특정유증인지가 중요한 문제가 됩니다.

이는 포괄적 유증과 특정유증의 차이에 따라 나뉘게 되는데, 포괄적 유증은 유증을 받은 수유자가 피상속인으로 부터 곧바로 해당 유증재산에 대한 소유권을 취득하게 됩니다. 즉 포괄적 유증은 소유권이 "유언자 ⇒ 수유자"라는 방식으로 이전하게 됩니다. 반면에 특정유증은 해당 유증재산이 일단 상속인에게 상속된 후 수유자는 상속인들을 상대로 유증을 원인으로 하는 소유권이전등기를 청구할 수 있는 채권적 권리만을 취득하게 됩니다. 따라서 특정유증의 경우 유언자로부터 곧바로 수유자에게 소유권이 이전되는 것과 달리 "유언자 ⇒ 상속인 ⇒ 수유자"라는 순서로 따라 소유권이 이전됩니다.

따라서 위와 같이 유언자가 사망한 후 상속인인 자녀A의 채권자가 법정상속분을 기준으로 대위등기를 한 후 자녀A의 지분에 가압류를 하게 되면 특정유증의 경우 소유권은 "유언자 ⇒ 상속인 ⇒ 채권자의 가압류 ⇒ 수유자"의 순서대로 소유권이 이전됩니다. 그러므로 이 경우 수유자가 상속인으로부터 유증을 원인으로 하는 소유권을 취득한다고 하더라도 자녀A의 채권자가 실행한 가압류에 대항할 수 없습니다. 결국 수유자는 자녀A의 법정상속지분에 대한 가압류를 인수하게 됩니다.

반면에 포괄적 유증은 "유언자 ⇒ 수유자"의 순서로 소유권이 이전되므로, 자녀A의 법정상속등기는 그 자체로 효력이 없습니다. 그러므로 포괄적 유증의 경우 "유언자 ⇒ 상속인 ⇒ 채권자의 가압류 ⇒ 수유자"의 순으로 실행된 등기 중 '상속인' 명의의 등기는 무효의 등기이므로 무효의 등기에 터잡아 실행된 채권자의 가압류등기도 말소될 등기입니다. 그러므로 포괄적 유증을 받은 수유자는 위와 같은 경우 자신이 유증받은 재산에 대한 상속인의 채권자에 대하여 제3자이의의 소를 제기함으로써 말소를 청구할 수 있습니다.

참고로 위와 같은 경우에 포괄적 유증을 받았다고 하더라도 수유자가 유증에 따른 등기를 마치지 않은 상태에서 단지 포괄적 유증을 받았다는 이유만으로 소유권을 취득했다고 주장할 수 있는지가 문제가 될 수 있습니다. 이에 대해서 법원은 "부동산에 관하여 포괄적 유증을 받은 사람은 민법 제187조에 따라 그 부동산의 소유권을 취득한다(대법원 2017. 11. 14. 선고 2017다24281 판결)."라고 판단하고 있으며, 해당 판례가 인용하는 민법 제187조에서는 "상속, 공용징수, 판결, 경매 기타 법률의 규정에 의한 부동산에 관한 물권의 취득은 등기를 요하지 아니한다."라고 규정하고 있습니다. 따라서 포괄적 유증을 받은 수유자는 등기의 여부와 무관하게 수유자의 사망과 동시에 해당 유증재산에 대한 소유권을 취득하게 됩니다.

(4) 특정유증가액에서 공제되는 임대차보증금과 근저당권채무

유언은 효과에 따라 포괄적 유증과 특정유증으로 구분됩니다. 포괄적 유증은 유언자의 재산이 전부 또는 일정한 비율에 따라 수유자(유언재산을 받는 사람)에게 승계됩니다. 이러한 승계는 일반적으로 말하는 재산만이 아니라 채무도 포함합니다. 따라서 포괄적 유증의 경우 수유자는 재산만을 상속받는 것이 아니라 채무도 전부 또는 유언으로 지정한 비율에 따라 상속받게 됩니다.

가령 어떤 유언자가 10억원에 달하는 자신의 재산 전부를 수유자에게 상속한다는 취지의 포괄적 유언을 하는 경우에 해당 유언자가 유증하는 재산이 설정된 근저당권채무, 만일 임대를 한 상태라면 임대보증금반환의무까지 모두 상속하게 되는 것이므로, 유언을 받은 수유자는 유언자의 채무도 변제할 의무가 있습니다.

그런데 특정유증의 경우는 다른 개념입니다. 포괄적 유증에 있어서 수유자가 마치 상속인과 같은 지위를 취득하여 재산과 채무를 승계받는 반면에 특정유증의 수유자는 유언된 재산을 수유자에게 이전하라는 권리만을 받을 뿐이고 그 대상은 상속인이 됩니다. 즉, 특정유증에 있어서 수유자는 유언자로 부터 직접 유언된 재산을 승계받는 것이 아니라 일단 유언된 재산이 상속인에게 상속되고, 수유자는 유언된 재산을 상속을 받은 상속인들에게 해당 유언재산의 이전을 요구하는 권리만을 갖을 뿐입니다.

이때 유언자가 어떤 부동산을 특정유증한 경우에 해당 부동산에 근저당권설정된 채무나 임대보증금이 있는 경우에 특정유증을 받은 수유자가 근저당권채무나 임대보증금반환채무도 함께 취득하는지가 문제가 됩니다.

만일 재산만을 받는 것이라면, 특정유증을 받은 수유자는 임대보증금을 반환하거나 유증받은 재산의 대출금을 변제한 후 상속인들에게 구상권을 행사할 수 있습니다. 만일 10억원의 부동산을 특정유증받았는데 그 부동산에 대출금 4억원인 근저당권이 설정되어 특정유증을 받은 수유자가 그 대출금을 변제한 경우에는 상속인들에게 '내가 상속채무를 대신 갚았으니 그 돈을 갚아라.'라고 요구할 수 있습니다. 이때 수유자의 주장 근거는 '난 부동산만 유증받았는데 상속채무는 원래 상속인들에게 법정상속분을 기준으로 상속되는 것이니 유언자의 근저당권채무는 상속인들이 상속받은 것인데 내가 대신 갚았다.'는 것입니다.

즉 수유자는 알짜인 부동산만을 취득하고 채무는 상속인들에게 떠넘기는 것입니다. 이것은 유언이 포괄적 유증이 아닌 특정유증이기 때문에 생기는 문제입니다.

그런데 이에 대해서 우리 법원은 대법원 2022. 1. 27. 선고 2017다265884 판결에서 「유언자가 부담부 유증을 하였는지는 유언에 사용한 문언 및 그 외 제반 사정을 종합적으로 고려하여 탐구된 유언자의 의사에 따라 결정되어야 하는데, 유언자가 임차권 또는 근저당권이 설정된 목적물을 특정유증하였다면 특별한 사정이 없는 한 유증을 받은 자가 그 임대보증금반환채무 또는 피담보채무를 인수할 것을 부담으로 정하여 유증하였다고 볼 수 있다.」라고 판단하고 있습니다.

즉 법원은 대법원 2022. 1. 27. 선고 2017다265884 판결을 통하여 비록 그것이 특정유증이고 특정유증의 문서에 임대보증금이나 근저당권채무도 함께 유증한다는 문구가 없다고 하더라도 특별한 사정이 없다면 유증을 받은 수유자가 그 채무도 함께 인수한 것으로 보고 있습니다.

이를 위의 사례에 적용하면 10억원의 부동산을 특정유증받았는데 유언자가 생전에 이 부동산을 1억원에 임대하고 2억원을 대출받으면서 담보로 제공해서 근저당권이 설정되어 있다면 특정유증을 받은 수유자는 임대보증금 1억원과 대출채무 2억원을 안고 유증을 받은 것이 됩니다.

따라서 이 경우 비록 특정유증을 받았지만 수유자가 임대보증금 반환 또는 근저당권대출금 2억원의 변제를 이유로 상속인들에게 반환을 요구할 수 없습니다.

(5) 제3자의 관계

간혹 피상속인이 사망한 후 유증에 의한 등기를 마치기 전에 상속인의 채권자가 유증대상인 피상속인의 상속재산에 대해서 대위등기를 한 후 상속인인 채무자의 지분에 대한 가압류 또는 강제경매를 신청하는 경우가 있습니다.

그런데 포괄적 유증을 받은 자는 민법 제187조에 의하여 법률상 당연히 유증받은 부동산의 소유권을 취득하게 되나, 특정유증을 받은 자는 유증의무자에게 유증을 이행할 것을 청구할 수 있는 채권을 취득할 뿐입니다(대법원 2003. 5. 27. 선고 2000다73445 판결).

따라서 상속인의 채권자가 대위등기를 한 후 채무자인 상속인의 지분에 대한 가압류 또는 강제경매를 신청한 경우 포괄적 유증을 받은 수유자는 유증을 원인으로 상속인의 채권자에게 말소를 청구할 수 있으나, 특정유증을 받은 수유자는 말소청구를 할 수 없다고 할 것입니다.

다. 유언의 철회

적법하고 유효하게 성립한 유언이라고 하더라도 유언자는 언제든 유언을 철회할 수 있습니다.

철회의 방식은 기존의 유언과 양립할 수 없는 새로운 유언을 할 수 있고, 유언된 대상을 매각하거나 증여하는 방식 등이 있습니다. 다만 하나의 유언으로 2개 이상의 재산에 대한 유증을 한 후에 이 중 일부의 재산을 철회한 경우에는 그 전부가 무효가 되는 것이 아니라 철회된 한도에서 무효가 되고 나머지 유언은 유효하다고 할 것입니다.

다만 유증된 부동산이 재개발 또는 재건축되거나 수용되어 보상금이 된 경우에도 당초의 유언이 효력을 미치는지에 대해서는 논란의 소지가 있습니다.

그런데 등기선례에서는 「공정증서에 의한 유언 이후에 유증의 목적물인 구분건물이 멸실되고 재건축으로 동일 지번에 새로운 구분건물이 신축되어 유증자 명의로 소유권보존등기가 마쳐진 상태에서 유증자가 사망한 경우, 유언공정증서상의 부동산의 표시(멸실된 구분건물)와 소유권이전등기의 대상이 된 부동산의 표시(새로이 건축된 구분건물)가 부합하지 않는다 하더라도 공정증서를 첨부정보로 하여 유언집행자 또는 상속인은 수증자와 공동으로 소유권이전등기를 신청할 수 있다. 다만, 이 경우 유언공정증서상의 구분건물(종전 구분건물)이 소유권이전등기의 대상이 된 구분건물로 변환되었음을 소명하는 자료(관리처분계획서 및 인가서, 이전고시증명서면 등)를 첨부하여야 할 것이다(유증의 목적물인 구분건물이 재건축으로 인하여 새로운 구분건물로 변경된 경우에 유증으로 인한 소유권이전등기가 가능한지 여부 제정 2014. 3. 13. [등기선례 제201403-3호, 시행]).」라고 함으로써 구분건물을 유증한 후에 재건축되어 유언자 명의로 새로운 구분건물에 대한 소유권보존등기가 마쳐진 경우에는 당초의 유증이 유효하다는 취지의 판단을 하고 있습니다.

라. 유언집행자의 사망과 집행의 거부

유언자가 사망하기 전에 유언집행자가 먼저 사망하게 되는 경우가 있습니다. 이때에는 유언집행자가 선임되지 않은 것으로 보기 때문에 유언자의 사망으로 상속이 개시되면 상속인들이 유언집행자가 됩니다. 따라서 이 경우에는 상속인의 과반수 이상의 동의로 유언집행이 가능합니다.

그런데 일부 유언집행자는 유언자가 사망한 후에 이런 저런 이유로 유언집행을 거부하기도 합니다. 이 경우에는 법원에 유언집행자의 해임과 새로운 유언집행자의 선임청구를 통하여 새로운 유언집행자를 선임하여 그 유언집행자로 하여금 유언을 집행하도록 할 수 있습니다.

마. 수증자의 사망

유언자가 사망한 후에 수증자가 사망하게 되면 수증자의 상속인들이 수증자의 권리를 상속받게 됩니다.

즉 유언자가 아들A에게 B부동산을 유증한다는 유언공정증서를 작성한 후 사망했는데 B부동산에 대한 유증등기를 하기 전에 아들A이 사망하면 아들A의 배우자와 자녀들이 법정상속지분을 기준으로 유증재산에 대한 권리를 취득하게 됩니다.

반면에 유언자가 사망하기 전에 수증자가 먼저 사망하게 되면 해당 유언은 그 한도 내에서 효력이 없습니다(민법 제1089조 1.항).

따라서 상속인으로 배우자와 아들A, 딸A을 둔 유언자가 A부동산을 배우자에게 B부동산을 아들A에게 유증한다는 취지의 유언공정증서를 작성했는데, 유언자가 사망하기 전에 먼저 아들A이 사망했다면 아들A에 대한 유언은 없는 것으로 되어 A부동산은 배우자에게 유증되나 아들A이 유증 받는 것으로 되어 있던 B부동산은 상속재산이 됩니다.

바. 기타 유언과 유사한 제도

(1) 사인증여

(가) 사인증여의 개념과 성격

우리 민법 제1073조 1.항에서는 「유언은 유언자가 사망한 때로부터 그 효력이 생긴다.」라고 규정하고 있습니다.

그리고 우리 민법에서는 제562조를 통하여 사인증여에 관하여 「증여자의 사망으로 인하여 효력이 생길 증여에는 유증에 관한 규정을 준용한다.」라고 규정하고 있으며, 우리 법원은 「사인증여계약이 성립되기 위해서는 단독행위인 유언과 달리 계약으로서 청약 및 승낙이라는 의사표시의 합치가 있어야 한다(서울가정법원 2005. 7. 5. 선고 2003가합86119, 89828 판결).」라고 하면서, 「유언자가 상속인들에게 작성·교부한 유언증서가 유언으로서의 법적 방식에 맞지 않아 무효라 할지라도, 그 증서에 자신이 사망하는 경우 특정한 재산을 위 상속인들에게 증여한다는 내용이 포함되어 있고 이에 위 상속인들이 동의한 경우에는 유언자와 위 상속인들 사이에 유효한 사인증여계약이 성립하므로, 위 유언증서는 사인증여계약으로서 효력이 있다(제주지방법원 2008. 4. 23. 선고 2007가단22957, 27419 판결).」라고 판단하고 있습니다.

<u>따라서 일정한 형식을 갖춘 단독행위인 유언과 달리 사인증여는 피상속인이 수증자에게</u> 사후 증여에 대한 의사표기를 하고 수증자가 이를 승낙함으로써 효력이 발생합니다. 그러므로 유언과 사인증여는 형식과 의사의 합치 여부로 구분될 뿐 피상속인의 사망 후에 효력이 발생한다는 점은 같습니다.

그렇다면 형식과 방식을 불문하고 유언자가 사망한 후에 유언자의 재산을 수증자가 증여(또는 상속)을 받는다는 의사표시에 대한 합치가 인정된다면 사인증여가 성립한다고 할 수 있습니다.

(나) 사인증여의 철회

사인증여는 민법 제3편 채권, 제2장 계약, 제2절 증여의 제554조 내지 제562조 중 제562조에 규정되어 있습니다.

그리고 대법원 2022. 7. 28. 선고 2017다245330 판결에서는 「민법 제562조는 사인증여에는 유증에 관한 규정을 준용한다고 정하고 있고, 민법 제1108조 제1항은 유증자는 유증의 효력이 발생하기 전에 언제든지 유언 또는 생전행위로써 유증 전부나 일부를 철회할 수 있다고 정하고 있다. 사인증여는 증여자의 사망으로 인하여 효력이 발생하는 무상행위로 실제적 기능이 유증과 다르지 않으므로, 증여자의 사망 후 재산 처분에 관하여 유증과 같이 증여자의 최종적인 의사를 존중할 필요가 있다. 또한 증여자가 사망하지 않아 사인증여의 효력이 발생하기 전임에도 사인증여가 계약이라는 이유만으로 법적 성질상 철회가 인정되지 않는다고 볼 것은 아니다. 이러한 사정을 고려하면 특별한 사정이 없는 한 유증의 철회에 관한 민법 제1108조 제1항은 사인증여에 준용된다고 해석함이 타당하다.」라고 판단하고 있습니다.

따라서 사인증여에 대한 철회는 증여의 철회에 관한 규정이 아니라 유증의 철회에 관한 규정이 적용되므로, 증여자는 사인증여 계약을 체결했다고 하더라도 새로운 사인증여 계약, 유언 또는 사인증여 대상인 재산의 처분 등의 방법으로 언제든 철회할 수 있다고 할 것입니다.

(다) 증여 · 사인증여 · 유증의 구분

① 사인증여의 "성립"에 준용되는 증여계약의 규정

법원은 사인증여에 관하여「민법 제562조는 사인증여에 관하여는 유증에 관한 규정을 준용하도록 규정하고 있지만, 유증의 방식에 관한 민법 제1065조 내지 제1072조는 그것이 단독행위임을 전제로 하는 것이어서 계약인 사인증여에는 적용되지 아니한다(대법원 1996. 4. 12. 선고 94다37714, 37721 판결, 대법원 2001. 9. 14. 선고 2000다66430 판결 등).」라고 하여, 성립에 관하여는 단독행위인 유증의 규정을 준용할 수 없다고 판단하고 있습니다.

따라서 사인증여는 낙성 · 불요식계약인 반면에 유증은 단독행위이므로 증여계약의 일종인 사인증여와 단독행위인 유증은 구분되므로 유증에 관한 규정은 계약의 성질에 반하지 않는 범위 내에서 준용됩니다(대법원 2001. 9. 14. 선고 2000다66430, 66447 판결 등 참조).

② 계약의 해제, 증여계약의 철회, 사인증여의 철회

◆ 민법 제547조가 적용되지 않는 증여의 철회

민법 제547조 1.항에서는 「당사자의 일방 또는 쌍방이 수인인 경우에는 계약의 해지나 해제는 그 전원으로부터 또는 전원에 대하여 하여야 한다.」라고 하여 다수 당사자 간 계약의 철회는 그 전원을 상대로 해야 한다고 규정하고 있습니다.

반면에 같은 계약이나 증여계약의 해제와 관하여 법원은 「민법 제555조에서 말하는 해제는 일종의 특수한 철회일 뿐 민법 제543조 이하에서 규정한 본래 의미의 해제와는 다르다(대법원 2003. 4. 11. 선고 2003다1755 판결).」라고 함으로써 증여계약의 해제는 계약의 해제규정이 적용되지 않는 특수한 철회라고 규정하고 있습니다.

따라서 위와 같은 규정과 판례에 의하면 증여계약은 성립에 관해서는 계약편의 규정을 준용하고 있으나 해제는 이를 구분하여 특수한 철회로 판단하고 있습니다.

◆ 민법 제555조가 적용되지 않는 사인증여의 철회

마찬가지로 민법 제562조에서는 「증여자의 사망으로 인하여 효력이 생길 증여에는 유증에 관한 규정을 준용한다.」라고 규정하고 있고, 법원은 사인증여의 철회에 관하여 유증의 규정을 준용한다고 판단하고 있습니다. 즉 증여계약의 해제는 계약의 해제를 따르고 있지 않고 특수한 철회로 보는 것과 마찬가지로 사인증여의 철회는 증여의 철회가 아닌 유증의 철회 규정을 따르고 있습니다.

그렇다면 사인증여의 성립은 증여계약을 준용하나 철회는 유증의 규정이 준용된다고 할 것이고, 철회에 관하여 유증의 규정을 준용하는 이상 사인증여자의 사망으로 효력이 발생하기 전에는 유증의 철회 규정을 준용하다가 사망 후에는 (유증의 규정에 철회에 관한 규정이 없다는 것을 이유로) 다시 증여계약의 철회 규정으로 돌아와 사인증여자의 상속인들에게 민법 제555조를 적용할 것이 아니라, 사인증여자의 사망 전·후를 구분하지 않고 사인증여의 철회에 관해서는 '유증의 철회 규정'이 준용되므로, 사인증여자가 사망한 후(後)에는 이를 '철회할 수 없다'고 할 것입니다.

◆ 사인증여의 철회에 준용되는 유증 규정

민법은 증여의 철회에 관하여 제555조 내지 제558조를 통하여 규정하고 있고[8], 유증의 철회에 관하여 제1108조 내지 제1111조을 통하여 규정하고 있습니다[9].

그리고 우리 법원은 민법 제562조(사인증여) 「증여자의 사망으로 인하여 효력이 생길

---

[8] 제555조(서면에 의하지 아니한 증여와 해제)
증여의 의사가 서면으로 표시되지 아니한 경우에는 각 당사자는 이를 해제할 수 있다.
제556조(수증자의 행위와 증여의 해제)
① 수증자가 증여자에 대하여 다음 각호의 사유가 있는 때에는 증여자는 그 증여를 해제할 수 있다.
1. 증여자 또는 그 배우자나 직계혈족에 대한 범죄행위가 있는 때
2. 증여자에 대하여 부양의무있는 경우에 이를 이행하지 아니하는 때
② 전항의 해제권은 해제원인있음을 안 날로부터 6월을 경과하거나 증여자가 수증자에 대하여 용서의 의사를 표시한 때에는 소멸한다.

제557조(증여자의 재산상태변경과 증여의 해제)
증여계약후에 증여자의 재산상태가 현저히 변경되고 그 이행으로 인하여 생계에 중대한 영향을 미칠 경우에는 증여자는 증여를 해제할 수 있다.

제558조(해제와 이행완료부분)
전3조의 규정에 의한 계약의 해제는 이미 이행한 부분에 대하여는 영향을 미치지 아니한다.

[9] 제1108조(유언의 철회)
① 유언자는 언제든지 유언 또는 생전행위로써 유언의 전부나 일부를 철회할 수 있다.
② 유언자는 그 유언을 철회할 권리를 포기하지 못한다.

제1109조(유언의 저촉)
전후의 유언이 저촉되거나 유언후의 생전행위가 유언과 저촉되는 경우에는 그 저촉된 부분의 전유언은 이를 철회한 것으로 본다.

제1110조(파훼로 인한 유언의 철회)
유언자가 고의로 유언증서 또는 유증의 목적물을 파훼한 때에는 그 파훼한 부분에 관한 유언은 이를 철회한 것으로 본다.

제1111조(부담있는 유언의 취소)
부담있는 유증을 받은 자가 그 부담의무를 이행하지 아니한 때에는 상속인 또는 유언집행자는 상당한 기간을 정하여 이행할 것을 최고하고 그 기간 내에 이행하지 아니한 때에는 법원에 유언의 취소를 청구할 수 있다. 그러나 제삼자의 이익을 해하지 못한다.

증여에는 유증에 관한 규정을 준용한다.」라는 규정에 관하여 철회 부분에 대해서는「민법 제562조는 사인증여에는 유증에 관한 규정을 준용한다고 정하고 있고, 제1108조 제1항은 유증자는 그 유증의 효력이 발생하기 전에 언제든지 유언 또는 생전행위로써 유증 전부나 일부를 철회할 수 있다고 정하고 있다. 사인증여는 증여자의 사망으로 인하여 효력이 발생하는 무상행위로 실제적 기능이 유증과 다르지 않으므로, 증여자의 사망 후 재산 처분에 관하여 유증과 같이 증여자의 최종적인 의사를 존중할 필요가 있다. 또한 증여자가 사망하지 않아 사인증여의 효력이 발생하기 전임에도 사인증여가 계약이라는 이유만으로 그 법적 성질상 철회가 인정되지 않는다고 보기도 어렵다. 이러한 사정을 고려하면 특별한 사정이 없는 한 유증의 철회에 관한 민법 제1108조 제1항은 사인증여에 준용된다고 해석함이 타당하다(대법원 2022. 7. 28. 선고 2018다211099 판결, 대법원 2022. 7. 28. 선고 2017다245330 판결).」라고 하여, 사인증여의 철회는 유증의 규정을 준용한다고 판단하고 있습니다.

그러므로 사인증여의 철회는 유언의 철회 규정이 준용되므로, 증여의 철회에 관한 민법 제555조 내지 제558조가 적용될 여지가 없습니다.

③ 증여·사인증여·유증의 효력발생시기
증여는 원칙적으로 성립과 동시에 효력이 발생하나, 정지조건부 증여계약의 경우 조건의 성취로 효력이 발생하게 됩니다.

반면에 사인증여는 증여자의 사망으로 효력이 발생하고, 이 점은 유증도 마찬가지입니다.

그리고 상고이유서에서 기재한 바와 같이 우리 법원은 증여자의 사망으로 효력이 발생한다는 점에서는 증여자의 사망을 정지조건으로 하는 정지조건부 증여계약과 효력의 발생에서는 유사하나, 유언자의 사망으로 효력이 발생한다는 점에서는 유증과 유사하나, 사인증여를 정지조건부 증여계약으로 보는 경우에는 증여자의 생전 처분행위가 있는 경우에 증여자의 상속인들은 증여계약을 이행할 의무를 부담하게 되나, 유증으로 보는 경우에는 유언자의 철회로 보아 유언자의 상속인들이 아무런 책임을 부담하지 않는다는 점에서 정지조건부 증여계약과 유증을 구분하고 있습니다.

그러면서 사인증여를 유증과 같이 증여자의 사망이라는 조건의 성취로 효력이 발생하는 정지조건부 증여계약이 아니라 유언자의 사망으로 효력이 발생하는 유증과 같다고 보고 있습니다.

따라서 사인증여의 효력발생 시기에 관해서는 증여자의 사망이라는 정지조건이 성취되었을 때 효력이 발생하는 정지조건부 증여계약에 관한 규정이 아니라 '유언자의 사망으로 효력이 발생하는 유증의 규정'이 준용됩니다.

④ 포괄적 유증에 적용되지 않는 포괄사인증여

다만 우리 법원은 「민법 제562조가 사인증여에 관하여 유증에 관한 규정을 준용하도록 규정하고 있다고 하여, 이를 근거로 포괄적 유증을 받은 자는 상속인과 동일한 권리의무가 있다고 규정하고 있는 민법 제1078조[10]가 포괄적 사인증여에도 준용된다고 해석하면 포괄적 사인증여에도 상속과 같은 효과가 발생하게 된다. 그러나 포괄적 사인증여는 낙성·불요식의 증여계약의 일종이고, 포괄적 유증은 엄격한 방식을 요하는 단독행위이며, 방식을 위배한 포괄적 유증은 대부분 포괄적 사인증여로 보여질 것인바, 포괄적 사인증여에 민법 제1078조가 준용된다면 양자의 효과는 같게 되므로, 결과적으로 포괄적 유증에 엄격한 방식을 요하는 요식행위로 규정한 조항들은 무의미하게 된다. 따라서 민법 제1078조가 포괄적 사인증여에 준용된다고 하는 것은 사인증여의 성질에 반하므로 준용되지 아니한다고 해석함이 상당하다(대법원 1996. 4. 12. 선고 94다37714, 37721 판결).」라고 하여 상속인과 동일한 권리의무를 상속인의 지위를 취득하게 되는

---

[10] 민법 제1078조(포괄적 수증자의 권리의무)
　　포괄적 유증을 받은 자는 상속인과 동일한 권리의무가 있다.

포괄적 유증에 대하여는 포괄사인증여의 준용을 배제하고 있습니다.

(2) 유언대용신탁

유언대용신탁은 신탁자인 피상속인이 생전에 자신의 재산을 수탁자에게 신탁한 후 신탁계약에 따라 이익을 향유하다가 신탁자가 사망하게 되면 신탁된 재산을 수익자에게 이전하는 방식의 신탁을 의미합니다.

이때 신탁재산은 신탁자가 수탁자에게 신탁재산의 명의를 이전함으로써 신탁재산의 소유권이 수탁자에게 이전됩니다. 따라서 유언대용신탁방식은 신탁자가 자신의 재산을 수탁자에게 소유권을 이전하고 신탁자가 사망하게 되면 신탁재산의 소유권이 수익자에게 이전되는 방식입니다.

따라서 이러한 유언대용신탁의 경우를 사례로 보면, 피상속인인 아버지가 생전에 XX은행을 수탁자로 하여 자신의 금융재산을 신탁하고 수익자를 아들로 지정하는 신탁계약을 체결하게 되면, 신탁자인 아버지가 생전에 신탁된 금융재산의 이자 등을 지급받다가 신탁자인 아버지가 사망하게 되면 신탁된 금융재산은 수익자인 아들에게 상속됩니다.

이에 대해서 아래 수원지방법원 성남지원 2020.1.10. 선고 2017가합408489 사건에서는 신탁은 무상으로 수탁자에게 소유권이 이전된 것이므로 이를 증여로 보고 신탁자가 사망하기 1년 이전에 증여된 것으로 보아 민법 제1114조를 적용함으로써 해당 신탁재산을 유류분산정을 위한 기초재산에서 배제하였습니다. 그리고 이러한 판단에 대하여 일부에서는 유언대용신탁을 통해서 일부 상속인들의 유류분반환청구소송을 방어할 수 있는 방법으로 제시하고 있습니다.

사례

유언대용신탁을 수탁자에 대한 사전증여로 보아 민법 제1114조를 적용한 사례

▷ 수원지방법원 성남지원 2020.1.10. 선고 2017가합408489 유류분반환 청구의 소

이 사건 신탁재산은 망인의 사후에 비로소 상대방의 소유로 귀속된 사실은 앞서 본바와 같으므로, 망인이 상대방에게 이 사건 신탁재산을 생전증여하였다고 보기는 어렵다. 또한, 망인의 사망 당시 이 사건 신탁재산은 수탁인인 L에 이전되어 대내외적인 소유권이 수탁자인 L에게 있었으므로, 이 사건 신탁재산이 망인의 적극적 상속재산에 포함된다고 보기도 어렵다. 그런데, 신탁재산의 수탁자로의 이전은 수탁자가 위탁자에게 신탁재산에 대한 대가를 지급한 바 없다는 점에서 성질상 무상이전에 해당하고, 민법 제1114, 1113조에 의해 유류분 산정의 기초로 산입되는 증여는 본래적 의미의 증여계약에 한정되는 것이 아니라 무상처분을 포함하는 의미로 폭넓게 해석되므로, 민법 제1114조에 해당하는 경우나 상속인을 수탁자로 하는 경우에는 민법 제1118조, 제1008조에 따라 유류분 산정의 기초가 되는 증여재산에 포함될 수 있다. 이 사건 신탁계약의 수탁자는 상속인이 아니므로, 이 사건 신탁재산이 민법 제1114조에 의하여 증여재산에 산입될 수 있는지 보건대, 이 사건 신탁계약 및 그에 따른 소유권의 이전은 상속이 개시된 2017. 11. 11.보다 1년 전에 이루어졌으며, 이 사건 기록에 의할 때 수탁자인 L이 이 사건 신탁계약으로 인하여 유류분 부족액이 발생하리라는 점을 알았다고 볼 증거가 없으므로, 이 사건 신탁재산은 민법 제1114조에 따라 산입될 증여에 해당하지 않아 유류분 산정의 기초가 될 수 없다.

그러나 대부분의 법원에서는 유언대용신탁은 신탁자인 피상속인의 사망으로 신탁된 재산이 수익자에게 소유권이 이전된다는 점에서 유언자가 사망함으로써 효력이 발생하는 유언과 유사하다고 보고 있습니다. 다만 유증재산과 유언대용신탁된 재산을 특별수익으로 인정한 서울가정법원 2022.12.6. 선고 2022가합522692 사건에서는 유언대용신탁된 재산을 증여재산으로 하여 반환순서에서 유증재산을 우선순위에 둠으로써 유언대용신탁재산을 유언 또는 사인증여와 달리 보고 있습니다.

따라서 위 사건에서는 유류분반환의 대상이 되는 기초재산의 산입 여부를 판단함에 있어서, 수익자를 배제하고 신탁자와 수탁자 간의 증여만을 기준으로 판단하고 있습니다. 그리고 이러한 증여관계를 놓고 민법 제1114조의 적용 여부를 판단하게 됩니다. 이때 수탁자가 상속인이 아닌 제3자라면 민법 제114조를 적용해서 신탁자가 사망하기 1년 이내에 한 증여이거나 1년 이전이라고 하더라도 유류분권자를 해할 것을 알고 한 증여라면 기초재산에 산입하지만, 그렇지 않다면 유류분 반환대상에서 배제합니다.

그런데 민법 제1114조의 규정에 의해서 신탁재산이 유류분반환의 대상이 되는 경우에 수탁자는 신탁재산에 대한 유류분반환의무를 부담하게 되는데, 정작 신탁재산은 신탁자의 사망으로 인하여 수익자에게 귀속되므로 수탁자의 입장에서는 취득했다가 다시 수익자에게 소유권을 이전했음에도 유류분반환의무를 부담하게 되는 부당함이 있습니다. 그러나 판례는 유류분반환의 대상이 되는 재산의 전득자가 해당 재산이 유류분반환대상이 되는 재산인 사실을 알고 취득한 경우에는 전득자에게도 유류분반환의무를 부담하게 하므로, 수익자에게 곧바로 유류분을 청구할 여지는 있습니다.

사례

유언대용신탁을 수익자에 대한 유언 또는 사인증여로 본 사례

▷ 수원지방법원 2020.10.29.선고 2020나72157 유류분반환 등 청구의 소

망인은 2018. 3. 11. 상대방 B과의 사이에서 자신의 소유인 별지 목록 기재 각 부동산에 관하여, 망인이 위탁자로서 수탁자인 상대방 B에게 신탁하고, 위탁자인 망인이 사망할 경우 수익자인 상대방 C에게 그 소유권이 귀속하는 것을 내용으로 하는 유언대용신탁계약을 체결하고, 2018. 3. 14. 상대방 B 명의의 소유권이전등기를 마쳐 주었다.

망인이 2018. 3. 11. 상대방 B과의 사이에 별지 목록 기재 각 부동산에 관하여 유언대용신탁계약을 체결함으로써 상대방 C에게 위 각 부동산을 유증한 사실은 앞서 본 바와 같고, 제1심 법원의 감정인 L에 대한 2019. 6. 20.자 감정촉탁결과에 의하면, 상속개시 당시 별지 목록 제1항 기재 부동산의 가액이 176,001,000원, 별지 목록 제2항 기재 부동산의 가액이 649,077,000원인 사실이 인정되므로 유증재산 가액의 합계는 825,078,000원(176,001,000원+649,077,000원)이다.

▷ 창원지방법원 마산지원 2022.5.4. 선고 2020가합100994 유류분반환 청구의 소

망인의 사망 당시 이 사건 신탁재산은 L증권에 신탁되어 있었고, 망인의 사후에 비로소 상대방 C가 위 신탁재산을 취득하였으므로, 이 사건 신탁재산이 유류분 산정의 기초가 되는 재산액 중 적극적 상속재산에는 해당하지 않는다. 그러나 앞에서 든 증거들에 심문 전체의 취지를 더하여 인정할 수 있는 다음과 같은 사실 또는 사정들을 종합하면, 위 신탁재산이 상속재산은 아니라고 할지라도 상대방 C의 특별수익에는 해당한다고 보아 유류분 산정의 기초가 되는 재산액에 포함함이

상당하다. 따라서 이 부분 상대방들의 주장은 이유 없다[위 돈은 유류분 반환의 순서와 관련해서는 사인증여에 준하여 취급해야 하는데, 사인증여에는 유증에 관한 규정이 준용되므로(민법 제562조), 결국 반환 순서에 있어서는 유증과 같이 취급되어야 한다.

사례

유언대용신탁을 수탁자에 대한 증여로 본 사례
▷ **서울가정법원 2022.12.6.선고 2022가합522692 소유권이전등기**

이 사건 신탁재산은 망인의 사후에 비로소 상대방의 소유로 귀속되었으므로 망인이 상대방에게 이 사건 신탁재산을 생전증여하였다고 보기는 어렵고, 망인의 사망 당시 이 사건 신탁재산은 수탁자인 F에 이전되어 대내외적인 소유권이 수탁자인 F에게 있었으므로 이 사건 신탁재산이 망인의 적극적 상속재산에 포함된다고 보기도 어렵다. 그러나 유류분 산정의 기초재산에 산입되는 증여에 해당하는지 여부를 판단할 때에는 피상속인의 재산처분행위의 법적 성질을 형식적·추상적으로 파악하는 데 그쳐서는 안 되고, 재산처분행위가 실질적인 관점에서 피상속인의 재산을 감소시키는 무상처분에 해당하는지 여부에 따라 판단하여야 하는바(대법원 2021. 7. 15. 선고 2016다210498 판결 참조), 유언대용신탁의 경우 신탁재산의 수탁자 또는 수익자로의 이전은 수탁자 또는 수익자가 위탁자에게 신탁재산에 대한 대가를 지급한 바 없다는 점에서 성질상 무상이전에 해당하므로, 상속인을 수익자로 하는 경우에는 유류분 산정의 기초가 되는 증여재산에 포함되어야 한다.

9. 상속재산분할심판청구

9. 상속재산분할심판청구

가. 의의

상속재산분할심판청구소송은 피상속인의 사망으로 법정상속분의 비율로 잠정적 공유관계에 관하여 법원이 공동상속인의 일부의 신청에 따라 후견적 입장에서 각 공동상속인들의 상속분을 확정하는 절차입니다.

나. 구체적 상속분

(1) 의의

민법에서는 법정상속분에 관하여 규정하면서도 공동상속인의 법정상속분에서 사전증여받은 재산을 공제하는 민법 제1008조 규정과 상속재산에서 우선적으로 분배해 줌으로서 당초의 상속분보다 더 많은 상속재산을 취득하게 하는 기여분에 관한 민법 제1008조의 2 규정을 반영함으로써 공동상속인 간의 형평을 위하고 있는바, 당초의 법정상속분에서 사전증여를 공제하고 기여분을 더한 최종적인 상속분을 구체적 상속분이라고 합니다.

(2) 민법 제1008조 : 상속분에서 공제되는 특별수익

민법 제1008조는 「공동상속인 중에 피상속인으로부터 재산의 증여 또는 유증을 받은 자가 있는 경우에 그 수증재산이 자기의 상속분에 달하지 못한 때에는 그 부족한 부분의 한도에서 상속분이 있다.」라고 규정하고 있습니다.

그리고 이에 대해서 법원은 「민법 제1008조는 공동상속인 중 피상속인에게서 재산의 증여 또는 유증을 받은 특별수익자가 있는 경우 공동상속인들 사이의 공평을 기하기 위하여 수증재산을 상속분의 선급으로 다루어 구체적인 상속분을 산정할 때 이를 참작하도록 하려는 데 취지가 있다(대법원 2015. 7. 17. 자 2014스206,207 결정 등)」라고 판시하고 있습니다.

그리고 어떤 재산이 특별수익인지의 여부에 관하여 「어떠한 생전 증여가 특별수익에 해당하는지는 피상속인의 생전의 자산, 수입, 생활 수준, 가정상황 등을 참작하고 공동상속들 간의 형평을 고려하여 당해 생전 증여가 장차 상속인으로 될 사람에게 돌아갈 상속재산 중의 그의 몫의 일부를 미리 준 것으로 볼 수 있는지에 의하여 결정하여야 한다(대법원 2014. 11. 25. 자 2012스156,157 결정 등).」라고 판시하고 있습니다.

따라서 모든 증여재산이 특별수익이 되는 것이 아니라 상속분의 선급에 해당하는 재산만이 특별수익에 포함이 됩니다.

(3) 민법 제1008조의 2 : 기여분

민법 제1008조의 2 1.항에서는 「공동상속인 중에 상당한 기간 동거·간호 그 밖의 방법으로 피상속인을 특별히 부양하거나 피상속인의 재산의 유지 또는 증가에 특별히 기여한 자가 있을 때에는 상속개시 당시의 피상속인의 재산가액에서 공동상속인의 협의로 정한 그 자의 기여분을 공제한 것을 상속재산으로 보고 제1009조 및 제1010조에 의하여 산정한 상속분에 기여분을 가산한 액으로써 그 자의 상속분으로 한다.」라고 규정하고 있습니다.

따라서 분할대상인 상속재산은 '당초의 상속재산 - 기여분=분할대상인 상속재산'이 됩니다.

그리고 기여분의 인정여부에 관하여 법원은 「민법 제1008조의2가 정한 기여분제도는 공동상속인 중에 피상속인을 특별히 부양하였거나 피상속인의 재산 유지 또는 증가에 특별히 기여하였을 경우 이를 상속분 산정에 고려함으로써 공동상속인 간의 실질적 공평을 도모하려는 것인바, 기여분을 인정하기 위해서는 공동상속인 간의 공평을 위하여 상속분을 조정하여야 할 필요가 있을 만큼 피상속인을 특별히 부양하였다거나 피상속인의 상속재산 유지 또는 증가에 특별히 기여하였다는 사실이 인정되어야 한다(대법원 2014. 11. 25. 자 2012스156,157 결정 등).」이라고 규정하고 있습니다.

(4) 계산방식
(가) 법리
민법 제1008조의 2 1.항에서는 「상속개시 당시의 피상속인의 재산가액에서 공동상속인의 협의로 정한 그 자의 기여분을 공제한 것을 상속재산으로 보고 제1009조 및 제1010조에 의하여 산정한 상속분에 기여분을 가산한 액으로써 그 자의 상속분으로 한다.」라고 규정하고 있습니다.

그리고 법원은 「공동상속인 중에 특별수익자가 있는 경우의 구체적인 상속분의 산정을 위하여는, 피상속인이 상속개시 당시에 가지고 있던 재산의 가액에 생전 증여의 가액을 가산한 후, 이 가액에 각 공동상속인별로 법정상속분율을 곱하여 산출된 상속분의 가액으로부터 특별수익자의 수증재산인 증여 또는 유증의 가액을 공제하는 계산방법에 의하여 할 것이고, 여기서 이러한 계산의 기초가 되는 "피상속인이 상속개시 당시에 가지고 있던 재산의 가액"은 상속재산 가운데 적극재산의 전액을 가리키는 것으로 보아야 옳다(대법원 1995. 3. 10. 선고 94다16571 판결).」라고 하고 있습니다.

따라서 이러한 법리에 따르면 구체적 상속분은 "{(상속재산 - 기여분+특별수익)×법정상속분} - 특별수익+기여분"이 됩니다.

(나) 특별수익만이 있는 경우

법정상속분에서 특별수익을 공제하는 민법 제1008조 규정과 대법원 2015. 7. 17. 자 2014스206,207 결정 등의 법리에 따르면, 상속분의 선급에 해당하는 증여를 받은 상속인은 증여받은 재산을 공제한 상속분만을 취득합니다.

① 법정상속분 이하의 증여를 받은 사례

이것을 사례로 들어 보면, 10억원의 재산을 소유하고 2명의 자녀인 상속인을 둔 피상속인이 생전에 3억원을 자녀 1에게 증여하고 사망해서 남은 상속재산이 7억원이고 기여분이 없다면, 자녀 1의 상속분은 {(상속재산 7억원+자녀 1 특별수익 3억원)×법정상속분 1/2 - 자녀 1 특별수익 3억원}으로 계산된 {(7억원+3억원)×1/2 - 3억원=2억원}이 됩니다. 그리고 자녀 2의 구체적 상속분은 {(상속재산 7억원+자녀 1 특별수익 3억원)×법정상속분 1/2 - 자녀 2 특별수익 0원}으로 계산된 {(7억원+3억원)×1/2 - 0억원=5억원}이 됩니다. 이러한 계산을 도표로 계산하면 아래와 같습니다.

- 특별수익만 있는 경우 -

	법정상속분(A)	상속재산(B)	특별수익(C)	간주상속재산(D=B+C)	법정상속분액(E=D×A)	구체적상속분(F=E-C)
자녀1	1/2		300,000,000		500,000,000	200,000,000
자녀2	1/2		0		500,000,000	500,000,000
계		700,000,000	300,000,000	1,000,000,000	1,000,000,000	700,000,000

따라서 피상속인의 재산 10억원은 자녀 1이 증여로 3억원을 취득하고, 상속으로 2억원으로 취득해서 합계 5억원을 취득하게 되고, 자녀 2는 상속으로만 5억원을 취득하게 됩니다.

② 법정상속분을 초과해서 증여를 받은 사례

그런데 만일 자녀 1이 10억원의 재산 중 자신의 상속분액인 5억원을 초과해서 6억원을 취득하게 되면, 자녀 1의 상속분은 {(상속재산 4억원+자녀 1 특별수익 6억원)×법정상속분 1/2 - 자녀 1 특별수익 6억원}으로 계산된 {(4억원+6억원)×1/2 - 6억원=-100,000,000원}이 됩니다. 그리고 자녀 2의 구체적 상속분은 {(상속재산 4억원+자녀 1 특별수익 6억원)×법정상속분 1/2 - 자녀 2 특별수익 0원}으로 계산된 {(4억원+3억원)×1/2 - 0억원=5억원}이 됩니다. 이러한 계산을 도표로 계산하면 아래와 같습니다.

- 법정상속분을 초과하는 특별수익이 있는 경우 -

	법정상속분(A)	상속재산(B)	특별수익(C)	간주상속재산(D=B+C)	법정상속분액(E=D×A)	안분 전 상속분(F=E-C)
자녀1	1/2		600,000,000		500,000,000	-100,000,000
자녀2	1/2		0		500,000,000	500,000,000
계		400,000,000	300,000,000	1,000,000,000	1,000,000,000	400,000,000

따라서 피상속인의 재산 10억원은 자녀 1이 증여로 6억원을 취득하고, 자녀 2가 상속으로만 4억원을 취득하는 것으로 마무리 됩니다.

③ 유류분 부족분을 발생하게 하는 증여를 받은 사례

그런데 때로는 과도한 증여로 인해서 다른 상속인들에게 유류분 부족분이 발생하게 되는 사례가 있습니다. 만일 자녀 1이 10억원의 재산 중 9억원을 취득하게 되면, 자녀 1의 상속분은 {(상속재산 1억원+자녀 1 특별수익 9억원)×법정상속분 1/2 - 자녀 1 특별수익 9억원}으로 계산된 {(1억원+9억원)×1/2 - 9억원=-400,000,000원}이 됩니다. 그리고 자녀 2의 구체적 상속분은 {(상속재산 1억원+자녀 1 특별수익 9억원)×법정상속분 1/2 - 자녀 2 특별수익 0원}으로 계산된 {(1억원+9억원)×1/2 - 0억원=5억원}이 됩니다. 이러한 계산을 도표로 계산하면 아래와 같습니다.

- 유류분 부족분을 발생하게 하는 특별수익이 있는 경우 -

	법정 상속분 (A)	상속재산 (B)	특별수익 (C)	간주상속재산 (D=B+C)	법정상속분액 (E=D×A)	안분 전 상속분 (F=E-C)
자녀1	1/2		900,000,000		500,000,000	-400,000,000
자녀2	1/2		0		500,000,000	500,000,000
계		100,000,000	900,000,000	1,000,000,000	1,000,000,000	400,000,000

따라서 피상속인의 재산 10억원은 자녀 1이 증여로 6억원을 취득하고, 자녀 2가 상속으로만 1억원을 취득하는 것으로 마무리 됩니다.

그런데 민법 제1115조 1항에서는 「유류분권리자가 피상속인의 제1114조에 규정된 증여 및 유증으로 인하여 그 유류분에 부족이 생긴 때에는 부족한 한도에서 그 재산의 반환을 청구할 수 있다.」라고 규정하고 있으며, 같은 제1112조 1호에서는 「피상속인의 직계비속은 그 법정상속분의 2분의 1」이라고 규정하고 있습니다.

따라서 민법에서 정하고 있는 유류분 규정에 의하면 자녀 2의 유류분은 법정상속분액인 5억원의 1/2에 해당하는 2억 5,000만원입니다. 그런데 자녀 2는 자녀 1에 대한 9억원의 증여로 인해서 1억원을 상속받음으로써 유류분에도 미치지 못하는 재산을 취득하게 되었습니다. 이때 자녀 2는 유류분액 2억 5,000만원 중 상속을 통해서 취득한 1억원을 공제한 나머지 1억 5,000만원을 자녀 1에게 유류분으로 청구할 수 있습니다.

사례를 들어보면 10억원의 재산을 소유하고 2명의 자녀인 상속인을 둔 피상속인이 생전에 3억원을 자녀 1에게 증여하고 사망해서 남은 상속재산이 7억원인데 기여분으로 자녀1에게 2억원이 인정되었다면 자녀1의 구체적 상속분은 {(상속재산 7억원 - 자녀1 기여분 2억원+자녀 1 특별수익 3억원)×법정상속분 1/2 - 자녀 1 특별수익 3억원+자녀1의 기여분 2억원}으로 계산된 {(7억원 - 2억원+3억원)×1/2 - 3억원+2억원=3억원}이 됩니다.

그리고 자녀 2는 {(상속재산 7억원 - 자녀1 기여분 2억원+자녀 1 특별수익 3억원)×법정상속분 1/2 - 자녀 2 특별수익 0원+자녀2의 기여분 0원}으로 계산된 {(7억원 - 2억원+3억원)×1/2 - 0원+0억원=4억원}이 됩니다.

따라서 위 사례에서 피상속인의 재산 10억원은 자녀 1이 특별수익으로 3억원, 구체적 상속분으로 3억원의 합계 6억원을, 자녀 2가 구체적 상속분으로 4억원을 각 분할받게 됩니다.

  (다) 특별수익의 안분

일부 자녀의 특별수익이 법정상속분을 초과하는 경우에 대해서 법원은 「피상속인의 사망 당시 상속재산과 공동상속인의 특별수익을 합하여 간주상속재산을 산정하고, 여기에 공동상속인의 법정상속분을 곱하여 각 법정상속분액을 산출한 후 각 법정상속분액에서 특별수익을 공제하여 수정된 상속분을 산정하는데, 일부 상속인의 특별수익이 법정상속분액을 초과하는 경우 초과특별수익자는 초과특별수익에 대한 반환의무는 없으나 실제 상속재산에 대하여 아무런 지분을 가지지 못하므로 그 밖의 상속인들의 구체적 상속분은 초과특별수익자를 없는 것으로 의제하고 나머지 상속인들이 초과특별수익을 법정상속분에 따라 분담하는 방식으로 산정한다(대구고등법원 2017. 1. 18. 자 2015브102(본심판), 2015브103(반심판) 결정).」라고 판단하고 있습니다.

① 초과특별수익의 안분이 1회로 끝나는 사례
이러한 법리에 따라 사례를 5명의 자녀를 둔 상속인이 생전에 44억원의 재산 중 자녀 1에게

13억원, 자녀 2에게 4억원, 자녀 3에게 3억원, 자녀 4에게 2억원, 자녀 5에게 1억원의 합계 23억원을 증여하고 상속재산으로 21억원을 남겨 두었다면, 일단 아래와 같이 계산됩니다.

- 안분 전 상속분 -

	법정 상속분	상속재산	특별수익	간주상속재산	법정상속분액	안분 전 상속분
자녀 1	1/5		1,700,000,000		880,000,000	-820,000,000
자녀 2	1/5		400,000,000		880,000,000	480,000,000
자녀 3	1/5		300,000,000		880,000,000	580,000,000
자녀 4	1/5		200,000,000		880,000,000	680,000,000
자녀 5	1/5		100,000,000		880,000,000	780,000,000
계		1,700,000,000	2,300,000,000	4,400,000,000	4,400,000,000	

그런데 자녀 1의 법정상속분액을 초과하는 특별수익으로 인해서 자녀 1은 음수(-)가 발생했습니다. 이러한 법정상속분을 초과하는 특별수익을 초과특별수익이라고 합니다. 따라서 대구고등법원 2017. 1. 18. 자 2015브102(본심판), 2015브103(반심판) 결정의 법리에 따라 자녀 1의 초과특별수익 420,000,000원은 아래와 같이 각 상속인들에게 각 1/4씩인 105,000,000원(=자녀 1의 초과특별수익 420,000,000원×자녀 1을 제외한 나머지 상속인들의 상속지분 1/4지분)이 안분됩니다.

- 안분 후 상속분 -

	법정 상속분	상속재산	특별수익	간주 상속재산	법정 상속분액	안분 전 상속분	안분	안분 후 상속분
자녀 1	1/5		1,700,000,000		880,000,000	-820,000,000		0
자녀 2	1/5		400,000,000		880,000,000	480,000,000	-205,000,000	275,000,000
자녀 3	1/5		300,000,000		880,000,000	580,000,000	-205,000,000	375,000,000
자녀 4	1/5		200,000,000		880,000,000	680,000,000	-205,000,000	475,000,000
자녀 5	1/5		100,000,000		880,000,000	780,000,000	-205,000,000	575,000,000
계		2,100,000,000	2,300,000,000	4,400,000,000	4,400,000,000	2,100,000,000	-820,000,000	1,700,000,000

따라서 상속재산 21억원은 안분 후 상속분을 기준으로 자녀 2가 375,000,000원, 자녀 3이 475,000,000원, 자녀 4가 575,000,000원, 자녀 5이 675,000,000원씩 분할됩니다.

② 1차 안분에서 상속분이 있던 상속인이 2차 안분으로 상속에서 배제되는 경우

그런데 이러한 안분이 실제 상속재산분할에서 효력을 발휘하는 경우는 2차 안분이 발생하는 경우입니다. 그럼 왜 그런지 다른 조건은 같고 다만 자녀 2의 특별수익을 4억원에서 8억원으로 올려서 사례를 살펴보도록 하겠습니다.

	법정 상속분	상속재산	특별수익	간주상속재산	법정상속분액	안분 전 상속분
자녀 1	1/5		1,700,000,000		880,000,000	-820,000,000
자녀 2	1/5		800,000,000		880,000,000	80,000,000
자녀 3	1/5		300,000,000		880,000,000	580,000,000
자녀 4	1/5		200,000,000		880,000,000	680,000,000
자녀 5	1/5		100,000,000		880,000,000	780,000,000
계		1,300,000,000	3,100,000,000	4,400,000,000	4,400,000,000	

따라서 안분의 결과를 보면 안분 후 상속분의 합계가 2,120,000,000원이므로 자녀 2는 상속재산 1,300,000,000원에 대하여 80,000,000/2,120,000,000지분에 해당하는 49,056,604원(=1,300,000,000원×80,000,000/2,120,000,000)을 상속받게 됩니다.

그러나 자녀 1의 초과특별수익 820,000,000원을 안분하면 아래와 같이 자녀 2에게도 음수(-)가 발생하게 됩니다. 따라서 자녀 2의 음수(-)를 2차 안분하면 안분 후 자녀 2의 상속분은 없습니다.

- 2차 안분 후 상속분 -

	안분 전 상속분	1차 안분		2차 안분	
		안분	안분 후 상속분	안분	안분 후 상속분
자녀 1	-820,000,000		0		0
자녀 2	80,000,000	-205,000,000	-125,000,000		0
자녀 3	580,000,000	-205,000,000	375,000,000	-41,666,666	333,333,334
자녀 4	680,000,000	-205,000,000	475,000,000	-41,666,667	433,333,333
자녀 5	780,000,000	-205,000,000	575,000,000	-41,666,667	533,333,333
계		-820,000,000		-125,000,000	1,300,000,000

그러므로 2차 안분의 결과 상속재산 1,300,000,000원은 자녀 3에게 333,3333,334원(상속분의 합계는 상속재산과 일치해야 하므로, 소수점의 경우는 일부 상속인에게 더해줌으로써 각 상속인의 상속분 합계가 상속재산과 일치하도록 해 주어야 합니다), 자녀 4는 433,333,333원, 자녀 5가 533,333,333원씩 상속받게 되고 1차 안분 당시에 상속분이 있었던 자녀 2는 상속에게 배제됩니다.

그러므로 초과특별수익자가 있는 경우에는 최종적인 안분 후 상속분액이 상속재산과 일치할 때까지 안분을 반복해야 합니다.

(라) 기여분

기여분은 일반적으로 전체 상속재산에서 비율 또는 금액으로 정해지게 됩니다. 그리고 기여분이 정해지면 비로소 상속재산에서 인정된 기여분을 제외한 나머지를 분할하게 됩니다. 이러한 사례에 따라 계산해 보면 아래와 같습니다.

- 기여분과 초과특별수익을 반영한 구체적 상속분 -

	법정상속분	상속재산	기여분	분할대상 상속재산	특별수익	간주상속재산	법정상속분액	안분 전 상속분	안분	안분 후 상속분
자녀 1	1/5				1,700,000		780,000	-920,000		
자녀 2	1/5				400,000		780,000	380,000	-230,000	150,000
자녀 3	1/5				300,000		780,000	480,000	-230,000	250,000
자녀 4	1/5		500,000		200,000		780,000	580,000	-230,000	350,000
자녀 5	1/5				100,000		780,000	680,000	-230,000	450,000
계		1,700,000	500,000	1,200,000	2,700,000	3,900,000	3,900,000	1,200,000	-920,000	1,200,000

따라서 당초 피상속인은 4,400,000원의 재산이 있었으나 이 중 2,7000,000원을 증여해서 피상속인이 사망 당시에 피상속인 소유의 재산은 1,700,000원이었으나 이 중 500,000원을 자녀 4의 기여분으로 인정되어 분할대상인 상속재산은 기여분을 공제한 1,200,000원이고, 이 재산은 각 자녀들에 대한 특별수익을 공제한 후 자녀 1의 초과특별수익 920,000원을 안분해서 안분 후 상속분이 정해집니다.

그러므로 실제 최종적으로 취득하게 되는 구체적 상속분액은 자녀 1이 0원, 자녀 2가 150,000원, 자녀 3이 250,000원이나, 자녀 4는 기여분이 있으므로 기여분 500,000원에 안분 후 상속분 350,000원을 더한 850,000원(=500,000원+350,000원)이 되고, 자녀 5는 안분 후 상속분 450,000원이 그대로 구체적 상속분이 됩니다.

다. 특별수익

(1) 가액의 산정방법

(가) 현금

증여받은 재산이 금전일 경우에는 그 증여받은 금액을 상속개시 당시의 화폐가치로 환산하여 이를 증여재산의 가액으로 봄이 상당하고, 그러한 화폐가치의 환산은 증여 당시부터 상속개시 당시까지 사이의 물가변동률을 반영하는 방법으로 산정하는 것이 합리적입니다(대법원 2009. 7. 23. 선고 2006다28126 판결). 그리고 구체적인 계산방법에 관하여 서울고등법원 2014. 6. 2. 자 2013브127 결정에서는 「증여받은 재산이 금전일 경우에는 그 증여받은 금액을 상속개시 당시의 화폐가치로 환산하여 이를 특별수익한 가액으로 봄이 상당하고, 그러한 화폐가치의 환산은 특별수익 당시부터 상속개시 당시까지 사이의 물가변동률을 반영하는 방법으로 산정하는 것이 합리적이라고 할 것인데, 물가변동률로는 경제 전체의 물가수준 변동을 잘 반영하는 것으로 보이는 별지3 기재 한국은행의 GDP 디플레이터를 사용하는 것이 타당하다. 결국 특별수익한 현금의 상속개시 당시의 화폐가치는 "특별수익액 × 사망 당시의 GDP 디플레이터 수치 ÷ 특별수익 당시의 GDP 디플레이터 수치"의 공식에 따라 산정한다.」라고 판단하고 있습니다.

따라서 물가상승률은 한국은행경제통계시스템(http://ecos.bok.or.kr/)에 있는 100대 통계지표 중 GDP디플레이터를 적용하여 증여당시의 GDP디플레이터와 상속개시 당시의 GDP디플레이터를 반영해서 산정하면 됩니다.

> **사례** 피상속인이 자녀1에게 1990년에 100,000,000원을 증여하고 2015년에 사망했는데 1990년의 GDP디플레이터가 90.5이고, 2015년의 GDP디플레이터가 105.2라면, 자녀1의 증여금액은 "100,000,000원×105.2/90.5"로 계산한 116,243,093원이 됩니다.

(나) 부동산

상속재산분할심판청구 사건에서는 피상속인의 사전증여 즉 특별수익이 쟁점이 되는 경우가 많습니다. 그런데 국민 대다수가 소유하고 있는 재산 중 부동산이 차지하는 비율이 상대적으로 높고 단위도 거액인 경우가 흔하다보니 부동산이 증여된 경우에 상속사건에서 해당 부동산의 증여로 인한 특별수익의 산정방법을 구분할 필요가 있습니다.

일반적으로 피상속인이 생전에 부동산을 증여하는 경우 해당 부동산의 증여로 인한 특별수익액은 원칙적으로 상속개시(즉, 피상속인의 사망) 당시 시가를 기준으로 하고 있습니다. 이때 시가는 법원이 지정한 감정평가사의 감정가액을 기준으로 합니다.

다만 당사자들이 특별히 이의를 제기하지 않는 경우에는 아파트의 경우 피상속인의 사망 당시 KB국민은행의 일반평균가를 시가로 인정하기도 합니다.

그런데 특별수익자가 해당 부동산을 증여받은 후 피상속인이 사망하기 전에 부동산을 매각하거나 수용되거나 용도를 변경하는 등의 변수가 발생할 수 있습니다. 이에 대해서 법원은 각각의 경우에 맞는 시가산정계산방법을 제시하고 있습니다.

① 증여받은 후에 매각한 경우
상당 기간 동안 어떤 상속인이 부동산을 증여받은 후에 자신의 책임으로 해당 부동산을 매각한 경우에는 피상속인이 소유하고 있다고 하더라도 피할 수 없었던 수용 등과 달리 해당 부동산을 상속개시 당시까지 그대로 소유하고 있는 것으로 산정하여 해당 부동산의 상속개시 시가를 증여금액으로 산정해 왔습니다.

그런데 유류분이 특별수익에 대해서 규정하고 있는 민법 제1008조를 제1118조로 준용하고 있는 유류분반환청구소송에서는 최근 대법원 2023. 5. 18. 선고 2019다222867 판결을 통하여 '민법 문언의 해석과 유류분 제도의 입법 취지 등을 종합할 때 피상속인이 상속개시 전에 재산을 증여하여 그 재산이 유류분반환청구의 대상이 된 경우, 수증자가 증여받은 재산을 상속개시 전에 처분하였거나 증여재산이 수용되었다면 민법 제1113조 제1항에 따라 유류분을 산정함에 있어서 그 증여재산의 가액은 증여재산의 현실 가치인 처분 당시의 가액을 기준으로 상속개시까지 사이의 물가변동률을 반영하는 방법으로 산정하여야 한다.'라고 판단하였습니다.

따라서 2023. 5. 18. 선고된 위 판례에 의하면 수증자가 부동산을 증여받은 후에 해당 부동산을 매각한 경우에는 매각대금을 현금증여받은 것으로 봐서 위에서 본 GDP디플레이터를 반영하는 방식에 따라 '특별수익=매각대금×상속개시 당시의 GDP디플레이터 ÷ 매각 당시의 GDP디플레이터'으로 계산하면 됩니다.

② 증여받은 후에 수용된 경우
피상속인으로 부터 어떤 부동산을 증여받았는데 그 후에 해당 부동산이 택지조성, 도로 편입 등의 이유로 국가 또는 지방자치단체나 각 공사 등에 수용되어 보상금을 지급받은 경우에는 지급받은 보상금을 증여받은 것으로 보게 됩니다. 이는 피상속인이 토지를 소유하고 있었다고 하더라도 수용을 피할 수 없기 때문인 것으로 보입니다.

따라서 이 경우 특별수익의 계산법은 현금을 증여받은 것과 동일하게 '수용보상금 X (피상속인의 사망 당시 GDP디플레이터/수용보상금을 지급받을 당시의 GDP디플레이터)=증여가액'이 됩니다.

다만 실무에서 간혹 놓치는 부분이 있는데, 판교 등과 같이 대규모 택지개발이 있는 경우에는 보상금 이외에 입주권 즉 아파트 분양권이 별도로 지급되는 경우가 있습니다. 따라서 단지 지급된 수용보상금에 GDP디플레이터를 반영해서 증여금액을 산정할 것이 아니라 보상금 이외에 주어지는 권리를 확인한 후 해당 권리에 대한 상속개시 당시의 시가도 추가함으로써 비로소 수용된 토지에 대한 특별수익을 확정해야 할 것입니다. 이때 일반적으로는 분양권의 가액이 특별수익이 될 가능성이 높다고 봅니다.

③ 나대지를 증여받은 후에 건물을 신축한 경우
피상속인이 지상에 건물이 없는 토지를 증여했는데 증여를 받은 상속인이 그 후에 자신의 명의 또는 제3자의 명의로 건물을 신축하는 경우가 있습니다. 따라서 증여 당시에는 건물이 없던 나대지가 상속개시 당시에는 건물이 있는 건부지의 형태를 취하게 됩니다.

이러한 경우 토지만을 놓고 보게 되면, 건물이 있는 토지는 지상에 있는 건물로 인하여 사용용도에 제약을 받게 되나, 건물이 없는 토지는 활용용도가 더 많고 다양하기 때문에 건물이 있는 토지보다 지상에 건물이 없는 토지가 더 높은 시가를 받게 될 가능성이 높습니다. 따라서 다른 상속인의 특별수익을 주장해야 하는 상속인의 입장에서는 당연히 나대지를 가정하여 시가감정을 신청하게 됩니다.

이에 대해서 대법원 2011. 4. 28. 선고 2010다29409 판결에서는 "상대방들이 나대지로 증여받은 후 그 지상에 건물을 축조한 부동산에 대하여는 나대지임을 상정하여 상속개시 당시의 가액을 산정하고, 상속개시 당시에 이미 건물이 축조되어 있던 부동산에 대하여는 그 상태 그대로의 가액을 그 재산가액으로 인정하였다. 앞서 본 법리 및 기록에 비추어 보면, 위와 같은 원심의 판단은 정당하고, 거기에 상고이유로 주장하는 바와 같은 법리오해 또는 판례위반 등의 위법이 없다."라고 판단함으로써 나대지를 증여받은 경우에는 나대지를 전제로, 건물이 있는 상태에서 증여받은 경우에는 건물이 있는 상태로 시가감정을 하도록 하고 있습니다.

그리고 이러한 이유로 실무에서는 나대지를 증여받아 건물을 신축한 토지에 대한 감정신청을 할 때에는 "감정목적물 : 서울 구로구 구로동 000번지 대지 250평방미터에 관하여 피상속인이 사망한 2023년 9월 1일. (다만 해당 토지는 건물이 없는 나대지를 전제로 감정해 주시기 바랍니다."라고 기재함으로써, 감정인이 해당 토지를 나대지를 가정해서 시가를 산정하도록 기재하고 있습니다.

④ 증여받은 후에 형질을 변경한 경우
수증자가 임야 또는 전답을 증여받았으나, 그 후에 자신의 노력으로 대지 또는 잡종지 등으로 지목을 변경하거나 지목은 동일하다고 하더라도 전답을 사실상 대지로 변경하는 경우에 관하여 대법원 2015. 11. 12. 선고 2010다104768 판결에서는 '증여 이후 수증자나 수증자에게서 증여재산을 양수한 사람이 자기 비용으로 증여재산의 성상(性

狀) 등을 변경하여 상속개시 당시 가액이 증가되어 있는 경우, 변경된 성상 등을 기준으로 상속개시 당시의 가액을 산정하면 유류분권리자에게 부당한 이익을 주게 되므로, 이러한 경우에는 그와 같은 변경을 고려하지 않고 증여 당시의 성상 등을 기준으로 상속개시 당시의 가액을 산정하여야 한다.'라고 판결하고 있습니다.

따라서 증여받을 당시에 임야 또는 전답인 토지를 증여받은 후에 대지로 전환했고 그 후에 피상속인이 사망했다면, 해당 토지의 증여가액 산정을 위한 시가감정은 수증자가 용도변경한 대지가 아닌 증여받을 당시의 현황인 임야 또는 전답으로 감정하게 되고 그 감정가를 증여가액으로 결정하게 됩니다.

일반적으로 실무에서는 토지등기부등본을 발급받아 증여받을 당시의 전과 후의 지목 변경내역을 확인하게 되나, 만일 증여당시 지목은 전답 또는 임야였으나 실제로는 대지로 활용하고 있었고 증여받은 후에 대지로 지목을 변경한 것에 불과하다면 증여받기 전에 지목과 무관하게 형질이 대지인 점을 반영해서 시가감정을 신청해야 하거나 상대방의 시가감정신청에 대한 의견을 제출해야 할 것입니다.

⑤ 증여받은 후에 수증자의 배우자나 자녀에게 재차 증여된 경우
매각하더라고 현존하고 있는 것으로 간주하여 해당 부동산의 상속개시 당시의 시가를 특별수익액으로 한 경우에는 수증자가 증여받은 부동산을 상속개시 전에 자신의 배우자와 자녀에게 재차 증여를 했더라도 문제가 없었습니다.

그러나 대법원 2023. 5. 18. 선고 2019다222867 판결에 의하면 매각한 경우에는 매매대금을 증여받은 것으로 산정하게 되므로 증여의 경우에도 이러한 법리를 적용하여 증여할 당시 해당 부동산의 시가를 증여받은 것으로 산정할 것인지 아니면 여전히 소유하고 있는 것으로 산정하여 상속개시 당시의 가액을 특별수익액으로 할 것인지에 대한 문제는 법리가 확립되기 전까지 조금 더 기다려야 할 것으로 보입니다.

⑥ 증여받은 후에 환지된 경우

간혹 어떤 부동산을 증여받은 후에 해당 토지가 토지개발, 구획정리 등을 이유로 환지되는 경우가 있습니다. 이 경우에는 해당 토지가 동일성을 유지한 상대로 다른 토지로 변경된 것으로 봐서 환지된 후 새롭게 취득한 토지를 증여받은 것고 보게 됩니다. 따라서 환지의 경우 환지로 받은 토지에 대한 상속개시 당시의 시가를 감정해서 그 가액을 특별수익으로 합니다.

⑦ 증여받은 후에 화재로 소실

증여받은 부동산이 화재 등으로 소실되어 보험금이 지급되는 경우에는 상속재산에 관한 대법원 2022. 6. 30.자 2017스98, 99, 100, 101 결정의 '상속개시 당시에는 상속재산을 구성하던 재산이 그 후 처분되거나 멸실·훼손되는 등으로 상속재산분할 당시 상속재산을 구성하지 아니하게 되었다면 그 재산은 상속재산분할의 대상이 될 수 없다. 다만 상속인이 그 대가로 처분대금, 보험금, 보상금 등 대상재산(대상재산)을 취득하게 된 경우, 대상재산(대상재산)은 종래의 상속재산이 동일성을 유지하면서 형태가 변경된 것에 불과할 뿐만 아니라 상속재산분할의 본질이 상속재산이 가지는 경제적 가치를 포괄적·종합적으로 파악하여 공동상속인에게 공평하고 합리적으로 배분하는 데에 있는 점에 비추어, 그 대상재산(대상재산)이 상속재산분할의 대상이 될 수 있다.'라고 설시하고 있는바, 이와 같은 점에 비추어 본다면 보험금을 현금으로 증여받은 것으로 보고 해당 보험금에 물가상승률을 반영해서 특별수익을 산정하는 방법이 합리적이라고 할 것입니다.

판례

1. 증여받은 부동산을 매각한 경우

대법원 2023. 5. 18. 선고 2019다222867 판결을 통하여 민법 문언의 해석과 유류분 제도의 입법 취지 등을 종합할 때 피상속인이 상속개시 전에 재산을 증여하여 그 재산이 유류분반환청구의 대상이 된 경우, 수증자가 증여받은 재산을 상속개시 전에 처분하였거나 증여재산이 수용되었다면 민법 제1113조 제1항에 따라 유류분을 산정함에 있어서 그 증여재산의 가액은 증여재산의 현실 가치인 처분 당시의 가액을 기준으로 상속개시까지 사이의 물가변동률을 반영하는 방법으로 산정하여야 한다.

2. 나대지를 증여받은 후에 건물을 신축한 경우

대법원 2011. 4. 28. 선고 2010다29409 판결

상대방들이 타에 처분한 것을 포함하여 망인으로부터 증여받은 각 부동산의 가액을 상속개시 당시를 기준으로 산정하고, 상대방들이 나대지로 증여받은 후 그 지상에 건물을 축조한 부동산에 대하여는 나대지임을 상정하여 상속개시 당시의 가액을 산정하고, 상속개시 당시에 이미 건물이 축조되어 있던 부동산에 대하여는 그 상태 그대로의 가액을 그 재산가액으로 인정하였다. 앞서 본 법리 및 기록에 비추어 보면, 위와 같은 원심의 판단은 정당하고, 거기에 상고이유로 주장하는 바와 같은 법리오해 또는 판례위반 등의 위법이 없다.

3. 증여받은 후에 형질을 변경한 경우

대법원 2015. 11. 12. 선고 2010다104768 판결

증여 이후 수증자나 수증자에게서 증여재산을 양수한 사람이 자기 비용으로 증여재산의 성상(性狀) 등을 변경하여 상속개시 당시 가액이 증가되어 있는 경우, 변경된 성상 등을 기준으로 상속개시 당시의 가액을 산정하면 유류분권리자에게 부당한 이익을 주게 되므로, 이러한 경우에는 그와 같은 변경을 고려하지 않고 증여 당시의 성상 등을 기준으로 상속개시 당시의 가액을 산정하여야 한다.

4. 증여받은 부동산이 수용된 경우

서울고등법원 1991. 1. 18. 선고 89르2400 제1특별부판결 : 상고기각

청구인 1은 현물을 증여받았다가 그들이 수용됨에 따라 보상금을 받았음은 앞서 본 바와 같으나 보상금 수령일시에 현금을 증여받은 것으로 보아 평가환하기로 한다.

상속개시 당시에는 상속재산을 구성하던 재산이 그 후 처분되거나 멸실·훼손되는 등으로 상속재산분할 당시 상속재산을 구성하지 아니하게 되었다면 그 재산은 상속재산분할의 대상이 될 수 없다.

> **5. 증여받은 부동산이 훼손된 경우**
>
> 대법원 2016. 5. 4. 자 2014스122 결정
>
> 상속개시 당시에는 상속재산을 구성하던 재산이 그 후 처분되거나 멸실·훼손되는 등으로 상속재산분할 당시 상속재산을 구성하지 아니하게 되었다면 그 재산은 상속재산분할의 대상이 될 수 없다.
>
> 다만, 상속인이 그 대가로 처분대금, 보험금, 보상금 등 대상재산(대상재산)을 취득하게 된 경우에는, 대상재산은 종래의 상속재산이 동일성을 유지하면서 형태가 변경된 것에 불과할 뿐만 아니라 상속재산분할의 본질이 상속재산이 가지는 경제적 가치를 포괄적·종합적으로 파악하여 공동상속인에게 공평하고 합리적으로 배분하는 데에 있는 점에 비추어, 대상재산이 상속재산분할의 대상으로 될 수는 있다.

다만 일부 상속재산분할 사건과 유류분반환청구 사건에서 부동산 매수대금을 피상속인이 부담하면서 수증자의 명의로 소유권이전명의를 마치는 방법으로 증여하는 경우에 증여대상을 부동산 매수대금으로 볼 것인지 아니면 부동산 자체로 볼 것인지가 문제되고 있습니다.

그 경우 피상속인이 부동산 매매계약을 체결하면서 매수대금 전액을 부담했다면 매수대금이 아닌 부동산 자체를 증여한 것으로 볼 수 있습니다(대법원 2019. 11. 21. 자 2014스44, 45 전원합의체 결정 참고).

반면에 피상속인이 매수대금을 부담했으나 일부 매수대금은 수증자 명의의 대출금을 받아 수증자 명의의 근저당권을 설정하는 방법으로 부동산의 소유권이전등기를 마친 경우, 수증자와 피상속인의 돈이 합해져서 부동산이 매수된 경우, 수증자가 임대차보증금을 인수하는 경우 등은 실제 피상속인이 부담한 매수대금을 증여대상으로 볼 것인지 아니면, 전제 부동산의 매수자금에서 피상속인이 부담하는 비율만큼의 부동산을 증여한 것으로 볼 것인지의 여부는 구체적인 판결이 있어야 할 것으로 보입니다.

서식) 부동산 감정신청서

시가감정촉탁신청

사 건   2024느합XXXX 상속재산분할
청 구 인   김XX 외 1명
상 대 방   김XX환

위 사건에 관하여 청구인들은 아래와 같이 시가감정촉탁을 신청합니다.

1. 신청취지
별지 목록 기재 각 부동산에 관하여 상속개시와 사실심 변론종결시를 기준으로 하는 시가에 대한 감정을 신청합니다.

2. 감정의 목적
법원은 「구체적 상속분을 산정함에 있어서는 상속개시시를 기준으로 상속재산과 특별수익재산을 평가하여 이를 기초로 하여야 할 것이고, 다만 법원이 실제로 상속재산분할을 함에 있어 분할의 대상이 된 상속재산 중 특정의 재산을 1인 및 수인의 상속인의 소유로 하고 그의 상속분과 그 특정의 재산의 가액과의 차액을 현금으로 정산할 것을 명하는 방법(소위 대상분할의 방법)을 취하는 경우에는, 분할의 대상이 되는 재산을 그 분할시를 기준으로 하여 재평가하여 그 평가액에 의하여 정산을 하여야 한다(대법원 1997. 3. 21.자 96스62 결정).」라고 함으로써, 특별수익은 상속개시 당시를 기준으로 산정한 가액에 의하고, 대상분할은 분할시를 기준을 산정한 가액에 의한다고 판단하고 있습니다.

이에 청구인들은 상속개시 당시의 시가와 현재의 시가에 대한 감정을 통하여 구체적 상속분의 산정과 대상분할에 의한 가액산정하고자 합니다.

3. 감정의 목적물

별지 목록에 기재하였습니다.

4. 감정사항

별지 목록 기재 각 부동산에 대하여 망 김XX의 사망일인 2024. 5. 1. 당시의 시가 및 현재의 시가

2024. 5. XX.

위 청구인 1. 김 X X (인)
청구인 2. 김 X X (인)

서울가정법원 귀중

별지 목록

부동산의 표시

1. 서울 XX구 XX동 XX-X 대 100㎡

이하 생략

(다) 사망보험금

상해의 결과로 사망한 때에 사망보험금이 지급되는 상해보험에 있어서 보험수익자가 지정되어 있지 않아 위 법률규정에 의하여 피보험자의 상속인이 보험수익자가 되는 경우에도 보험수익자인 상속인의 보험금청구권은 상속재산이 아니라 상속인의 고유재산으로 보아야 합니다(대법원 2004. 7. 9. 선고 2003다29463 판결).

그러나 공동상속인의 형평과 공평을 추구하는 민법 제1008조의 취지에 의할 때 사망보험금은 사인증여에 의한 해당 수익자의 특별수익으로 볼 수 있습니다. 조성필 전 광주지방법원 판사의 '유류분에 관한 판례 정리'{재판실무연구, 권호: 2013(2014.1), 광주지방법원} 67면에서는 '피상속인이 보험료를 납부하며 의도한 것은 결국 보험금을 보험수익자에게 귀속시키는 것이라 할 것이고 이는 사인증여와 유사한 것으로 볼 수 있다.'라고 기재하고 있는바, 필자도 이에 동의합니다[11].

그리고 서울가정법원 2020. 9. 23. 선고 2017가합578196 사건에서도「피상속인이 자신을 피보험자로 한 생명보험계약에서 보험수익자를 공동상속인들 중 특정인으로 지정한 경우나 추상적으로 상속인이라고만 지정한 경우, 보험수익자를 지정하지 않고 사망한 경우 등은 보험금지급청구권은 상속재산에 속하지 않는다. 그러나 이 경우에도 피상속인의 사인처분에 기한 것이므로 사인증여에 준하여 취급하여 특별수익에 포함되고, 당사자들은 모두 청구인 및 상대방들이 수령한 사망보험금을 사인증여로 인정하는 데에 다툼이 없으므로, 이를 사인증여로 인정하기로 한다.」라고 함으로써 상속인의 고유재산인 보험금을 사인증여에 의한 특별수익에 산입하였습니다.

따라서 보험계약자인 피상속인이 수익자를 상속인으로 지정하거나 지정해 놓지 않았다면 피상속인의 사망으로 지급되는 사망보험금은 사인증여에 의한 상속인의 특별수익입니다.

---

11) 같은 취지 시진국 "상속재산분할심판의 실무상 제문제", 가사재판연구. I, 서울가정법원 가사재판연구회(2007년), 43면 : 생명보험금은 앞서 본 대로 대부분의 경우 상속인이 자신의 고유재산으로 취득하는 것이지만, 보험금청구권은 피상속인이 납부한 보험료의 대가로서의 실질을 가진 채 유증이나 사인증여에 준하여 재산이 무상이전하는 것으로 볼 수 있으므로, 무상이전의 성격을 갖는 부분에 한하여 특별수익으로 취급하여 상속인 간의 형평을 도모하는 것이 타당하다.

다만 피상속인이 보험계약자로써 보험료를 납부하다가 사망함으로써 보험금이 지급되었는데 납부된 보험료의 일부를 피상속인과 제3자가 납부한 경우에 특별수익을 얼마로 볼 것인지의 문제가 있습니다.

이에 대해서 그동안 사망보험금, 피상속인이 납부한 보험료, 지급된 보험금 중 피상속인이 납부한 보험료의 비율을 기준으로 해야 한다는 몇 가지의 학설이 있었습니다. 그런데 최근 유류분 사건에서 「유류분 산정의 기초재산에 포함되는 증여 가액은 피상속인이 보험수익자 지정 또는 변경과 보험료 납입을 통해 의도한 목적, 제3자가 보험수익자로서 얻은 실질적 이익 등을 고려할 때, 특별한 사정이 없으면 이미 납입된 보험료 총액 중 피상속인이 납입한 보험료가 차지하는 비율을 산정하여 이를 보험금액에 곱하여 산출한 금액으로 할 수 있다(대법원 2022. 8. 11. 선고 2020다247428 판결).」라고 판단하였습니다.

따라서 이와 같은 위 판결에 의하면 보험금의 특별수익은 '특별수익=지급된 보험금×피상속인이 납부한 보험료 / 전체 납부된 보험료'라고 할 것입니다.

(라) 비상장주식

비상장주식은 법원의 감정명령에 의하여 법원이 지정하는 회계사가 1주당의 가격을 정하게 되는데 이때 주의할 점은 비상장법인이 소유하고 있는 부동산은 장부가가 아닌 시가로 계산해서 비상장주식의 자산가격을 정해야 합니다.

따라서 비상장법인이 부동산을 소유하고 있다면 비상장법인이 소유하고 있는 부동산에 대한 시가감정을 한 후에 비상장주식을 감정해야 합니다.

(마) 상장주식 등

상장주식, 채권 등은 피상속인이 사망한 날의 종가 또는 평가액으로 계산하면 됩니다.

> **판례**
>
> **대법원 2007. 7. 26. 선고 2006므2757,2764 판결**
> 구 상속세법 시행령(1994. 12. 31. 대통령령 제14469호로 개정되기 전의 것) 제5조 제6항 제1호 (나)목 및 상속세 및 증여세법 시행령 제54조가 비상장주식의 가액 산정시 순손익가치와 순자산가치를 단순평균 또는 가중평균한 가액을 기준으로 산정하도록 규정한 방법에 의한 것으로 순자산가치와 순손익가치를 모두 고려하고 있어 신빙성이 있다.
>
> **대법원 2005. 10. 28. 선고 2003다69638 판결**
> 거래사례가 없는 경우에는 비상장주식의 평가에 관하여 보편적으로 인정되는 방법(순자산가치방식, 수익가치방식, 유사업종비교방식 등)에 의하여 평가한 가액을 토대로, 당해 거래의 특수성을 고려하여 객관적 교환가치를 반영한 적정거래가액을 결정하여야 할 것이다.

(2) 공동상속인에 대한 증여

공동상속인의 대한 증여는 원칙적으로 기간의 제한이 없이 구체적 상속분의 산정을 위한 간주상속재산에 포함된다고 할 것입니다.

그러나 예외적으로 피상속인의 재산규모에 비추어 상속분의 선급으로 보기 어려운 금액이나 금액과 무관하게 상속분의 선급이 아닌 다른 의미로 한 증여로 인정되는 경우에 해당 증여는 특별수익으로 배제될 수 있습니다.

(가) 증여가액과 특별수익

구체적 상속분의 산정에 산입되는 특별수익은 공동상속인들 사이의 공평을 기하기 위하여 수증재산을 상속분의 선급으로 다루어 구체적인 상속분을 산정할 때 이를 참작하도록 하려는 데 그 취지가 있으므로, 어떠한 생전 증여가 특별수익에 해당하는지는 피상속인의 생전의 자산, 수입, 생활수준, 가정상황 등을 참작하고 공동상속인들 사이의 형평을 고려하여 당해 생전 증여가 장차 상속인으로 될 자에게 돌아갈 상속재산 중 그의 몫의 일부를 미리 주는 것이라고 볼 수 있는지에 의하여 결정하게 됩니다(대법원 2007. 8. 28. 자 2006스3 결정, 대법원 2011. 12. 8. 선고 2010다66644 판결 참고).

그러므로 비교적 소액은 상속분의 선급으로 보지 않기도 하지만 어떤 경우에는 공동상속인의 공평과 형평을 위하여 특별수익에 산입하기도 합니다.

특히 소액의 증여라고 하더라도 그 금액이 1회 또는 2회 등에 그친다면 이를 특별수익에서 배제할 수 있으나, 소액이라도 지속적이고 반복적으로 상속인 중 일부에게 지급되어 합계가 상당한 금액에 이를 때에는 이를 특별수익에 산입하기도 합니다.

그러나 이러한 기준은 지침에 불과할 뿐 실무에서 획일적으로 적용되는 것이 아니라 상속인 간의 형평, 피상속인의 재산규모, 증여의 목적 등을 고려해서 판단하게 된다. 따라서 동일한 금액이라고 하더라도 어떤 사례에서는 특별수익에 산입되던 것이 다른 사례에서는 특별수익에서 배제되기도 합니다. 그러므로 현금증여의 경우에는 특별수익의 산입 여부에 대한 선입견을 갖지 말고 해당 쟁점이 자신에게 유리하게 판단되도록 노력을 기울여야 합니다.

사례

특별수익으로 인정한 사례

▷ 서울고등법원 2019. 2. 19. 선고 2017나2070046 판결은 유류분반환청구권자인 상속인에게 아파트 매수자금으로 500만원, 자동차매수대금으로 1,000만원을 증여한 금액을 특별수익으로 인정하였습니다.

▷ 의정부지방법원 2020. 12. 28. 심판 2019느합3022 판결에서는 '지급의 시기, 지급의 명목, 생전 증여된 금액이 피상속인의 상속재산에서 차지하는 비율 등을 종합할 때, 1회 지급 금액이 10,000,000원이 넘는 금액으로서 부모와 자녀 사이에 통상 지급할 수 있는 범위의 것이 아닌 경우 특별수익으로 보기로 한다.'라는 이유로 1,000만원이 넘는 금액은 특별수익으로 보았습니다.

▷ 서울가정법원 2019. 9. 6. 선고 2017가단5177744 판결에서는 2011년부터 2013년까지 매월 80만원, 60만원, 40만원 등을 증여받은 사안에서 이를 모두 특별수익에 산입하였고, 다른 상대방이 2005. 10. 21.에 500만원, 2007. 8. 16.에 200만원, 2014. 6. 5.에 1,000만원, 2014. 8. 12.에 500만원 증여받은 금액도 모두 특별수익에 산입하였습니다.

▷ 서울고등법원 2015.9.18.선고 2014나2043722 판결에서는 「망인이 상대방 명의 계좌에 2006. 9. 5. 1,920,000원, 2007. 6. 11.과 2007. 7. 10. 각 3,000,000원, 상대방의 처인 병의 계좌에 2007. 8. 10.부터 2008. 8. 11.까지는 매월 3,000,000원씩, 2008. 9. 10.부터 2002. 10. 10.까지는 매월 3,500,000원씩, 합계 221,920,000원을 송금한 사실이 인정된다. 그 중 2006. 9. 5. 송금된 1,920,000원의 경우, 앞서 본 망인의 생전 자산이나 생활수준 등에 비추어 이를 상대방의 상속재산 중 일부를 미리 주는 것이라고 평가하기는 어렵다.」라고 하면서도 「다만 위 돈을 제외한 나머지 송금액 합계 220,000,000원의 경우에는, 당시 망인이 보유한 자산의 규모를 고려하더라도 반복적으로 송금이 이루어진 기간과 누적 송금액 등에 비추어 볼 때, 해당 돈은 망인이 상대방에게 증여한 것으로 판단된다.」라고 함으로써, 지속적이고 반복적인 생활비의 지원을 해당 상속인의 특별수익에 산입하였습니다(상고심: 대법원 2016.06.09 선고 2015다239591 판결)

사례

특별수익을 부인한 사례

▷ 서울가정법원 2021. 1. 18. 심판 2019느합1033 심판에서는 상대방 1인 상속인이 2012. 10. 24.에 500만원, 2012. 11. 1.에 500만원, 2017. 1. 3.에 500만원씩 받은 돈과 상대방 2가 2013. 10. 21.에 400만원을 받은 돈, 상대방 3이 2013. 10. 15.에 5,080,000원의 돈은 액수가 소액이므로 이를 상속분의 선급이라고 보기 어렵다는 이유로 특별수익에서 배제하였습니다.

▷ 서울서부지방법원 2019. 11. 28. 선고 2017가합39689 판결에서는 상속인 1이 2000. 4. 24. 증여받은 500만원, 상속인 2가 2000. 6. 16.에 증여받은 500만원, 상속인 3에게 2005. 3. 17.에 증여받은 1,000만원에 관하여 '망인의 생전의 자산, 수입, 생활수준, 가정상황, 공동상속인들 사이의 형평을 고려하였을 때 위 생전 증여가 장차 상속인으로 될 위 청구인에게 돌아갈 상속재산 중의 그의 몫의 일부를 미리 주는 것이라고 평가하기는 어려우므로(대법원 2011. 7. 28. 선고 2009다64635 판결 등 참조), 특별수익으로 보지 아니한다.'라고 판단하였습니다.

▷ 대구지방법원 2019. 11. 28. 선고 2017가합202504 판결에서는 청구인인 상속인이 2015. 1. 15. 증여받은 100만원에 관하여 '망인의 자산 규모에 비추어 그 액수가 크지 않고 송금횟수가 1회에 그친 점 및 다른 공동상속인들에 대한 증여액수 등에 비추어 보면, 이를 상속분의 선급으로 청구인의 몫 중 일부를 미리 받은 것이라 볼 수 없으므로, 이를 청구인의 특별수익으로 볼 수 없다.'라고 판단하였습니다.

> **대법원 2007. 8. 28. 자 2006스3,4 결정**
>
> 원심은, 청구인 상대방 3과 상대방 5의 특별수익에 대하여, 그 판시와 같은 이유로, 청구인 상대방 3에 대한 자금규모가 다른 자녀에 비하여 과도한 것이었다고 볼 만한 자료도 없고, 망인의 생전의 자산, 수입, 생활수준 등에 비추어 청구인 상대방 3에 대한 증여가 생전의 분재라기보다는 자연적인 애정을 바탕으로 자녀를 배려한 것이어서, 청구인 상대방 3에 대한 자금지원을 특별수익으로 보지 아니하였고, 망인이 상대방 5에게 용인시 모현면 오산리 (지번 3 생략) 전 641㎡ 및 같은 리 (지번 4 생략) 임야 846㎡를 증여하였거나 위 각 토지의 매수대금이 망인으로부터 나온 사실을 인정할 증거가 없다는 이유로, 위 각 토지에 대한 상대방 5의 특별수익을 인정하지 아니하였다.
>
> 원심결정 이유를 기록에 비추어 살펴보면, 원심의 위와 같은 사실인정 및 판단은 정당한 것으로 수긍할 수 있다. 원심결정에는 상대방 4의 재항고이유의 주장과 같이 특별수익 인정에 관하여 채증법칙 위배 내지 법리오해의 위법이 없다. 상대방 4의 이 부분 재항고이유는 이유 없다.

(나) 배우자인 상속인에 대한 증여

피상속인으로부터 생전 증여를 받은 상속인이 피상속인을 특별히 부양하였거나 피상속인의 재산의 유지 또는 증가에 특별히 기여하였고, 피상속인의 생전 증여에 상속인의 위와 같은 특별한 부양 내지 기여에 대한 대가의 의미가 포함되어 있는 경우와 같이 상속인이 증여받은 재산을 상속분의 선급으로 취급한다면 오히려 공동상속인들 사이의 실질적인 형평을 해치는 결과가 초래되는 경우에는 그러한 한도 내에서 생전 증여를 특별수익에서 제외할 수 있습니다(대법원 2022. 3. 17. 선고 2021다230083, 230090 판결).

또한 생전 증여를 받은 상속인이 배우자로서 일생 동안 피상속인의 반려가 되어 그와 함께 가정공동체를 형성하고 이를 토대로 서로 헌신하며 가족의 경제적 기반인 재산을 획득·유지하고 자녀들에게 양육과 지원을 계속해 온 경우, 생전 증여에는 위와 같은 배우자의 기여나 노력에 대한 보상 내지 평가, 실질적 공동재산의 청산, 배우자 여생에 대한 부양의무 이행 등의 의미도 함께 담겨 있다고 봄이 타당하므로 그러한 한도 내에서는 생전 증여를 특별수익에서 제외할 수 있습니다(대법원 2011. 12. 8. 선고 2010다66644 판결).

따라서 배우자에게 증여되었다고 해서 이를 모두 특별수익으로 볼 수 없고 개별적 사정에 따라 특별수익의 여부를 판단해야 하는데, 일반적으로 배우자가 피상속인보다 많은 재산을 고유재산을 소유한 경우에는 특별수익으로 산입하는 반면에 배우자 명의의 재산이 없고 피상속인의 증여로 인해서 형성된 재산만이 있는 경우, 증여재산이 주거를 목적으로 하는 아파트, 단독주택인 경우에는 이를 특별수익에서 배제하는 경향이 있습니다.

그러나 결국 이러한 기준은 배우자의 특별수익 여부를 판단하는데 어느 정도 기준이 될 뿐 절대적인 것은 아니므로, 배우자에 대한 증여가 특별수익인지의 여부는 배우자의 경제활동의 여부, 혼인기간, 가정환경, 배우자와 피상속인의 재산 규모, 배우자가 증여받은 재산의 규모, 증여된 재산의 성격(예 상가, 토지, 주택 등), 증여의 경위 등을 종합적으로 살펴서 판단해야 할 것입니다.

다만 실무의 경험에 비추어 볼 때, 배우자의 경우 거주할 주택은 다른 부동산부다 특별수익에서 배제되는 경향을 보이고 있습니다. 이는 아마도 상속분의 선급이 아니라 부양의무의 이행으로 보기 때문이 아닌가 합니다.

> **사례**
>
> **배우자인 상속인의 특별수익이 배제한 사례**
> ▷ 서울고등법원 2018. 4. 26. 2017나2036626 판결에서는 2015. 1. 7.경 배우자에게 177,213,324원을 증여한 사안에서 '① ㅁㅁㅁ는 1948. 5. 17. 망인과 혼인한 후 2015. 2. 16. 망인이

사망할 때까지 약 67년 동안 부부로 망인과 함께 살면서 6남 2녀의 자녀들을 양육해 온 점, ② ㅁㅁㅁ는 1929. 5. 28.생으로 현재 88세의 고령으로 사회적 활동에 의한 독립한 생계를 영위하는 것이 사실상 불가능한 점, ③ 망인이 2004년경부터 2006년경까지 자녀들에게 생전 증여를 함에 있어서 배우자인 ㅁㅁㅁ를 위해서는 재산을 증여한 바 없고, 망인의 생전 재산의 규모에 비추어 볼 때, ㅁㅁㅁ에 대한 위 증여액은 1/20 수준에도 미치지 못하는 비교적 소소한 금액으로 평가할 수 있는 점, 그 밖에 망인의 생전의 자산, 수입, 생활수준, 가정상황 등에 비추어 볼 때, ㅁㅁㅁ가 망인으로부터 증여받은 위 177,213,324원은 ㅁㅁㅁ에 대한 부양료 등으로서 지급된 것이지 위 생전증여가 장차 상속인으로 될 자에게 돌아갈 상속재산 중 그의 몫의 일부를 미리 주는 것이라고 보기는 어렵다.'라고 판단하였습니다.

▷ 의정부지방법원 고양지원 2017. 1. 13. 선고 2016가합70706 판결에서는 약 2억원에 해당하는 아파트를 배우자에게 증여한 사안에 관하여 'ㅁㅁㅁ은 1955. 10. 15. 망인과 혼인하여 위 아파트를 증여받은 2008년경까지 약 53년 동안 가사를 돌보면서 네 명의 자녀를 키워 온 것으로 보이는 점에다가 망인의 전체 재산 규모 및 그 중 위 아파트가 차지하는 비율 등을 보태어 살펴보면, 위 아파트는 상속재산의 선급이라기보다는 평생의 반려가 되어 함께 가정공동체를 형성하고 경제적 기반을 획득·유지하는데 힘써 온 배우자의 기여나 노력에 대한 보상 내지 평가라고 봄이 상당하므로, 이를 ㅁㅁㅁ의 특별수익에서 제외하더라도 자녀들인 청구인들과 상대방 사이의 관계에서 공평을 해친다고 할 수 없다.'라고 판단하였습니다.

사례

배우자인 상속인의 특별수익인 인정된 사례

▷ 서울가정법원 2015. 7. 21. 선고 2013가합558729 판결에서는 '① 망인은 위에서 본 것과 같이 위 각 부동산의 소유권이전등기 당시 지속적인 경제생활로 상당한 수입을 가지고 있었던 것으로 보이나, 반면 상대방은 1946. 10. 31.부터 1950. 2. 28.까지 초등학교 교사로 근무한 것을 제외하고는 특별한 직업이 없었던 것으로 보인다. 상대방이 망인의 재산을 형성하거나 유지하는데 기여한 정도가 그리 크다고 보이지 않는다. ② 상속개시 당시 망인 명의의 재산은 남산동 부동산 1/2 지분이 유일한 반면, 상대방 명의 재산은 남산동 부동산 1/2 지분, 제주 1, 2, 3 부동산, 이촌동 부동산으로서 상대방 명의 재산에 비하여 상속재산은 현저히 적다. ③ 상

대방 명의의 위 각 부동산에 비추어 보면, 위 각 증여로 인하여 상대방은 생활유지에 필요한 충분한 물적 기반을 가지고 있다고 보인다. ④ 청구인들은 상대방과는 인척관계에 불과하다. 상대방은 망인이 병원에 입원하여 있을 때에 망인의 자녀들에게 망인의 면회를 제한하는 등 망인 생전에도 상대방과 위 망인의 자식들 사이에 관계가 좋지 못하였던 것으로 보인다.'라는 이유로 배우자의 특별수익을 인정하였습니다.

▷ 부산지방법원 20118. 5. 23. 선고 2015가합45249 판결에서는 '① 망인이 상속이 개시된 때로부터 약 28년 전인 1984. 6. 13.에 상대방 C에게 위 각 부동산을 증여한 사실, ② 위 각 부동산이 망인의 재산 중 상당히 큰 비중을 차지하였던 점, ③ 상대방 C이 망인의 재산증식에 특별히 기여하였다고 볼만한 사정이 없는 점 등에 비추어 보면, 망인이 상대방 C에게 위 각 부동산을 증여한 것은 부부로서 공동으로 형성한 재산에 대한 상대방 C의 기여나 노력에 대한 보상 내지 평가, 실질적인 공동재산의 청산, 배우자 여생에 대한 부양의무 이행 등의 의미로 보기는 어렵고, 장차 상속인으로 될 상대방 C에게 돌아갈 상속재산 중 그 몫의 일부를 미리 준 것이라고 보여진다.'라고 하였습니다.

▷ 인천지방법원 부천지원 2017. 1. 11. 2014가합3572 판결은 '위 부동산의 증여는 망인이 사망한 2016년으로부터 약 6년 전에 이루어 진 점, 상대방가이 망인의 재산 형성이나 유지에 어떠한 노력을 기울였는지 알 수 있는 자료가 없는 점 등에 비추어 볼 때 앞서 본 사정만으로는 이 사건 제2 부동산의 증여에 상대방이 망인의 재산의 형성·유지를 위해 기울인 노력과 기여에 대한 보상이나 여생에 대한 부양의무의 이행 등의 의미가 담겨 있다고 평가하기 어렵다.'라고 판단하였습니다.

▷ 울산지방법원 2018. 12. 12. 선고 2016가합23027 판결에서는 '① 망인은 생전에 배우자인 상대방 뿐 아니라 청구인 및 다른 상대방들에게도 자신의 재산을 증여한 점, ② 배우자인 상대방의 일정 기여가 있다고 하더라도 이 사건 상속이 개시될 당시 배우자인 상대방이 생전증여 받은 1,567,581,000원으로 그 액수가 매우 클 뿐 아니라 망인의 공동상속인들에 대한 전체 생전 증여액(6,668,451,405원)에서 차지하는 비중이 약 23%에 이르는 점 등의 사정들을 감안할 때, 배우자인 상대방에 대한 생전 증여가 특별수익에 해당하지 않는다고 단정하기에 부족하고, 달리 이를 인정할 만한 증거가 없다.'라고 판단하였습니다.

> **사례**
>
> **배우자인 상속인의 특별수익이 일부 인정되고 일부 배제된 사례**
>
> 서울가정법원 2020. 1. 15. 선고 2018가합505522 판결에서는 '망인이 같은 날 위 대림동 토지를 각 1/3 지분씩 배우자인 상대방 및 아들인 상대방에게 증여한 점, 당시 망인의 공동상속인들 중 상대방들이 특별히 망인의 재산을 획득, 유지하는데 노력이나 기여를 하였다거나 망인을 부양하였다고 볼 자료가 없는 점 등을 종합하여 보면, 위 증여를 특별수익에서 제외하더라도 공동상속인인 청구인들과의 관계에서 공평을 해치지 않는다고 보기 어렵다.'라고 하여, 배우자에 대한 대림동 토지의 1/3지분 증여를 특별수익에 산입하였습니다.
>
> 반면에 목동신시가지아파트 0000동 0000호의 매수자금 430,000,000원에 관하여는 '① 배우자인 상대방은 2015년부터 2016년에 걸쳐 위 아파트를 취득하였는데, 이는 망인과 배우자인 상대방이 혼인한지 약 60년이 지난 이후인 점, ② 배우자인 상대방은 망인이 사망할 당시까지 62년 이상 혼인 생활을 계속하였고, 같은 기간 자녀인 청구인들과 자녀인 상대방들을 양육한 점, ③ 망인 소유의 재산 취득에는 1954. 3. 17. 혼인한 이후 망인이 사망할 때까지 부부로 지내온 상대방의 가사활동을 비롯한 유무형적 노력이 상당 부분 투여된 것으로 보아야 하는 점, ④ 배우자인 상대방은 1928. 5. 6.생으로 이 사건 심문종결일 현재 이미 만 91세에 이르러 더 이상 적극적인 경제활동을 통하여 생계를 영위하는 것이 쉽지 않을 것으로 보이는 점 등에 비추어 볼 때, 위 증여는 배우자인 상대방의 기여나 노력에 대한 보상 내지 평가, 실질적 공동재산의 청산, 배우자의 여생에 대한 부양의무의 이행 등의 의미도 함께 담겨 있어서 그에 대한 생전 증여를 특별수익에서 제외하더라도 공동상속인인 청구인들과의 관계에서 공평을 해치지 않는다.'라고 하여 아파트에 대한 부분은 특별수익에서 배제하였습니다.

(다) 자녀인 공동상속인의 배우자와 직계비속에 대한 증여

실무를 하게 되면 피상속인이 자녀인 상속인만이 아니라 자녀인 상속인의 배우자(예 며느리, 사위)나 자녀(예 손자 또는 손녀)에게 증여하는 경우를 보게 됩니다.

일반적으로는 며느리와 손자에게 증여하게 되는데 이때 며느리와 손자에게 한 증여를 자녀인 상속인의 특별수익에 산입해야 하는지가 문제됩니다. 만일 며느리와 손자를 자

녀인 상속인과 구분해서 제3자로 본다면 민법 제1114조의 규정에 따라 원칙적으로 피상속인의 사망하기 1년 이내에 한 증여만이 기초재산에 산입되고 예외적으로 유류분권리자를 침해할 의사를 갖고 있는 경우에만 기초재산에 산입되지만, 반대로 상속인에 대한 증여로 본다면 유류분권리자에 대한 침해의사의 여부나 기간의 제한이 없이 기초재산에 산입됩니다.

이 경우 상속인의 직계비속, 배우자, 직계존속이 유증 또는 증여를 받은 경우에는 그 상속인이 반환의무를 지지 않는다고 할 것이나, 증여 또는 유증의 경위, 증여나 유증된 물건의 가치, 성질, 수증자와 관계된 상속인이 실제 받은 이익 등을 고려하여 실질적으로 피상속인으로부터 상속인에게 직접 증여된 것과 다르지 않다고 인정되는 경우에는 상속인의 직계비속, 배우자, 직계존속 등에게 이루어진 증여나 유증도 특별수익으로서 이를 고려하게 됩니다(대법원 2007. 8. 28. 자 2006스3,4 결정).

따라서 어떠한 증여가 원칙적으로 상속인에게 증여한 것과 다름이 없는지의 여부는 획일적으로 판단되는 문제가 아니라 해당 사건의 개별적 사정에 따라 판단됩니다. 결국 이 문제는 재판부에게 일임할 수밖에 없습니다.

사례

자녀인 상속인의 특별수익에서 배제한 사례

▷ 대구지방법원 2019. 11. 28. 선고 2017가합202504 판결에서는 '망인이 손자에게 2011. 6. 1.부터 2014. 11. 7.까지 14회에 걸쳐 합계 359,902,120원을 송금한 사실은 인정되나, 상속분의 산정에서 증여 또는 유증을 참작하게 되는 것은 원칙적으로 상속인이 유증 또는 증여를 받은 경우에만 발생하고, 증여 또는 유증의 경위, 증여나 유증된 물건의 가치, 성질, 수증자와 관계된 상속인이 실제 받은 이익 등을 고려하여 실질적으로 피상속인으로부터 상속인에게 직접 증여된 것과 다르지 않다고 인정되는 경우가 아닌 한 상속인의 직계비속, 배우자, 직계존속 등에게 이루어진 증여나 유증을 그 상속인의 특별수익으로서 고려할 수 없는바(대법원 2007. 8.

28.자 2006스3 결정 등 참조), 상대방이 제출한 증거만으로는 상속인인 청구인이 아닌 그 가족에게 증여된 위 돈이 청구인에게 직접 증여된 것과 다르지 않은 것으로 인정하기 부족하고, 달리 이를 인정할 증거가 없으므로, 이를 청구인의 특별수익에 해당한다고 볼 수 없다.'라고 하여 특별수익으로부터 배제하였습니다.

▷ 서울고등법원 2013. 7. 11. 선고 2012나54623 판결에서는 각 염전 중 며느리에게 증여된 1/2 지분을 자녀인 상속인과 구분한 제3자에 대한 증여로 보았고 해당 사건의 상고심인 대법원 2013다62216 유류분반환 사건에서도 2013. 10. 17. 심리불속행기각을 함으로써 며느리에 대한 증여가 공동상속인에 대한 증여와 달리 제3자에 대한 증여인 사실을 재차 확인하였습니다.

▷ 서울가정법원 2011. 11. 29. 선고 2009가합126958 판결에서도 상속개시전 1년 이전에 피상속인이 배우자, 아들, 딸, 며느리에게 각 1/4 지분을 동시에 증여한 사안에 관하여 위 며느리에 대한 증여를 제3자에 대한 증여로 판단하였습니다.

사례

자녀인 상속인의 특별수익으로 인정한 사례

▷ 서울가정법원 2018. 8. 17. 선고 2016가합516238 판결에서는 '망인은 상대방 ㅁㅁㅁ, ㅇㅇㅇ 부부가 망인을 봉양하여 온 사정을 고려하여 상대방 ㅁㅁㅁ에게 3억 원을 증여하게 되었던 점, 상대방 ㅁㅁㅁ은 상대방 ㅇㅇㅇ의 처로 증여 당시 상대방 ㅇㅇㅇ과 하나의 경제공동체를 유지하여 왔을 것으로 보이는 점, 망인이 자신의 아들인 상대방 ㅇㅇㅇ이 아닌 며느리인 상대방 ㅁㅁㅁ에게 3억 원에 해당하는 큰 금액의 돈을 증여할 만한 특별한 사정이 보이지 않는 점 등을 종합하여 볼 때, 망인이 상대방 ㅁㅁㅁ에게 증여한 3억 원은 실질적으로 상속인인 상대방 ㅇㅇㅇ에게 증여한 것과 다르지 않다고 봄이 타당하다. 따라서 위 3억 원을 증여재산에 산입한다.'라고 하여 며느리에게 증여한 3억원을 자녀인 상속인의 특별수익에 산입하였습니다.

수원가정법원 2020. 7. 21.자 2019느합551 판결은 반정동 00-0, 00-0, 00-0에 관하여 자녀인 상속인 4060/5051지분, 며느리에게 991/5051지분을 증여한 사건에서 '상대방 ㅇㅇㅇ의 배우자인 ㅁㅁㅁ가 피상속인으로부터 증여받은 각 5051분의 991 지분도 그 증여 일시와 경위,

지분 비율, ㅁㅁㅁ와 상대방 ㅇㅇㅇ의 관계 및 위 증여로 인하여 상대방 ㅇㅇㅇ가 받은 이익 등에 비추어 볼 때, 상대방 ㅇㅇㅇ의 특별수익에 포함하는 것이 타당하다.'라고 하여, 며느리에 대한 증여를 자녀인 상속인의 특별수익으로 판단했습니다.

울산지법 2020. 1. 20.자 2017느합1002 결정에서는 울산 남구 달동 000-0 빌딩에 관하여 자녀인 상속인 부부에게 각 1/2지분씩 증여한 사안에서 '상대방 ㅇㅇㅇ과 그의 배우자 ㅁㅁㅁ은 위 부동산을 증여받을 당시부터 현재까지 함께 혼인생활을 영위하며 경제적으로 공동체를 이루고 있는 것으로 보이는 점, 망인이 아들인 상대방 ㅇㅇㅇ에게 위 부동산을 증여하는 것과 별도로 거액의 위 토지와 빌딩 중 1/2 지분을 며느리 ㅁㅁㅁ에게 증여할 만한 특별한 사정을 찾을 수 없는 점 등에 비추어 보면, 망인의 ㅁㅁㅁ에 대한 증여는 실질적으로 상속인인 상대방 ㅇㅇㅇ에게 직접 증여한 것과 다르지 않다고 보는 것이 타당하다.'라고 하였습니다.

광주지방법원 2017.08.10. 선고 2015가합59223 판결에서는 '① G는 청구인의 처이고, H(2002년생)은 청구인의 아들인 사실, ② H은 이 사건 제6 부동산 중 1/4 지분의 증여 당시 12세의 미성년자인 사실, ③ 청구인은 2014. 2. 11. 이 사건 제3, 4, 5 부동산 중 각 1/5 지분에 관하여 G 명의의 소유권이전등기가 마쳐지자, 같은 날 G 명의의 위 각 지분에 관하여 지분이전청구권가등기를 마친 사실을 인정할 수 있다. 위 인정사실에 망인의 증여 경위나 청구인이 실제로 받은 이익 등을 고려하여 보면, 망인이 청구인의 처인 G와 아들인 H에게 위 각 부동산을 증여한 것은 실질적으로 상속인인 청구인에게 직접 증여한 것과 다르지 않다고 인정되므로, 이를 청구인의 특별수익으로서 고려할 수 있고, 위 각 부동산의 상속개시 당시 가액이 합계 253,224,550원인 사실은 앞에서 본 것과 같다.'라고 판단했습니다.

특히 서울고등법원 2015.12.18. 선고 2014나33019 유류분반환 사건에서는 「<u>망인의 일련의 증여 행위는 망인의 재산을 상대방 D와 그 가족인 상대방 I, J, L에게로, 망 E와 그 가족인 상대방 F, L에게로 이전하기 위한 단일한 목적 하에 이루어진 일련의 행위로 보아야 하며, 상대방 D</u> 또한 망 E의 배우자 또는 자녀인 상대방 I, J, K, L은 상대방 D 또는 망 E를 통하여 위와 같은 사정을 알고 있었다고 추단된다. 그렇다면 결국 망인의 공동상속인이 아닌 상대방 I, J, K, F, L에게 위와 같이 증여를 한 것은 당사자 쌍방이 유류분 권리자인 청구인들에게 손해를 가할 것을 알고 한 증여하고 봄이 타당하다. 따라서 망인이 상대방 I, J, K, F, L에게 증여한 재산은 유류분 산정을 위한 기초 재산에 포함되어야 한다.」라고 판단하였습니다.

또한 서울가정법원 2009가합31395 유류분사건에서도 「상대방의 아들인 ㅁㅁㅁ, ○○○, ◇◇◇ 명의로 증여받은 부분인 2,002,806,999원 (중략) 등이 직접 매수한 고유재산이거나 제3자에 대한 증여이므로 상대방 상속인에 대한 증여재산에서 각 제외되어야 한다고 주장하나, 위 상대방 상속인들의 아들들은 스스로의 재력이나 의사에 의하여 위와 같은 재산을 취득하였다기 보다는 아버지인 상대방 상속인들의 의사에 기하여 위와 같이 매매나 증여를 원인으로 한 소유권이전등기를 마쳐진 것으로 보이고, 공동상속인들이 청구인들에 대한 관계에서는 실질적으로 망인으로부터 위 상대방들에게 직접 증여된 것과 다르지 않다고 인정되므로, 상속인의 직계비속에 대한 증여(매매 형식 포함)라 하더라도 상속인인 위 상대방 상속인들의 증여재산으로 인정하여 유류분 등을 산정함이 상당하다.」라고 설시하고 있으며,

서울서부지방법원 2019. 4. 3. 선고 2017가단234791 유류분반환 사건에서도 「상대방이 해외 유학중이던 상대방의 딸에게 2014. 8. 26. 미화 28,000달러(원화 28,560,000원), 2015. 1. 12. 미화 23,000달러(원화 24,934,300원)를 송금한 사실은 인정되나, 청구인의 계좌에서 상대방의 계좌로 45,931,152원이 이체된 시기와 상대방이 딸에게 외화를 송금한 시기의 간격 등에 비추어 보면, 망인은 당시 손녀의 유학생활로 인해 경제적 부담이 가중된 자신의 아들인 상대방을 도우려는 생각에서 상대방에게 위 돈을 증여한 것으로 봄이 타당하다.」라고 하고 있습니다.

그리고 이외에도 인천지방법원 2018.8.14. 선고 2017가합1833 유류분반환 사건에서도 「망인의 재산을 큰아들(상대방)에게 상속한다고 한 망인의 작성 유언장의 기재에 심문 전체의 취지에 비추어 보면, 비록 망인이 AA에게 AB아파트 매매대금을 지급하고, P이 망인 명의 계좌에서 돈을 인출하고, 상대방 이외에 AH 명의 정기예금 상품 가입에 망인의 돈이 사용되었다고 하더라도, 이는 모두 망인의 상대방에 대한 증여 의사에 따라 이루어진 것으로 봄이 타당하다.」판단하였습니다.

(라) 증여를 받은 후에 상속인이 된 제3자에 대한 증여

증여 당시에는 상속인이 아니었다가 상속개시 당시에 상속인이 된 사안에 관하여, 1998. 6. 20. 법원도서관에서 발행한 상속법의 제문제 중 '9. 상속분, 기여분, 특별수익'에서는 551쪽을 통하여 '(2) 증여 후 상속인으로 된 자 : 증여를 받을 당시에는 추정상속인(상속이 개시된다면 최선순위로 상속인이 될 자격을 갖는 자)의 지위를 갖지 않

았지만 증여를 받은 후 혼인, 입양 등 신분행위에 의하여 증여자의 배우자가 되거나 양자가 되는 경우에 증여를 받은 자는 조정의무를 부담하는가? 민법 규정상 수증시에 추정상속인의 자격을 요구하는 것이 아닌 점, 이 규정은 공동상속인 간의 공평을 기하기 위한 것인 점 등을 고려하고 상속관계를 간명하게 처리한다는 점 등에 비추어 보면 <u>추정상속인이 되기 전후나, 그 증여와 상속인의 지위취득과 견련관계가 있는지 여부 등과 관계없이 모두 조정대상에 포함된다는 견해12)</u>가 옳다고 생각한다.'라고 하고 있습니다.

또한 서울가정법원 가사2부장이었던 임채웅 부장판사는 2011. 10. 15. 발행한 상속법연구 중 149쪽에서 후처가 피상속인과 혼인하기 이전에 이루어진 전처의 소생에 대한 증여재산에 관하여 서울가정법원 2010. 10. 12.자 2009느합101(본심판), 2009느합165(반심판)을 예로 들고 있는바, 위 사건은 설시를 통하여 '청구인들은 상대방의 위 특별수익 주장에 관하여, 설령 상대방이 주장하는 청구인들의 특별수익은 모두 상대방이 상속인 자격을 취득하기 이전의 일이므로 상대방은 이를 다툴 수 없다는 취지로 주장하는데, 특별수익자의 상속분에 관한 민법 제1008조에는 그 명문상 특별수익을 주장할 수 있는 자를 제한하지 않고 있으며, 특정 상속인의 특별수익을 인정할 것인지 여부를 결정함에 있어 중요한 점은 공동상속인들간의 형평성을 해하는지 여부이지 <u>상속인 자격을 갖춘 시기나 특별수익의 시기의 선후는 특별수익 인정 여부에 영향을 끼칠 수 없으므로</u>, 이와 같은 점을 고려하면 상대방은 피상속인과 혼인함으로써 뒤늦게 그의 상속인이 될 자격을 갖추었으나 청구인들의 특별수익의 점에 관하여 그 수익일시를 불문하고 이를 다툴 수 있다고 봄이 상당하므로, 이 부분 청구인들의 주장은 이유 없다'고 하고 있습니다.

그리고 이와 관련문제로 각주2)를 통하여, '<u>수익을 얻을 때는 상속인이 아니었으나 혼인이나 입양 등으로 그 후에 상속인의 지위를 얻은 경우, 그 수익도 특별수익으로 볼 수 있는 것인가하는 점이 있는데, 학설은 대체로 특별수익으로 보아야 한다고 보고 있고</u>[김주

---

12) 주석 상속법 상, 195면, 곽윤직, 상속법, 185면

수·김상용 공저, 친속·상속법-가족법-(제9판), 법문사(2008), 557면 이하, 곽윤직, 상속법(민법강의Ⅵ)(개정판), 박영사(2004), 102면), 필자도 이러한 결론이 옳다고 본다'고 하고 있습니다.

그리고 서울고등법원 2010. 11. 9. 선고 2009나104122 판결에서는 증여를 받은 후에 혼인신고를 마침으로써 피상속인의 사망 당시에 상속인의 지위를 취득한 배우자에 관하여 「민법 제1008조는 특별수익자를 '공동상속인 중에 피상속인으로부터 재산의 증여 또는 유증을 받은 자'로 규정하고 있을 뿐, 공동상속인이 공동상속인의 지위에 있을 때 증여 등을 받을 것을 요건으로 정하고 있지 않고, ② 앞서 본 바와 같이 상대방 1은 이미 1968년 및 1977년 망인의 아들들인 상대방 2, 상대방 3을 출산하였고, 망인과의 혼인신고(1983. 11. 9.)를 앞둔 상태에서 1983. 8. 및 같은 해 10. 위 각 부동산을 증여받았으며, 위와 같은 사정 외에 달리 망인이 상대방 1에게 재산을 증여할 만한 특별한 사정이 있었음을 인정할 증거가 없으므로, 결국 위 각 부동산의 증여와 상대방 1의 공동상속인 지위 취득 사이에는 밀접한 견련관계가 있었다고 보이는바, 그렇다면, 망인이 혼인신고를 앞두고 사실상 혼인관계에 있던 상대방 1에게 위 각 부동산을 증여한 것을 실질적으로 상속분의 선급으로 다루어 유류분을 산정함에 있어 이를 참작하는 것이야말로 공동상속인들 사이의 공평을 기하는 길이라 할 것이므로, 상대방들의 위 주장은 더 나아가 살펴볼 것 없이 이유 없다.」라고 함으로써 특별수익에 산입하였습니다.

따라서 위와 같은 의견에 의할 때, 비록 상속인이 되기 전에 증여를 받았으나 상속개시 당시에 공동상속인의 지위에 있다면 유류분반환의무를 부담하는 것으로 볼 수 있습니다.

라. 기여분

(1) 의의

민법 제1008조의2[13]가 정한 기여분제도는 공동상속인 중에 피상속인을 특별히 부양하였거나 피상속인의 재산 유지 또는 증가에 특별히 기여하였을 경우 이를 상속분 산정에 고려함으로써 공동상속인 간의 실질적 공평을 도모하는데 있습니다. 따라서 기여분이 인정되기 위해서는 공동상속인 간의 공평을 위하여 상속분을 조정하여야 할 필요가 있을 만큼 피상속인을 특별히 부양하였다거나 피상속인의 상속재산 유지 또는 증가에 특별히 기여하였다는 사실이 인정되어야 합니다(대법원 2014. 11. 25. 자 2012스156,157 결정, 대법원 2014. 11. 25. 자 2012스156,157 결정 등).

(2) 청구인

원칙적으로 기여분을 청구할 수 있는 당사자는 공동상속인입니다. 따라서 민법 제1119조의 규정에 따라 상속을 포기한 상속인, 상속분을 양도한 상속인, 사실혼 배우자, 상속인의 배우자 또는 직계비속은 기여분을 청구할 수 없습니다.

다만 필자의 생각으로는 상속인의 배우자가 한 기여가 있을 경우에는 '증여 또는 유증의 경위, 증여나 유증된 물건의 가치, 성질, 수증자와 관계된 상속인이 실제 받은 이익 등을 고려하여 실질적으로 피상속인으로부터 상속인에게 직접 증여된 것과 다르지 않다

---

13) 민법 제1008조의2(기여분)
   ① 공동상속인 중에 상당한 기간 동거·간호 그 밖의 방법으로 피상속인을 특별히 부양하거나 피상속인의 재산의 유지 또는 증가에 특별히 기여한 자가 있을 때에는 상속개시 당시의 피상속인의 재산가액에서 공동상속인의 협의로 정한 그 자의 기여분을 공제한 것을 상속재산으로 보고 제1009조 및 제1010조에 의하여 산정한 상속분에 기여분을 가산한 액으로써 그 자의 상속분으로 한다.
   ② 제1항의 협의가 되지 아니하거나 협의할 수 없는 때에는 가정법원은 제1항에 규정된 기여자의 청구에 의하여 기여의 시기·방법 및 정도와 상속재산의 액 기타의 사정을 참작하여 기여분을 정한다.
   ③ 기여분은 상속이 개시된 때의 피상속인의 재산가액에서 유증의 가액을 공제한 액을 넘지 못한다.
   ④ 제2항의 규정에 의한 청구는 제1013조제2항의 규정에 의한 청구가 있을 경우 또는 제1014조에 규정하는 경우에 할 수 있다.

고 인정되는 경우에는 상속인의 직계비속, 배우자, 직계존속 등에게 이루어진 증여나 유증도 특별수익으로서 이를 고려할 수 있다고 함이 상당하다.'라는 대법원 2007. 8. 28.자 2006스3,4 결정의 법리에 비추어 볼 때, 공동상속인의 배우자 또는 직계비속의 기여가 사실상 공동상속인의 기여로 볼 수 있다면 이를 공동상속인의 기여분으로 인정할 수 있다고 봅니다.

그런데 대습상속인의 문제는 대습원인이 발생하기 전과 후로 구분해서 판단되어야 할 것입니다. 일단 대습상속이 발생한 후에 대습상속인이 한 기여가 인정되어야 한다는 점에는 수긍이 되지만 피대습인이 한 기여를 대습상속인이 주장할 수 있는지가 문제가 됩니다.

이에 대해서 대습상속인도 자신의 기여에 대하여는 그 기여가 이루어진 시기가 대습상속원인이 발생하기 전인지 후인지를 불문하고 기여분을 청구할 수 있다고 보는 것이 다수설인데[14], 필자도 대습상속인의 상속권은 피대습인의 상속권을 승계 받은 것이고 상속분과 기여분을 구분해서 승계될 수 없는 것이므로 대습상속인이 피대습인의 기여분도 상속받았다고 생각됩니다.

(3) 기여행위

기여분에 대해서 정하고 있는 민법 제1008조의2 1.항에서는 '공동상속인 중에 상당한 기간 동거·간호 그 밖의 방법으로 피상속인을 특별히 부양하거나 피상속인의 재산의 유지 또는 증가에 특별히 기여한 자가 있을 때에는 상속개시 당시의 피상속인의 재산가액에서 공동상속인의 협의로 정한 그 자의 기여분을 공제한 것을 상속재산으로 보고 제1009조 및 제1010조에 의하여 산정한 상속분에 기여분을 가산한 액으로써 그 자의 상속분으로 한다.'라고 규정하고 있습니다. 따라서 기여행위는 피상속인의 재산형성과 유

---

[14] 상속재산분할사건에 있어서 배우자의 기여분에 대한 소고, 김소영 서울가정법원 판사, 가사재판연구 2007년 836면

지에 대한 특별한 기여라는 유형적이고 비교적 금액으로 산정이 손쉬운 재산적 측면과 피상속인에 대한 동거·부양이라는 무형적인 측면으로 구분된다고 볼 수 있습니다.

그리고 이러한 기여는 모두 무상의 기여여야 합니다. 가령 피상속인에 대한 동거·부양으로 매월 일정한 급여를 받거나 피상속인의 재산형성과 유지에 기여를 한 대가로 다른 급부를 받았다면 이를 기여라고 할 수 없습니다.

따라서 피상속인의 부동산을 매수할 당시에 매수대금을 지원했다거나 피상속인에게 부동산을 증여했다거나 하는 등 피상속인의 재산 형성에 직접적인 기여를 했다면 기여분을 인정받을 수 있을 가능성이 높다고 볼 수 있습니다.

반면에 피상속인을 부양하거나 간병한 노력은 수치적으로 산정하기 어려울 뿐만 아니라 민법 제826조 1.항에서는 '부부는 동거하며 서로 부양하고 협조하여야 한다.'라고 함으로서 상호가 1차 부양의무자로 규정하고 있습니다[15].

그러므로 배우자로써 우리 민법 제1008조의 2의 규정에 따른 기여분을 인정받기 위해서는 민법 제826조 1.항에서 정하고 있는 배우자로써 함께 동거하고, 자녀들의 양육과 교육에 함께 힘쓰고, 가정의 유지와 생계의 유지 등을 위하여 서로 부양하고 협조하는 정도를 뛰어 넘는 통상의 배우자에게 기대할 수 없는 '특별한 기여'를 함으로써 자녀들인 다른 공동상속인보다 1.5배의 상속분을 취득한다고 하더라도 기여분을 인정하지 않으면

---

[15] 대법원 2017. 8. 25. 자 2017스5 결정
민법 제826조 제1항에서 규정하는 미성년 자녀의 양육·교육 등을 포함한 부부간 상호부양의무는 혼인관계의 본질적 의무로서 부양을 받을 자의 생활을 부양의무자의 생활과 같은 정도로 보장하여 부부공동생활의 유지를 가능하게 하는 것을 내용으로 하는 제1차 부양의무이다.
대법원 2017. 8. 25. 자 2014스26 결정
민법 제826조 제1항 본문은 "부부는 동거하며 서로 부양하고 협조하여야 한다."라고 규정하고, 민법 제833조는 "부부의 공동생활에 필요한 비용은 당사자 간에 특별한 약정이 없으면 부부가 공동으로 부담한다."라고 규정하고 있다. 제826조의 부부간의 부양·협조는 부부가 서로 자기의 생활을 유지하는 것과 같은 수준으로 상대방의 생활을 유지시켜 주는 것을 의미한다.

<u>공동상속인 간의 공평을 위할 수 없을 정도에 이른 특별한 기여가 인정되어야 합니다. 만일 그렇지 않고 단순히 자녀들을 양육했다거나 다면 다른 상속인배우자에게 1.5배의 상속분을 규정할 어떠한 근거도 없습니다.</u>

단순히 배우자를 간병한 사실만으로 기여분을 인정해서는 안 될 것입니다. 또한 배우자의 법정상속분은 다른 상속인들에 비하여 5할을 가산하고 있으므로 단지 배우자와 동거하면서 부양하거나 간병했다는 이유만으로 기여분을 인정한다면 사실상 법정상속분을 변경하는 결과16)를 가져오게 되므로 이 부분에 대해서는 숙고해야 할 것입니다.

다만 딸인 상속인이 결혼 전은 물론 이후에도 계속 부모를 모시고 지냈으며 아버지가 망한 후에 홀로된 어머니와 미혼인 동생들과 함께 살면서, 자신의 소유인 주택에서 어머니인 피상속인의 소유의 임대주택을 관리하고 아버지의 제사를 지내면서 고령의 피상속인에 대한 병원비를 지급하고 간호를 한 경우에는 이것을 통상 예상되는 부양의무 이행의 범위를 넘는 특별한 부양으로 보아 기여분이 인정됩니다(대법원 1998. 12. 8. 선고 97므513,520,97스12 판결).

그런데 이때 특별수익을 받은 상속인이 기여분을 청구하는 것이 정당한지 문제가 됩니다. 일반적으로 상속분을 초과하는 특별수익이 있는 경우에는 초과특별수익이 기여에 대한 보상으로 볼 수 있으므로 기여분의 인정에 부정적인 영향을 미치게 되나, 법정상속분에 미달하는 특별수익이 인정되는 경우에는 해당되는 특별수익을 상속분에서 공제하면 되므로 기여분을 청구할 수 있습니다(대법원 1998. 12. 8. 선고 97므513,520,97스

---

16) 대법원 2019. 11. 21. 자 2014스44, 45 전원합의체 결정
  배우자가 피상속인과 혼인이 유지되는 동안 동거·부양의무를 부담하는 사정을 참작하여 배우자의 상속분은 공동상속인의 상속분의 5할을 가산하여 정하도록 한다(제1009조 제2항). 이는 중요한 입법적 결단이다.
  한편 기여분은 구체적 사건에서 인정되는 사정에 따라 법정상속분을 수정하는 제도이다. 공동상속인 중 특정한 신분상의 지위를 가진 상속인의 특정한 행위에 대하여 기여분을 절대적으로 인정하면 결국 해석에 의하여 법정상속분을 변경하는 것과 마찬가지의 결과가 되고 위에서 본 민법의 입법 취지에 반할 우려가 있다.

12 판결17)).

또한 기여분은 상속재산분할의 전제문제로서의 성격을 갖는 것이므로 상속재산분할의 청구나 조정신청이 있는 경우에 한하여 기여분결정청구를 할 수 있고, 다만 예외적으로 상속재산분할 후에라도 피인지자나 재판의 확정에 의하여 공동상속인이 된 자의 상속분에 상당한 가액의 지급청구가 있는 경우에는 기여분의 결정청구를 할 수 있습니다(대법원 1999. 8. 24. 자 99스28 결정).

따라서 상속재산분할을 거쳐 피상속인의 재산에 대한 분할을 마친 후 혼인외의 자가 인지청구를 통하여 인지판결을 받아 상속인의 지위를 확보한 후 상속회복청구를 하는 경우에 일부 상속인이 반소로 기여분청구를 하는 것이 인정됩니다.

실제 서울고등법원 2015. 11. 11. 선고 2015르199 상속회복이 청구되자 상속재산분할당시에는 생존해 있었으나 이후 사망한 배우자의 상속인들인 상대방들이 사망한 배우자의 기여분을 주장하면서 반소청구한 2015르205 기여분에 관하여 15%(2,638,839,964원)의 기여분을 인정하였습니다18).

---

17) 대법원 1998. 12. 8. 선고 97므513,520,97스12 판결
　　청구인 부부가 부동산을 취득함에 있어 소외 1로부터 경제적 원조를 받았다는 사실을 인정할 만한 자료도 없을 뿐만 아니라 그러한 사정이 인정되면 특별수익으로 공제함은 별론으로 하고 그 점을 청구인의 기여분을 인정하지 않는 사정으로 고려할 것은 아니라고 할 것이다.
18) 서울고등법원 2015. 11. 11. 선고 2015르199(본소) 상속회복, 2015르205(반소) 기여분
　　망 □□□의 상속재산은 위 망인이 생전에 △△고무상회, △△실업을 운영하면서 벌어들인 수입으로 주로 마련된 것으로 보이는데, △△고무상회나 △△실업이 가족기업인 점을 감안하더라도, 망 ○○○는 △△고무상회의 내부업무를 도맡아 하고, △△실업의 발기인, 이사 등으로 경영에 참여하였으며, △△실업의 주요 사업인 서울 마포구 동교동 소재 건물의 신축자금을 조달하는 등 66년의 혼인생활 동안 망 □□□과 동고동락하며 망 □□□의 사업을 도와주고 뒷받침함으로써 망 □□□이 사업운영을 통해 거액의 재산을 취득하고 유지함에 있어 특별한 기여를 하였다고 할 것이고, 이와 같은 기여는 민법상 배우자에 대하여 기대되는 일상적인 협력·부조의 정도를 넘는 것으로서 공동상속인 간의 형평을 넘어 고려할 만한 특별한 기여라고 할 것이므로 망 ○○○의 기여분을 인정함이 상당하다.
　　나아가 기여분의 비율에 관하여 보건대, 망 ○○○와 망 □□□의 혼인기간 및 혼인생활의 모습, 기여의 방법과 정도 등 이 사건 심문에 나타난 여러 사정을 종합하여 보면, 망 ○○○의 기여분을 15%로 정함이 상당한데, 이를 금액으로 환산하면 2,638,839,964원(=상대방들이 분할받은 상속적극재산의 상속개시일 기준 가액에서 상속개시일 기준 상속채무 및 상속세를 공제한 가액인 17,592,266,431원×15%, 원 미만 버림)이다.

그런데 실무에서는 일반적으로 자녀인 상속인보다는 배우자의 기여분 청구가 인용되는 경향을 보이고 있습니다[19].

다만, 대법원 2019. 11. 21. 자 2014스44, 45 전원합의체 결정에서는 부부 사이의 상호부양의무는 혼인관계의 본질적 의무이고 부양받을 자의 생활을 부양의무자의 생활과 같은 정도로 보장하여 부부 공동생활을 유지할 수 있게 하는 것을 내용으로 하는 제1차 부양의무이므로, 배우자가 장기간 피상속인과 동거하면서 피상속인을 간호한 경우, 민법 제1008조의2의 해석상 가정법원은 배우자의 동거·간호가 부부 사이의 제1차 부양의무 이행을 넘어서 '특별한 부양'에 이르는지 여부와 더불어 동거·간호의 시기와 방법 및 정도뿐 아니라 동거·간호에 따른 부양비용의 부담 주체, 상속재산의 규모와 배우자에 대한 특별수익액, 다른 공동상속인의 숫자와 배우자의 법정상속분 등 일체의 사정을 종합적으로 고려하여 공동상속인들 사이의 실질적 공평을 도모하기 위하여 배우자의 상속분을 조정할 필요성이 인정되는지 여부를 가려서 기여분 인정 여부와 그 정도를 판단하도록 하고 있으므로 향후 배우자에 대한 기여분의 인정정도에 대한 추이를 살펴볼 필요가 있다고 하겠습니다.

또한 기여분은 상속재산분할의 전제문제이므로 상속재산분할의 청구나 조정신청이 없음에도 불구하고 단지 유류분이 청구되었다는 이유만으로 기여분의 항변을 할 수 없습니다(대법원 2015. 10. 29. 선고 2013다60753 판결 등).

(4) 인정되는 형태

일반적으로 기여분을 인정하는 경우 상속재산에 대한 비율(%)로 결정되기도 하나, 금액(원)으로 인정되기도 합니다.

---

[19] 김소영 서울가정법원 판사는 '상속재산분할사건에 있어서 배우자의 기여분에 대한 소고(가사재판연구, 2007년)'에서 전주혜, 전게논문을 인용하면서 '2004. 5.부터 2005. 4.까지 사이에 선고된 서울가정법원의 판결례 분석결과에 의하면, 전업주부인 경우에도 특별한 사정이 없는 한 30~40% 이상의 기여도를 인정하는 것이 일반적인 실무례로 보인다.'라고 기재하고 있습니다.

(5) 기여분을 반영한 구체적 상속분의 계산 방법

피상속인의 상속인으로 배우자와 자녀 1과 자녀 2가 있으며 상속재산으로 14억원이 있을 때, 기여분이 인정되지 않는다면 법정상속분을 기준으로 아래와 같은 비율로 분할됩니다.

- 기여분이 없는 법정상속분 기준의 상속비율[20] -

상속인	(A) 법정 상속분	(B) 상속재산	(C) 기여분 (30%)	(D) 분할대상인 상속재산	(E) 상속분액	(F) 최종취득액	취득 비율
배우자	3/7		0		600,000,000	600,000,000	43%
자녀 1	2/7				400,000,000	400,000,000	29%
자녀 2	2/7				400,000,000	400,000,000	29%
계	7/7	1,400,000,000	0	1,400,000,000	1,400,000,000	1,400,000,000	100%

따라서 인정되는 기여분이 없는 경우에는 상속재산이 곧 분할대상인 상속인이 되어 해당 상속재산을 그대로 법정상속분의 비율에 따라 분할 받으면 됩니다.

반면에 배우자에게 기여분으로 30%가 인정되는 경우에는 아래와 같이 각 상속인들이 받을 상속분의 비율이 달라집니다.

- 기여분이 인정될 경우 상속비율 -

상속인	(A) 법정 상속분	(B) 상속재산	(C) 기여분 (30%)	(D) 분할대상인 상속재산	(E) 상속분액	(F) 최종취득액	취득 비율
배우자	3/7		420,000,000		420,000,000	840,000,000	60%
자녀1	2/7				280,000,000	280,000,000	20%
자녀2	2/7				280,000,000	280,000,000	20%
계	7/7	1,400,000,000	420,000,000	980,000,000	980,000,000	1,400,000,000	100%

---

20) 분할대상인 상속재산 D=상속재산 B - 기여분의 합계 C
　　상속분액 E=분할대상인 상속재산 D × 법정상속분 A
　　최종취득액 F=기여분 C+상속분액 E

즉 기여분이 인정되면 일단 상속재산에서 인정되는 기여분에 해당하는 금액을 공제한 후에 남은 상속재산만을 분할대상으로 해서 분할한 후에 각 상속인들이 인정된 기여분과 기여분을 공제한 상속재산에서 분할받은 금액을 더하여 최종 상속분액을 결정하게 됩니다.

이는 기여분이 기여자의 행위로 인하여 형성되거나 유지된 재산이라는 개념이 깔려 있기 때문입니다.

(6) 기여분이 인정된 사례

(가) 부동산의 매입자금을 조달하였고, 각 부동산의 임대, 관리한 사안

서울가정법원 2003느합53 사건에서는 청구인이 한국에서 약국을 운영하면서 주택의 구입자금을 일부 부담하고, 미국에서는 피상속인을 도와 상점을 운영하면서 이를 관리함으로써 주택의 취득 및 유지를 위하여 특별한 기여를 하였다고 인정하여 상속재산 중 주택의 50%를 청구인의 기여분으로 결정하였습니다.

그리고 서울가정법원 2000느합71, 2000느합77 사건에서는 '청구인이 피상속인과 별도로 일을 하여 생활비를 마련하고 상속재산인 이 사건 각 부동산의 구입자금의 일부를 조달하였으며, 상속개시시까지 이 사건 삿 부동산에 관한 임대, 관리 업무를 수행하여 온 사정을 참작하여 상속재산의 약 20%를 청구인의 기여분으로 결정하였습니다.

(나) 이혼할 경우 배우자에게 인정되는 재산분할을 고려한 사안

서울가정법원 2001느합86 사건에서는 '청구인은 고령인 시어머니의 봉양, 전처 소생 자녀들의 양육, 부동산 신축자금의 조달 등을 통하여 상속재산의 취득 및 유지를 위하여 특별한 기여를 하였고, 피상속인과 20년 이상 혼인생활을 하였던 청구인의 법정상속분이 전체 상속재산의 1.5에 불과하여 이혼할 경우 그 배우자에게 인정되는 재산분할의 일반적인 비율에 비추어 균형이 맞지 않는 점 등을 고려하여 청구인의 기여분을 상속재산의 10%로 산정하였습니다.

(다) 피상속인의 치료비와 생활비를 조달한 사안

서울가정법원 2003느합44, 2003느합105 사건에서는 청구인이 행상, 반찬장사, 일수 등을 하면서 1991년경부터 지병을 앓고 있던 피상속인의 치료비를 대고 생활비를 조달하는 등 상속재산의 취득 및 유지를 위하여 특별한 기여를 하였다고 인정하여 청구인의 기여분을 상속재산의 약 42%로 결정하였습니다.

(라) 피상속인을 간병한 사안

서울가정법원 2005느합40, 2005느합113 사건에서는 청구인이 오랜 혼인기간동안 피상속인과 동고동락하면서 공동재산을 형성, 유지하였고, 암으로 투병하는 피상속인을 간호함으로써 상속재산의 유지 또는 증가에 특별히 기여하였다고 하여 상속재산의 15%를 청구인의 기여분으로 결정하였습니다.

(마) 전처의 소생을 양육한 사안

인천지방법원 2010느합8 사건에서는 전처의 소생을 양육한 청구인에게 80%의 기여분을 인정하였습니다.

(7) 기여분이 부인된 사례

(가) 배우자의 사례

▷ 의정부지방법원 2020.11.4. 심판 2017느합3043 사건에서는 재혼한 배우자의 '상대방 ○○○은 혼인기간 동안 경제활동을 통하여 재산을 형성하고 유지하였으며, 피상속인의 홀어머니를 부양하는 등 맏며느리 역할을 함과 동시에 피상속인의 전처 자녀들을 양육하며 피상속인 전처의 제사까지 지냈고, 피상속인을 전적으로 간병한 것

에 반하여 청구인들은 피상속인의 재산형성에 어떠한 기여도 하지 않고 오히려 병문안도 오지 않은 점 등에 비추어 보면, 상대방 ○○○에게 상속재산에 대한 80%의 기여분이 인정되어야 한다.'라는 주장에 대해서 법원은 「배우자인 상대방 ○○○이 피상속인을 부부 사이의 제1차 부양의무 이행을 넘어서 '특별히 부양하였다거나 또는 이 사건 상속재산의 유지 또는 증가에 '특별히 기여'하였다고 보기 어렵고, 공동상속인들 사이의 실질적 공평을 도모하기 위하여 배우자의 상속분을 조정할 필요성이 인정된다고 보기도 어렵다.」라고 판단하였습니다.

▷ 대구고등법원 2017. 1. 18. 자 2015브102(본심판), 2015브103(반심판) 사건에서는 '자신이 피상속인과의 혼인기간 동안 사금융 활동을 하거나 지인들의 돈을 빌려 부동산 투자 등을 함으로써 피상속인의 상속재산 형성에 상당 부분 기여하였고, 피상속인이 치매를 앓게 된 이래 사망 시까지 피상속인을 계속 간병하였으므로, 상속재산에 대한 자신의 기여분을 60%로 정하여야 한다.'는 상대방 1의 주장에 관하여 「민법 제1008조의2에서 정한 기여분 제도는 공동상속인 중에 피상속인을 특별히 부양하였거나 피상속인의 재산의 유지 또는 증가에 특별히 기여하였을 경우 이를 상속분 산정에 고려함으로써 공동상속인 사이의 실질적인 공평을 도모하려는 것이므로, 기여분을 인정하기 위해서는 공동상속인 사이의 공평을 위하여 상속분을 조정하여야 할 필요가 있을 만큼 피상속인을 특별히 부양하였다거나 피상속인의 상속재산 유지 또는 증가에 특별히 기여하였다는 사실이 인정되어야 한다. 살피건대, 상대방 1이 제출한 증거들을 종합하여 보더라도 상대방 1이 피상속인과의 혼인기간 중 사금융 활동과 부동산 투자 등을 통해 일부 수익을 올리고 치매를 앓는 피상속인과 동거하며 피상속인을 보살핀 사실을 인정할 수는 있으나, <u>처로서 통상 기대되는 수준 이상으로</u> 피상속인을 특별히 부양하였다거나 피상속인의 상속재산의 유지 또는 증가에 특별히 기여하였다고 인정하기는 어렵다. 따라서 상대방 1의 반심판 <u>기여분 청구는 받아들이지 않는다.</u>」라고 판단하였습니다.

▷ 춘천지방법원 원주지원 2013. 12. 30. 자 2012느합5(본심판), 2013느합10003(병합심판) 심판에서도 '피상속인과 함께 생활을 하면서 1984년경 피상속인의 거동이 불편해진 후부터 피상속인의 농사를 도맡아 지어 오거나 한우를 사육하는 등으로 피상속인의 상속재산을 유지, 증식시켰으므로, 피상속인의 상속재산에 대하여 기여분이 인정되어야 하고, 그 기여의 정도는 50%로 정하여야 한다.'라고 하는 청구인의 주장에 관하여 「청구인이 제출한 증거들만으로는 청구인이 피상속인의 상속재산을 유지, 증식시켰다고 인정하기에 부족한 점, 가사 청구인의 주장과 같은 기여가 있었다고 하더라도, 아래에서 보는 바와 같이 청구인에게 합계 299,014,400원의 특별수익이 인정되어 그에 따른 상당 부분 보상을 받은 것으로 볼 수 있는 점 등에 비추어 청구인이 부모에 대한 자녀의 부양의무 이행으로 통상 기대되는 정도를 넘어 피상속인 재산의 유지 또는 증가에 특별히 기여하였다고 인정하기에 부족하고, 달리 이를 인정할 증거가 없으므로, 청구인의 위 주장을 받아들이지 아니한다.」라고 판시하였습니다.

(나) 매월 5만원~10만원의 용돈을 지급한 사안

서울가정법원 2021.1.1. 심판 2020느합1051 사건에서는 「상대방이 2008년경부터 2019. 4.경까지 피상속인에게 매월 5만원 내지 10만원의 용돈을 송금한 것은 사실이나, 그 액수 등에 비추어 공동상속인 사이의 공평을 위하여 상속분을 조정하여야 할 필요가 있을 정도라고는 보이지 않는다.」라고 함으로써 약 12년간 매월 5만원에서 10만원의 용돈을 지급한 자녀의 기여분 청구를 기각하였습니다.

(다) 기타

이외에도 광주가정법원 2017느합3020 사건에서는 조모의 부양을 이유로 한 기여분 주장에 관하여 조모는 기여분의 고려대상이 아니라는 이유로, 의정부지방법원 2019느합3022 사건에서는 배우자가 피상속인을 부양하고 재산형성에 기여했다고 하더라도 이는 배우자에게 통상 기대되는 것에 불과하다는 이유로 기여분 주장을 기각하였습니다.

(8) 대법원 2019. 11. 21.자 2014스44, 45 전원합의체 결정

상속인 중 일부는 상속재산분할심판청구를 하면서 기여분을 함께 청구하기도 하고, 심판청구서를 받은 상대방 상속인들이 자신에게 유리한 주장을 위하여 반소로 기여분청구를 하기도 합니다.

그런데 실무의 경험에 의하면 기여분이 인정되는 경우는 상대적으로 적고 인정된다고 하더라도 배우자인 경우가 대부분인 것이 현실입니다.

그런데 대법원은 전원합의체결정에 의하여 피상속인을 간병한 후처의 기여분 청구를 배척한 원심에 불복해서 재항고한 대법원 2019.11.21.자 2014스44(본심판) 상속재산분할, 2014스45(반심판) 상속재산분할 사건에 관하여 전원합의체 판결을 통하여, 「대법원은 일관하여 민법 제1008조의2가 정한 기여분 제도가 공동상속인 중에 피상속인을 특별히 부양하였거나 피상속인의 재산 유지·증가에 특별히 기여하였을 경우 이를 상속분 산정에서 고려함으로써 공동상속인들 사이의 실질적 공평을 도모하려는 것이므로, 기여분을 인정하기 위해서는 공동상속인들 사이의 공평을 위하여 상속분을 조정하여야 할 필요가 있을 만큼 피상속인을 특별히 부양하였다거나 상속재산의 유지·증가에 특별히 기여하였다는 사실이 인정되어야 한다고 판시하여 왔다. … 중략 … 한편 대법원 판례는 기여분결정 청구를 한 공동상속인의 '신분상의 지위'에 따라 기여분 인정 여부를 달리하지 않았다.」고 하면서,

특히 '(2) 부부의 부양의무와 기여분 인정 요건으로서 특별한 부양행위의 관계'에서는 「배우자의 동거·간호 등 부양행위와 기여분의 관계는 부부간 및 친족간 부양에 관한 민법 체계와 조화를 이루어 판단되어야 한다. 부부는 동거하며 서로 부양하고 협조하여야 한다(민법 제826조 제1항 본문). 부부 사이의 부양과 협조는 부부가 서로 자기의 생활을 유지하는 것과 같은 수준으로 상대방의 생활을 유지시켜 주는 것을 의미한다(대법원

2017. 8. 25.자 2014스26 결정 참조). 부부 사이의 상호부양의무는 혼인관계의 본질적 의무이고 부양받을 자의 생활을 부양의무자의 생활과 같은 정도로 보장하여 부부 공동생활을 유지할 수 있게 하는 것을 내용으로 하는 제1차 부양의무이다(대법원 2012. 12. 27. 선고 2011다96932 판결 참조). … 중략 … 민법은 배우자에게 더 높은 정도의 동거·부양의무를 부담시키고 있다. 대신 뒤에서보는 바와 같이 배우자가 피상속인과 혼인이 유지되는 동안 동거·부양의무를 부담하는 측면은 공동상속인의 상속분의 5할을 가산하여 정하는 배우자의 법정상속분에 일부 포함되어 있으므로, 배우자의 통상적인 부양을 그와 같이 가산된 법정상속분을 다시 수정할 사유로 볼 수 없다. 그런데도 장기간 동거·간호하였다는 점을 이유로 배우자에게만 기여분을 인정한다면 제1차 부양의무로서 부부 사이의 상호부양의무를 정하고 있는 민법 규정과 부합하지 않게 된다.」라고 함으로써 배우자에 대한 완화된 기여분의 인정은 배우자에게 5할의 법정상속분을 가산하는 민법 규정과 부부 간 상호부양의무를 정하고 있는 규정과 부합하지 않는다고 하면서,

'(3) 상속제도와 공동상속인 사이의 형평'에서는,
「민법은 상속인이 피상속인의 재산에 관한 포괄적 권리의무를 승계하도록 규정하면서(제1005조) 상속인의 순위와 상속분을 법정하고 있다(제1000조, 제1003조, 제1009조). 균분상속(1990. 1. 13. 민법 개정)으로 공동상속인들 사이의 형평을 꾀하는 한편 배우자가 피상속인과 혼인이 유지되는 동안 동거·부양의무를 부담하는 사정을 참작하여 배우자의 상속분은 공동상속인의 상속분의 5할을 가산하여 정하도록 한다(제1009조 제2항). 이는 중요한 입법적 결단이다. 한편 기여분은 구체적 사건에서 인정되는 사정에 따라 법정상속분을 수정하는 제도이다. 공동상속인 중 특정한 신분상의 지위를 가진 상속인의 특정한 행위에 대하여 기여분을 절대적으로 인정하면 결국 해석에 의하여 법정상속분을 변경하는 것과 마찬가지의 결과가 되고 위에서 본 민법의 입법 취지에 반할 우려가 있다.」라고 함으로써, 기여분을 쉽게 인정한다면 결국 민법에서 배우자에게 5할의 법정상속분을 가산한 입법 취지에 반하게 된다고 판단하였습니다.

그리고 '(5) 2005년 민법 개정에 따른 법리의 변경 필요성 여부'에서
「... 중략 ... 개정 내용·취지에 비추어 보더라도 개정 민법으로 인해 기여분 인정 요건이 근본적으로 변화하였다고 보기 어렵다. 민법상 부양의무의 이행으로 평가될 만한 장기간의 동거·간호를 종전과 달리 공동상속인 중 하나인 배우자에게만 기여분 인정 요건으로 보아야 할 이유나 근거를 찾을 수 없다.」라고 하여 배우자의 신분적 지위에 있는 상속인에게만 달리 적용할 이유가 없다고 하면서,

'(6) 배우자 보호 필요성과의 관계'를 통하여,
「우리 사회에서 법정상속분만으로는 배우자 보호에 미흡한 경우가 많은 현실을 반영하여 그 간극을 메우는 방법으로 기여분 제도를 이용하자는 주장이 있다. 문제 제기에 공감할 부분이 있지만, 문제를 해결함에 있어 기여분의 요건을 거의 묻지 않거나 아주 완화해서 해석함으로써 거의 모든 배우자에 대하여 기여분을 인정하자는 것이므로 현행법의 해석론으로 받아들이기 어렵다.」라고 하여, 만일 배우자의 법정상속분이 적다는 이유만으로 배우자에 대한 기여분을 쉽게 인정한다면 거의 모든 배우자에게 기여분을 인정하게 되므로 이를 받아들이기 어렵다고 하면서,

「공동상속인이 다수인 경우(특히 1순위 상속인인 자녀가 다수인 경우) 배우자의 상속분이 극히 적어지는 문제가 생긴다고 지적하면서 배우자의 기여분 인정 요건을 완화하여 법정상속분의 불균형을 시정하여야 한다는 주장도 있다. 법정상속분의 결정은 중요한 입법적 결단이고 자녀의 수가 많은 경우 배우자의 상속분이 낮아지는 문제점은 공동상속인 균분제도를 취하는 법제에서 발생하는 부득이한 결과이다. 한편 핵가족화로 자녀의 수가 감소하는 추세에 따라 배우자의 상속분 비중이 높아지고 있으므로 이러한 사회적 변화까지 고려한다면 배우자를 보호하기 위하여 기여분 인정 요건을 확립된 판례와 달리 완화하여 해석해야 할 현실적 필요성은 적어 진다고 할 것이다.」라고 함으로써, 자녀들이 많아 배우자의 법정상속분이 적은 것은 단지 자녀들이 많다는 우연한 사정에 불과한 것이므로 배우자에 대한 기여분의 인정 여부를 완화할 이유가 없다고 판시하였습니다.

그러므로 대법원은 2019.11.21. 2014스44(본심판) 상속재산분할, 2014스45(반심판) 사건을 통하여 기여분의 인정은 법정상속분을 수정하는 결과를 가져 오게 될 뿐만 아니라 다른 공동상속인의 상속분을 침해하는 결과를 가져오게 되므로 법정상속분의 5할을 가산하고 부부 사이에 동거부양과 협력의 1차의무를 규정하고 있는 중요한 입법적 결단에 비추어 볼 때, 배우자에 대한 기여분의 인정 여부를 특별하게 취급할 이유가 없으며 배우자에 대한 기여분의 인정도 통상 배우자에게 기대되는 법률상의 의무를 뛰어 넘는 특별한 기여가 있어서 공동상속인 간의 상속분을 조정할 필요성이 인정되어야 한다고 판단하고 있는 것입니다.

(9) 소결

민법의 규정에 의하면 '공동상속인이 피상속인을 특별히 부양하거나 피상속인의 재산의 유지 또는 증가에 특별히 기여한 자가 있을 때에는 기여의 시기·방법 및 정도와 상속재산의 액 기타의 사정을 참작하여 기여분을 정한다.'라고 규정하고 있습니다.

그리고 판례는 '기여분을 인정하지 않으면 공동상속인 간의 형평·공평을 해할 정도에 이르러야 한다.'라고 판시하고 있습니다.

따라서 어느 정도에 이르러야 특별한 기여에 해당하는지, 특별하다면 어느 정도의 기여분을 인정할 것인지에 대한 명문화된 규정이나 기준이 없습니다. 결국 기여분을 인정할지의 여부, 인정한다면 어느 정도의 기여분을 인정할지의 여부는 전적으로 해당 재판부에 일임하고 있습니다.

그러므로 실무에서 기여분 청구에 대한 주장과 반박은 여러 가지 사정을 고려해서 주장하고 판단하게 되는데, 보다 유리한 판단을 위해서는 사실관계를 보다 구체적이고 설득력있게 주장하고 입증할 필요성이 있다고 할 것입니다.

제1008조의2(기여분)

① 공동상속인 중에 상당한 기간 동거·간호 그 밖의 방법으로 피상속인을 특별히 부양하거나 피상속인의 재산의 유지 또는 증가에 특별히 기여한 자가 있을 때에는 상속개시 당시의 피상속인의 재산가액에서 공동상속인의 협의로 정한 그 자의 기여분을 공제한 것을 상속재산으로 보고 제1009조 및 제1010조에 의하여 산정한 상속분에 기여분을 가산한 액으로써 그 자의 상속분으로 한다.

② 제1항의 협의가 되지 아니하거나 협의할 수 없는 때에는 가정법원은 제1항에 규정된 기여자의 청구에 의하여 기여의 시기·방법 및 정도와 상속재산의 액 기타의 사정을 참작하여 기여분을 정한다.

③ 기여분은 상속이 개시된 때의 피상속인의 재산가액에서 유증의 가액을 공제한 액을 넘지 못한다.

④ 제2항의 규정에 의한 청구는 제1013조제2항의 규정에 의한 청구가 있을 경우 또는 제1014조에 규정하는 경우에 할 수 있다.

10. 상속재산의 분할방법

10. 상속재산의 분할방법

가. 법원의 후견적 재량

상속재산분할심판청구를 통하여 공동상속인들의 구체적 상속분이 정해지게 됩니다. 따라서 이러한 심판이 확정되면 공동상속인들은 상속재산을 구체적 상속비율에 따라 취득하게 되는데, 일반적으로는 각각의 상속재산을 구체적 상속분의 비율에 따라 취득함으로써 공유관계를 형성하게 됩니다.

그런데 상속재산이 예금채권이라면 무한대로 쪼개지는 금전의 특징상 공유로 분할 받아도 문제가 없습니다. 즉 상속예금이 국민은행에 1억원, 하나은행에 2억원이고 상속인 A의 구체적 상속분이 55/100지분, 상속인B의 구체적 상속분이 45/100지분이라면 각 상속인들은 직접 금융기관을 방문해서 상속인 A는 국민은행에서 자신의 확정된 상속분인 55/100지분에 해당하는 5,500만원(=1억원×55/100자분)을 지급청구하고 하나은행에 가서 1억 1,000만원(=2억원×55/100자분)을 지급받으면 됩니다. 마찬가지로 상속인 B도 국민은행에서 4,500만원, 하나은행에서 9,000만원을 지급받으면 됩니다.

그런데 상속재산이 부동산이라면 문제가 다릅니다. 가령 상속재산이 아파트인 경우에 상속인A는 55/100지분, 상속인B는 45/100지분으로 상속등기를 하게 됩니다. 즉 부동산은 하나인데 소송으로 다툰 상속인A와 상속인B가 공유로 소유하게 됩니다. 따라서 이후에는 여러 가지 문제를 두고 새로운 분쟁이 발생할 가능성이 높습니다.

따라서 상속재산분할심판청구소송을 통하여 구체적 상속분을 결정하는 이외에 상속재산의 분할방법에 중요성을 무시하기 어렵습니다.

그런데 상속재산 분할방법은 상속재산의 종류 및 성격, 상속인들의 의사, 상속인들 간의 관계, 상속재산의 이용관계, 상속인들의 직업·나이·심신상태, 상속재산분할로 인한 분쟁 재발의 우려 등 여러 사정을 고려하여 법원이 후견적 재량에 의하여 결정할 수 있습니다(대법원 2014. 11. 25.자 2012스156, 157(병합) 결정).

이때 법원이 명하는 분할방법은 크게 공유분할, 경매분할, 현물분할, 대상분할이 있습니다.

나. 공유분할

실무상에서 가장 일반적으로 볼 수 있는 분할방법입니다. 또한 특별히 상속재산분할협의를 하지 않더라도 법정상속지분을 기준으로 상속등기를 하거나 예금을 취득하면 이 방법에 의한 분할을 했다고 할 수 있습니다.

즉 공유분할방법은 구체적 상속분을 기준으로 모든 개별적 상속재산을 지분을 취득하는 방법입니다. 부동산의 경우에는 각 상속인들이 구체적 상속분을 기준으로 등기하는 방법으로 공유하게 됩니다.

다. 부동산에 대한 분할방법

(1) 경매분할

경매분할법은 상속재산을 경매하여 낙찰대금에서 경매비용을 제외하고 나머지 금액을 구체적 상속분의 비율에 따라 취득하는 분할방법입니다.

예를 들어 보면 「별지 제1목록 각 부동산을 경매에 붙여 그 대금에서 경매비용을 공제한 나머지 금액을 청구인들과 상대방들에게 별지 제6목록 기재와 같은 비율로 분배한다.」라는 방식으로 경매분할을 명합니다(서울가법 1994.04.21.자 92느7359 상속재산분할청구사건).

(2) 현물분할

상속재산이 여러 개인 경우에 어떤 상속재산은 상속인A가 단독으로 소유하고 어떤 상속재산은 상속인B가 단독으로 소유하는 방식입니다.

이러한 현물분할방법은 수개의 상속재산을 각자 취득함으로써 새로운 분쟁을 방지할 수 있으나, 각자 취득한 상속재산의 가액이 같은 경우는 그리 많지 않으므로, 화해권고나 조정 등이 아니라면 실무에서는 그 사례를 찾아보기 어렵습니다.

(3) 대상분할

그 빈도수는 많지 않지만 가장 합리적이라고 할 수 있는 방법으로 수개의 상속재산을 위의 현물분할과 같이 각자 취득하고 그 차액을 정산하거나, 상속인 중 일부가 상속재산을 취득하고 나머지 상속인에게 현금으로 정산하는 분할방법입니다.

즉 상속재산이 하나의 부동산이고 가액이 10억원인 경우에 상속인A의 구체적 상속분이 55/100지분이고 상속인B의 구체적 상속분이 45/100지분이라면 상속인A가 상속재산인 부동산을 단독으로 취득하고 상속인B에게 4억 5,000만원을 지급하는 방법입니다.

또한 상속인이 A, B, C로 3명이고 구체적 상속분이 상속인 A가 50/100지분, 상속인B가 30/100지분, 상속인C가 20/100지분인 경우에 상속인 A와 B가 위 부동산을 5/8지분, 3/8지분의 비율로 취득하고 상속인C에게 상속인 A가 1억 2,000만원(=2억×5/8)을, 상속인 B가 7,500만원(=2억원×3/8)을 지급하는 방법으로 대상분할을 할 수 있습니다.

또한 상속재산이 5억원의 상가, 3억원의 아파트가 있고 구체적 상속분이 상속인 A가 55/100지분, 상속인B가 45/100지분이라면 상속인A의 상속분액은 4억 4,000만원(=8억원×55/100)이고, 상속인 B가 3억 6,000만원(=8억원×45/100)이므로 상속인 A가 5억원의 상가를 취득하고 상속인 B가 3억원의 아파트를 취득한 후 상속인 A가 초과해서 취득한 금액인 6,000만원(=취득한 상가 5억원 - 구체적 상속분액 4억 4,000만원)을 상속인B에게 지급하는 방법의 대상분할을 할 수 있습니다.

다만 이때 법원이 실제로 상속재산분할을 함에 있어 분할의 대상이 된 상속재산 중 특정의 재산을 1인 및 수인의 상속인의 소유로 하고 그의 상속분과 그 특정의 재산의 가액과의 차액을 현금으로 정산할 것을 명하는 방법(소위 대상분할의 방법)을 취하는 경우에는, 분할의 대상이 되는 재산을 그 분할시를 기준으로 하여 재평가하여 그 평가액에 의하여 정산을 하여야 합니다(대법원 1997.03.21. 자 96스62 결정 상속재산분할).

(4) 혼합방식

그런데 실제 실무에서는 어느 하나의 분할방법으로 하기 보다는 각 분할방법을 혼용해서 상속재산의 성격에 따라 어떤 상속재산은 현물분할을 명하면서 어떤 상속재산은 대상분할 또는 경매분할을 명하기도 합니다.

예를 들면「별지 제2목록 기재 (2)주식 중 7,459주를 청구인 1의, 29,959주를 청구인 3

의, 22,439주를 피청구인 2의, 13,894주를 피청구인 7의, 61,249주를 피청구인 1의 각 소유로 하고, 별지 제1목록 기재 (5),(6),(7) 부동산을 피청구인 1의 소유로 하며, 같은 목록 기재 (1) 내지 (4),(8) 내지 (21) 부동산을 경매에 붙여 그 경매대금에서 경매절차비용을 공제한 금액을 별지 제3목록 기재 청구인들 및 피청구인들에게 같은 목록 기재 각 해당 구체적 상속분율에 따라 이를 분할한다.」라고도 할 수 있습니다(서울고법 1992.03.31. 선고 88르3635 상속재산분할).

이러한 심판에서는 '별지 제1목록 기재 (5),(6),(7) 부동산을 피청구인 1의 소유로 하며' 라고 하여 현물분할을 명하면서 같은 심판에서 '같은 목록 기재 (1) 내지 (4),(8) 내지 (21) 부동산을 경매에 붙여 그 경매대금에서 경매절차비용을 공제한 금액을 별지 제3목록 기재 청구인들 및 피청구인들에게 같은 목록 기재 각 해당 구체적 상속분율에 따라 이를 분할한다.'라고 하여 경매분할을 명하고 있습니다.

(5) 현물분할과 대상분할이 부적합한 상속재산

다만 상속재산이라고 하더라도 경제적 가치가 불분명한 상속재산은 현물분할과 대상분할이 부적합하고 공유분할을 해야 하는 경우가 있는데, 대표적으로 회수가 불분명한 판결금채권 등이 있습니다.

즉 피상속인이 제3자에게 확정판결을 통하여 채권을 소유하고 있으나, 판결금의 회수가 불분명한 경우에는 이를 공유분할로 하는 것이 적합합니다.

라. 분할 주문 사례

일반적으로 해당 예금을 준공유하는 것으로 분할하게 됩니다. 다만 위의 부동산에 대한 대상분할의 경우에는 해당 상속예금을 부동산을 단독으로 취득하는 상속인을 제외한 나머지 상속인이 분할받는 것으로 하는 분할을 명하기도 합니다.

▶ 배우자가 상속부동산 중 일부를 단독으로 분할받고 현금으로 정산하는 분할

1. 피상속인 망 김XX(32XXXX-1XXXXXX)의 상속재산인 별지 1 상속재산목록 기재 각 상속재산을 다음과 같이 분할한다.
   가. 별지 1 상속재산목록 순번 i 기재 부동산은 청구인 오XX이 단독으로 소유한다.
   나. 별지 1 상속재산목록 순번 2 내지 13 기재 각 재산은 청구인 김XX이 0.4103지분, 상대방 김XX이 0.1847 지분, 상대방 김XX가 0.3805 지분, 상대방 김XX이 0.0245 지분의 각 비율로 준공유한다.
   다. 청구인 오XX은 정산금으로 청구인 김XX에게 4,300,000원, 상대방 김XX에게 1,900,000원, 상대방 김XX에게 4,000,000원, 상대방 김두현에게 200,000원 및 위 각 돈에 대하여 이 심판 확정일 다음 날부터 다 갚는 날까지 연 5%의 비율로 계산한 돈을 지급하라.

▶ 주식과 부동산의 경매분할

1. 별지 제2목록 기재 (2)주식 중 7,459주를 청구인 안■훈의, 29,959주를 청구인 안❶준의, 22,439주를 피청구인 안영×의, 13,894주를 피청구인 안교♡의, 61,249주를 피청구인 최희@의 각 소유로 하고, 별지 제1목록 기재 (5),(6),(7) 부동산을 피청구인 최희@의 소유로 하며, 같은 목록 기재 (1) 내지 (4),(8) 내지 (21) 부동산을 경매에 붙여 그 경매대금에서 경매절차비용을 공제한 금액을 별지 제3목록 기재 청구인들 및 피청구인들에게 같은 목록 기재 각 해당 구체적 상속분율에 따라 이를 분할한다.

▶ 부동산을 구체적 상속분을 기준으로 공유하는 것으로 하는 분할

1. 별지 목록 기재 각 부동산 중 망 이OO의 지분 3/7을 청구인과 상대방이 각 1/2 지분씩 공유하는 것으로 분할한다.

▶ **예금을 구체적 상속분을 기준으로 분할**

2. 별지 목록 제1항 기재 부동산, 제6항 기재 필리핀화, 제7항 기재 외화 예금채권은 청구인이 단독으로 소유하는 것으로 분할하고, 별지 목록 제2, 3, 4, 5항 기재 각 예금채권은 상대방들이 각 1/3 지분씩 준공유하는 것으로 분할한다.

▶ **우선 취득한 상속대상인 현금을 그대로 소유하게 하는 분할**

1. 피상속인 망 김XX(XXXX-1XXXXXX)의 상속재산인 별지 1 상속재산목록 기재 각 상속재산을 다음과 같이 분할한다.

   다. 별지 1 상속재산목록 순번 14 기재 현금은 상대방 김XX이 45,250,000원, 상대방 김XX가 35,000,000원, 상대방 김XX이 20,000,000원씩 소유한다.

11. 상속재산분할심판청구의 절차

가. 상속재산분할심판청구의 세부적 절차

(1) 상속재산분할심판청구는 다른 일반소송과 동일하게 상속인 중 일부가 가정법원에 소장을 제출함으로써 시작됩니다. 이때 법원에 제출하는 소장의 수는 청구인들을 제외한 상대방 상속인들의 수에다가 재판부의 수만큼에 해당하는 복사본을 제출하면 됩니다.

그리고 소송을 제기한 청구인에게 자신의 주장을 증명하기 위해서 제출하는 증거자료가 있으면 소장을 제출하면서 함께 제출하게 되는데, 이때 각 증거자료에는 우측 중간쯤에 '갑 제O호증' 또는 '갑 제O호증의 1'(소송을 당한 상대방은 '을 제O호증'으로 해서 제출합니다)이라고 기재해서 소장에 첨부하면 됩니다.

이때 상대방들의 주민등록번호는 피상속인의 가족관계등록부를 주민지원센터나 구청 등에서 발급받아 확인할 수 있으며, 주민등록상 주소지는 청구인이 상대방들의 직계존속 또는 직계비속인 경우에는 주민지원센터 등에서 발급이 가능하나 형제 간에는 발급받을 수 없으므로 알고 있는 주소를 기재할 수 있습니다.

만일 주소를 알 수 없다면 주민등록번호만을 기재한 후 주소는 법원의 보정명령을 받아 확인할 수 있습니다.

> **사례** 상대방이 3명이면 작성한 소장을 5장씩 복사해서 1부는 자신이 보관하고, 4부를 법원에 제출합니다. 그러면 법원은 1부를 재판용으로 사용하고 나머지 3부를 피고 3명에게 각각 1부씩 발송하게 됩니다. 물론 소장에 첨부하는 입증자료(증거)도 같습니다.

(2) 청구인이 법원에 소장을 제출하면 법원은 청구인이 제출한 소장과 함께 청구인이 제출한 증거자료를 상대방에게 우편으로 발송합니다.

(3) 이때 상대방은 법원등기를 받을 수도 있고 이사 또는 사람이 없어서 소장을 받지 못할 수도 있습니다.

상대방인 상속인이 소장을 받으면 문제없지만 이사나 집에 사람이 없어서 받지 못하면, 법원은 청구인에게 상대방이 소장을 받을 수 있는 주소를 적어서 내라고 요구합니다.

(4) 동사무소에서는 법원의 명령서를 제출하면 상대방의 주민등록초본을 발급해 주기 때문에 청구인은 동사무소를 방문해서 상대방 상속인의 주민등록초본을 발급받으면 상대방의 현재 주소를 알 수 있습니다.

그런데 발급받은 상대방의 주민등록상 주소지가 처음에 소장에 적어낸 주소와 같다면 법원에 새롭게 발급받은 상대방의 주민증록초본을 첨부해서 다시 그 주소로 소장을 발송해 줄 것을 요청할 수 있습니다.

만일 상대방이 이사를 갔다면 그 주소로 보내 줄 것을 요청하면 됩니다.

(5) 상대방이 소장을 받으면 소장을 받은 날로부터 30일 안에 청구인의 청구를 인정하지 않는다는 답변서를 법원에 제출하게 됩니다. 이때 상대방이 청구인의 청구를 거부하는 구체적인 이유를 적은 답변서를 제출해도 되지만, 구체적인 이유는 다음에 다시 제출한다는 간단한 답변서를 제출할 수도 있습니다.

어느 쪽이든 무방하고 그로 인한 소송의 불이익은 없습니다.

(※ 만일 변호사를 선임했다면, 이후의 모든 절차는 변호사가 전부 처리해 주니, 절차에 대해서는 볼 필요가 없습니다.)

(6) 상대방의 답변서가 제출되었다면 이제부터 본격적으로 소송의 절차에 돌입하게 됩니다.

그런데 상속재산분할청구는 결국 증여재산과 기여분을 반영해서 각 상속인들이 분할받은 상속분액을 결정하는 절차이므로 다른 상속인의 증여재산이 많으면 많을수록 청구하는 상속인의 상속분이 많아지게 됩니다.

그러므로 이러한 이유로 상속재산분할심판청구를 한 상속인은 다른 상속인들이 증여받은 재산을 파악하기 위해서(유증재산은 상속개시 후 상속인이 조회가능하므로 통상 증여재산 조사가 핵심이 됩니다) 법원에 신청서를 제출하는 방법으로 부동산조사, 계좌조회, 증여세 조사를 합니다. 다만 무분별하게 신청한다고 해서 법원이 전부 받아주는 것은 아니기 때문에 법원이 허가를 할 수 있도록 조사를 신청하는 이유를 구체적으로 잘 적어 내셔야 합니다.

만일 법원이 조사신청을 허가하면 법원에서 조사대상기관으로 조사신청서를 보내게 됩니다. 그러면 조사신청서를 받은 각 기관들이 회신을 하게 되는데, 회신 받을 자료를 분석해서 재신청할 수도 있습니다.

(7) 청구인이 상속분을 계산하는데 포함되는 증여재산과 상속재산 등에 대한 조사를 하는 동안 각 상속인들은 조사와는 별도로 준비서면의 제출이라는 절차를 통해서 각자의 주장을 하게 됩니다.

준비서면은 통상 일방 상속인이 상대방 상속인 명의의 재산 중 일부가 피상속인으로부터 증여받은 재산이라는 주장이 주를 이루고, 상대방 상속인도 마찬가지로 다른 상속인들도 증여를 받았다거나 또는 자신이 증여받았다고 다른 상속인이 주장하는 재산은 증여받은 것이 아니라 자신이 스스로 노력하거나 다른 과정으로 취득한 재산이라는 주장을 하게 됩니다.

이 과정을 통해서 어떤 재산이 증여재산이고 어떤 재산이 증여재산이 아닌지가 정리됩니다.

(8) 재판의 진행 중에 필요한 경우는 해당 증인을 꼭 불러서 질문할 필요성을 구체적으로 기재해서 증인을 신청합니다.

만일 법원은 증인신청이 정당하다고 판단되면 증인에게 증인신문기일에 출석할 것을 요구하는 증인출석명령으로 발송해서 재판기일에 증인을 신문하도록 조치를 취합니다.

그리고 증인신청이 허가되면 증인을 신청한 쪽은 증인에게 질문할 증인신문내용(주신문)을 증인신문일 1주일 전에 제출해서 상대방도 증인을 신문에 대비할 수 있도록 합니다.

이러한 주신문내용을 받은 상대방측은 증인신문일 당일에 증인에게 질문할 내용을 적어 3부를 출력한 후 법정에 출석해서 1부는 재판부에, 1부는 상대방측에 주고 나머지 1부를 보면서 증인에 대한 반대신문을 진행합니다.

(9) 앞의 절차를 통해서 증여재산과 상속재산이 파악되면 청구인은 법원에 부동산에 대한 시가감정신청을 하게 되는데, 이때 감정하는 기준은 공시지가가 아니라 피상속인이 사망한 날의 시세를 기준으로 합니다.

시가감정서를 접수한 법원에서는 감정인을 지정한 다음에 감정인이 제출한 감정비용 내역서를 받아 청구인에게 감정비를 내라는 납부명령을 합니다.

청구인이 감정비를 납부한 후에 납부영수증을 법원에 제출하면 법원은 감정인에게 '감정료가 들어 왔으니 감정을 하라'는 명령을 하고 감정인은 그 명령에 따라 청구인이 제출한 부동산에 대한 시가를 감정하고 감정이 다 마쳐지면 감정평가서를 법원에 제출합니다.

이것을 순서대로 표시하면 「원고가 법원으로 감정신청 ⇒ 법원이 감정인 지정 ⇒ 감정인이 법원에 감정비용 계산서 제출 ⇒ 법원이 청구인에게 감정비용 납부명령 ⇒ 청구인의 감정비용 납부와 영수증의 법원 제출 ⇒ 법원이 감정인이게 감정지시 ⇒ 감정인의 감정시작 ⇒ 감정인이 법원에 감정평가서 제출 ⇒ 법원이 청구인에게 감정평가서 발송」입니다.

(10) 재판을 진행하다보면 어떠한 이유로 지정된 재판일에 출석할 수 없거나 재판준비가 되지 않은 경우가 발생할 수 있습니다. 이때는 법원에 재판을 진행할 수 없는 이유를 적어 상대방의 동의를 얻은 후에 재판기일의 변경을 신청할 수 있습니다.

(11) 모든 재산이 대한 조사와 감정이 끝났다면, 청구인은 증여재산과 상속재산의 감정평가서 등을 참고해서 각 상속인들의 상속분을 정리한 서면을 제출하게 되는데 이때 준비서면의 형태로 제출할 수 있고 청구취지 및 청구원인변경신청서의 형식을 제출할 수 있습니다.

(12) 청구취지변경이 끝나면 피고는 상대방 상속인들도 제출된 청구취지변경신청서에 기재된 주장 중 부인하거나 반박할 주장을 기재한 준비서면을 제출하게 되고, 법원은 마지막 심문기일을 지정합니다.

(13) 그러나 재판 일정이 끝났다고 해서 법원이 곧바로 판결을 하는 것이 아니라 당사자 간에 원만한 해결을 위해서 1번 정도 조정할 기회를 줄 수 있습니다. 이것을 조정기일이라고 합니다.

그러면 각 상속인들 또는 선임한 소송대리인은 법원이 지정한 조정기일에 법원에 출석해서 조정에 임하게 됩니다. 이때 조정에 합의하면 그대로 끝나지만 합의가 안 되면 판결을 받게 됩니다.

다만 주의할 것은 조정이 성립되면 이것을 번복할 수 없기 때문에 조정은 신중하게 해야 합니다.

(14) 조정기일에 상속인 중 한명이라도 조정에 동의하지 않으면 법원은 조정불성립을 선언하게 됩니다.

그 후 법원은 별도의 선고기일이 없이 심판문을 작성하여 각 상속인들에게 발송하게 되는데 심판문을 받은 날로부터 14일이 지나면 해당 판결은 확정이 되어 다시는 그것에 대해서 다시 소송을 제기하거나 다툴 수가 없습니다.

만일 판결을 인정할 수 없다면, 심판문을 받은 날로부터 14일 안에 판결한 법원에 항고할 수 있습니다.

나. 상속재산분할심판 및 기여분결정 청구절차 도해

위에서 설명한 것을 간략히 도해로 표시하면 아래 표와 같습니다.

청구인	법원	상대방
상속재산분할심판청구 및 기여분청구 제기 →	상대방의 주민등록상 주소지 기준 가정법원	
	상대방에게 심판청구소 부본 발송	
		← 30일 내에 답변서 제출
	심문기일 지정	
준비서면 제출		
	1차 심문기일	
증여재산 조사 →		← 준비서면 제출
		← 증여재산 조사
준비서면 제출 →		
		← (기여분 반소청구)
부동산에 대한 시가감정신청 →		
	감정인 지정 및 감정료 납부 명령	
준비서면 제출 →		← 준비서면 제출
감정료 납부 →		
	감정서 제출 (감정평가사)	
청구취지변경 →		← 반소 청구취지 변경
준비서면 →		← 준비서면
	심문종결	
	조정기일	
참고서면 →		← 참고서면
	조정성립 / 조정불성립	
	심판확정 / 심판문발송	
항고 또는 확정 →		← 항고 또는 확정

다. 심판청구서 제출

우리 민법 제1006조에서는 '상속인이 수인인 때에는 상속재산은 그 공유로 한다.'라고 규정함으로서 상속재산에 대한 상속인들의 관계가 공유관계인 사실을 명확하게 하고 있습니다. 그리고 법원은 「공유물분할청구소송은 분할을 청구하는 공유자가 청구인이 되어 다른 공유자 전부를 공동상대방으로 삼아야 하는 고유필수적 공동소송이다(대법원 2022. 6. 30. 선고 2020다210686, 210693 판결).」라고 판단하고 있습니다.

따라서 상속인들 중 누군가가 상속재산분할심판청구를 하고자 한다면 나머지 상속인 전원을 상대방으로 해서 소장을 제출해야 합니다. 이때 소장을 제출할 법원은 상대방이 되는 상속인들이 거주하는 주민등록상의 주소지를 관할하는 가정법원이 됩니다.

만일 상대방 상속인들의 주소가 다르다면 이 중 일부 상속인의 주소지를 관할하는 가정법원에 제출할 수 있습니다.

다만 상속인은 '~~상속재산을 법률상 적절한 비율에 따라 분할한다.'는 취지의 상속재산분할심판청구는 단독으로 할 수 있으나, '~~의 기여분을 10%로 정한다.'라는 기여분청구는 단독으로 할 수 없습니다.

민법 제1008조의2 4.항에서는 ' 제2항의 규정에 의한 청구는 제1013조제2항의 규정에 의한 청구가 있을 경우 또는 제1014조에 규정하는 경우에 할 수 있다.'라고 기재함으로써, 기여분 청구는 상속인의 상속재산분할청구와 사후인지자의 상속재산분할청구나 상속회복청구가 있는 경우에만 할 수 있도록 규정하고 있습니다.

그러므로 '상속재산분할심판청구' 또는 '상속재산분할청구 및 기여분결정 청구'는 있을 수 있으나 상속재산분할심판청구 없이 '기여분결정 청구'만 단독으로 신청할 수 없습니다.

이때 소장은 A4 종이 규격으로 제출하는 것이 일반적인데 상단은 45㎜, 하단은 30㎜, 좌우 20㎜를 띄우고 작성하며 글체는 통상 함초롬바탕이나 바탕글을 사용하고 줄 사이의 상하간격은 250%로 합니다. 이러한 서식의 규격과 형식은 답변서, 준비서면, 참고서면, 각종 사실조회신청 등 법원에 제출하는 서면에 대부분 적용되므로 그대로 하시면 됩니다.

제1008조의2(기여분)

② 제1항의 협의가 되지 아니하거나 협의할 수 없는 때에는 가정법원은 제1항에 규정된 기여자의 청구에 의하여 기여의 시기·방법 및 정도와 상속재산의 액 기타의 사정을 참작하여 기여분을 정한다.

④ 제2항의 규정에 의한 청구는 제1013조제2항의 규정에 의한 청구가 있을 경우 또는 제1014조에 규정하는 경우에 할 수 있다.

제1013조(협의에 의한 분할)

② 제269조의 규정은 전항의 상속재산의 분할에 준용한다.

제1014조(분할후의 피인지자 등의 청구권)

상속개시후의 인지 또는 재판의 확정에 의하여 공동상속인이 된 자가 상속재산의 분할을 청구할 경우에 다른 공동상속인이 이미 분할 기타 처분을 한 때에는 그 상속분에 상당한 가액의 지급을 청구할 권리가 있다.

서식) 상속인 중 일부의 특별수익이 있는 경우 소장

상속재산분할심판청구

청 구 인　　1. 이○○ (주민등록번호)
　　　　　　　서울시 남양구 춘향로21길 1, 102동 301호 (춘향동, 현대1단지)

　　　　　　2. 박◆◆ (주민등록번호)
　　　　　　　서울시 남양구 춘향로21길 1, 102동 301호 (춘향동, 현대1단지)

상 대 방　　박ㅁㅁ (주민등록번호)
　　　　　　서울시 전주구 XX로 21길 1, 202동 501호 (XX동, 삼성2단지)

피상속인　　박●● (2024. 1. 16. 사망)

청 구 취 지

1. 별지 목록 기재 상속재산을 법률상 적절한 비율로 분할한다.
2. 심판비용은 상대방의 부담으로 한다.
라는 심판을 구합니다.

청 구 원 인

1. 당사자의 관계

소외 망 박●●(이하 '피상속인'이라고 합니다)는 청구인 이○○과 혼인하여 청구인 박◆◆과 상대방 박ㅁㅁ을 자녀로 두었습니다. 그런데 피상속인은 2023. 1. 16. 사망하였습니다[갑제1호증의 1 '피상속인의 제적등본', 갑제1호증의 2 '피상속인의 가족관계증명서', 갑제1호증의 3 '피상속인의 기본증명서' 참조].

따라서 우리 민법 제1000조의 규정에 따라 배우자인 청구인 이○○과 자녀들인 상대방, 청구인 박◆◆이 피상속인의 공동상속인이 됩니다. 그리고 같은 민법 제1009조 법정상속분 규정에 의하여 청구인 이○○은 3/7, 상대방은 2/7, 청구인 박◆◆은 2/7의 상속지분을 취득하였다고 할 것입니다.

2. 이 사건 청구에 이른 경위
항목을 나누어서 사실관계를 정리
가. 피상속인의 사망
나. 상속재산분할협의의 불성립

3. 상속재산
분할대상인 상속재산과 금액을 각 항목별로 구체적으로 기재

가. 현대1단지아파트 : 515,000,000원
나. 상속금융재산 등 : 20,751,820원
    (1) 농협의 예금 :
    (2) 국민은행 예금 :
    (3) 하나은행 :
다. 차량 등 :
라. 분할대상인 상속재산의 합계

4. 특별수익

상대방의 피상속인으로부터 증여받은 특별수익에 관하여 증거자료를 첨부하여 주장함.

5. 상속재산분할 방법에 관하여

피상속인과 청구인들은 상속재산인 이 사건 아파트에 거주하고 있습니다. 그리고 상대방은 피상속인이 증여해 준 부동산에서 거주하고 있습니다.

그런데 법원실무제요 가사[Ⅱ] 중 '자. 분할의 방법[633쪽 이하]'에서는 분할방법으로 상속재산 중 특정 재산을 1명 또는 여러 명의 상속인의 소유로 하고 그 상속분 및 기여분과 특정차액재산의 가액의 차액을 현금으로 정산하는 차액정산에 의한 현물분할을 할 수 있도록 하고 있습니다.

그렇다면 청구인 모자가 이 사건 아파트 등을 소유하고, 상대방에게 그 차액을 금융재산(예금 등)으로부터 정산지급하는 분할방법이 합리적이라고 할 것입니다.

6. 맺는 말

위와 같으므로 구체적 상속분을 기준으로 하되, 이 사건 아파트를 청구인들이 소유하고 차액을 정산하는 방법으로 분할하여 주시기 바랍니다.

입 증 방 법

1. 갑 제1호증의 1	피상속인의 제적등본
1. 갑 제1호증의 2	피상속인의 가족관계증명서
1. 갑 제1호증의 3	피상속인의 기본증명서

1. 갑 제2호증　　　　　　　　　카드이용실적조회

첨 부 서 류

1. 위 입증방법　　　　　　각 1통
1. 납부서　　　　　　　　1통

　　　　　　　　20234 5. .

　　　　　　위 청구인　　1. 이○○ (인)
　　　　　　　　　　　　2. 박◆◆ (인)

서울가정법원　귀중

별지 목록

1. 부동산

   부동산을 표시, 없으면 기재하지 않아도 무방함.

2. 농협 000-00-000000 계좌 2,754,000원

   각 예금은 금융기관과 계좌번호 및 분할대상인 금액을 기재

3. 쏘나타 차량 (차량번호 : 07후0000)

서식) 상속재산분할과 기여분결정 청구

기여분결정 및 상속재산분할심판청구

청 구 인 김○○ (주민등록번호)
      서울시 남양구 춘향로21길 1, 102동 301호 (춘향동, 현대 1단지)

상 대 방 김□□ (주민등록번호)
      서울시 전주구 XX로 21길 1, 202동 501호 (XX동, 삼성 2단지)

기여분결정 및 상속재산분할심판청구

청 구 취 지

1. 피상속인 망 김●●(주민등록번호)의 상속재산에 대한 청구인의 기여분을 50%로 정한다.
2. 별지 목록 기재 상속재산을 법률상 적절한 비율로 분할한다.
3. 심판비용은 상대방의 부담으로 한다.

라는 심판을 구합니다.

청 구 원 인

1. 당사자의 관계

청구외 김●●(이하 '망인'이라고 합니다)은 청구외 망 박◇◇(2018.5.2.사망)와 혼인하여 그 슬하에 자녀로 상대방 김□□, 청구인 김○○의 1남 1녀를 두었습니다. 그런데 망인은 2022. 5. 7. 사망하였습니다.

그리하여 피상속인을 망인으로 하는 상속이 개시되었는바, 상속인으로는 망인의 자녀들인 청구인과 상대방이 있습니다. 그리고 청구인과 상대방의 법정상속지분은 각 1/2지분입니다[갑 제1호증의 1 '기본증명서(박◇◇)', 갑 제1호증의 2 '가족관계증명서(박◇◇)', 갑 제1호증의 3 '주민등록초본(박◇◇)', 갑 제2호증의 1 '기본증명서(김●●)', 갑 제2호증의 2 '가족관계증명서(김●●)', 갑 제2호증의 3 '주민등록초본(김●●)' 참조].

2. 상속재산

망인의 상속재산으로는 별지 목록 기재 서울시 전주구 XX로 21길 1, 삼성2단지아파트 202동 501호(이하 '이 사건 아파트'라고만 합니다)가 있습니다[갑 제3호증 '부동산등기부' 참조].

3. 청구인의 기여분

가. 기여분에 관한 법리

우리 민법은 제1008조의2 1.항에서는 「공동상속인 중에 상당한 기간 동거·간호 그 밖의 방법으로 피상속인을 특별히 부양하거나 피상속인의 재산의 유지 또는 증가에 특별히 기여한 자가 있을 때에는 상속개시 당시의 피상속인의 재산가액에서 공동상속인의 협의로 정한 그 자의 기여분을 공제한 것을 상속재산으로 보고 제1009조 및 제1010조에 의하여 산정한 상속분에 기여분을 가산한 액으로써 그 자의 상속분으로 한다.」라고 규정하고 있습니다.

따라서 민법 제1008조의2에서는 기여분에 관하여 '피상속인에 대한 특별한 부양'과 '피상속인의 재산의 유지 또는 증가'로 구분하고 있습니다.

그러므로 일부 상속인의 피상속인에 대한 상당한 기간 동거나 간호 또는 그 밖의 방법에 의하여 피상속인을 특별히 부양한 사실이 기여가 인정된다면, 해당 상속인에게 기여분을 인정하기에 무리가 없습니다.

그런데 또한 우리 법원은 '특별한 부양'에 관하여 「민법이 친족 사이의 부양에 관하여 그 당사자의 신분관계에 따라 달리 규정하고, 피상속인을 특별히 부양한 자를 기여분을 인정받을 수 있는 자에 포함시키는 제1008조의2 규정을 신설함과 아울러 재산상속인이 동시에 호주상속을 할 경우에 그 고유의 상속분의 5할을 가산하도록 한 규정을 삭제한 취지에 비추어 볼 때, 성년인 자가 부양의무의 존부나 그 순위에 구애됨이 없이 스스로 장기간 그 부모와 동거하면서 생계유지의 수준을 넘는 부양자 자신과 같은 생활수준을 유지하는 부양을 한 경우에는 부양의 시기·방법 및 정도의 면에서 각기 특별한 부양이 된다고 보아 각 공동상속인 간의 공평을 도모한다는 측면에서 그 부모의 상속재산에 대하여 기여분을 인정함이 상당하다.」라고 하면서 「상대방의 소외 1에 대한 부양은 장기간의 부양, 동거부양, 동등한 생활수준의 부양 등 그 부양의 기간, 방법, 정도상의 특징을 가짐으로써 부양능력을 갖춘 여러 명의 출가한 딸과 친모 사이의 통상 예상되는 부양의무 이행의 범위를 넘는 특별한 부양이 되어 이 사건 상속재산의 유지 증가에 특별히 기여한 것이라고 보아야 할 것이다.」라고 판단하고 있습니다(대법원 1998. 12. 8. 선고 97므513,520,97스12 판결 참조).

따라서 위와 같은 법리에 의하면 여러 명의 성년인 자녀들 중 일부 자녀가 순위에 구애받지 않고 피상속인과 함께 동거하면서 자신과 동일한 생활수준을 유지하는 부양을 한 경우에는 과거 민법에서 호주상속인인 상속인에게 5할의 상속분을 가산한 취지에 비추어 기여분을 인정할 수 있습니다.

특히 자녀들의 부모에 대한 부양의무는 1차 부양의무자인 배우자와 달리 2차 부양의무자이고, 경제공동체인 부부와 달리 독립된 경제운명체이므로 자녀들의 부양의무는 자신의 생활을 유지하는 한도에서 부담하는 의무입니다.

나.
증거자료를 첨부해서 주장하고 싶은 기여의 내용을 정리하고 주장함.

바. 소결
기여분 주장의 요약과 정리

4. 분할 방법
상속재산인 이 사건 아파트를 청구인과 상대방의 공유로 분할하게 되면 추가적인 분쟁을 피할 수 없습니다.

그러므로 이 사건 아파트를 청구인에게 단독으로 분할하고 상대방의 상속분으로 222,500,000원(=890,000,000원×1/4)을 지급하는 방법으로 분할하는 것이 분쟁을 종국적으로 해결하는 방법이라고 할 것입니다[갑 제17호증 '실거래가' 참조].

5. 맺는말
위와 같으므로 청구인의 이 사건 청구를 전부 인용함으로써 공동상속인 간의 실질적 형평과 공평이 실현될 수 있도록 하여 주시기 바랍니다.

입 증 방 법

1. 갑 제1호증의 1   　　기본증명서(박◇◇)
1. 갑 제1호증의 2   　　가족관계증명서(박◇◇)
1. 갑 제1호증의 3   　　주민등록초본(박◇◇)

1. 갑 제2호증의 1   기본증명서(김◉◉)
1. 갑 제2호증의 2   가족관계증명서(김◉◉)
1. 갑 제2호증의 3   주민등록초본(김◉◉)
1. 갑 제3호증   부동산등기부

첨 부 서 류

1. 위 입증방법   각 1통
1. 납부서   1통

2023. 9. 15.

위 청구인 김○○   (인)

수원가정법원   귀중

별지 목록

1. 분할대상인 상속재산을 기재
2.

라. 주소보정

상속재산분할심판청구서가 상대방에게 송달되었는데 상대방이 해당하는 주소에 거주하지 않아 반송이 되면 법원은 상대방이 소장을 받을 수 있는 주소를 제출하라는 주소보정명령을 내립니다.

그러면 청구인은 법원으로부터 받은 주소보정명령서를 갖고 근처의 주민센터 또는 구청 등을 방문해서 발급신청서를 작성한 후 법원에서 받은 주소보정명령서를 첨부해서 제출함으로써 상대방의 주민등록초본을 발급받을 수 있습니다.

만일 주민등록초본을 발급받았는데 기존에 제출한 주소와 동일하면 다시 그 주소로 보내 줄 것을 법원에 신청하면 되고 주소가 바뀌었다면 바뀐 주소로 보내 줄 것을 요청하면 됩니다.

서식) 주소보정서

주 소 보 정 서

사　　건　　　2024느합0000 상속재산분할심판청구

청 구 인　　　자녀2

청 구 인　　　자녀1

위 사건에 관하여 청구인은 상대방에 대하여 아래와 같이 주소를 보정합니다.

아　　래

1. 보정할 주소

　　상대방 : 자녀1

　　보정할 주소 : XXX XX시 XX동 1

첨부서류

1. 주민등록표등초본　　　　　　　　　　　　　　1통

2017. 12.　　.

위 청구인　자녀2　㊞

서울가정법원　제0합의부(나)　　　　　　　귀중

주1) 심판청구서를 제출한 이후에 법원에 제출하는 서면은 해당 재판부와 주심을 기재해서 접수하는 것이 좋습니다.

마. 답변서

상대방이 심판청구서를 받으면 심판청구서를 받은 날로부터 30일 안에 청구인의 청구를 인정하지 않는다는 답변서를 법원에 제출하게 됩니다. 이때 상대방은 청구인의 청구를 거부하는 구체적인 이유를 적은 답변서를 제출해도 되지만, 구체적인 이유는 다음에 다시 제출한다는 간단한 답변서를 제출할 수도 있습니다. 어느 쪽이든 무방하고 그로 인한 소송의 불이익은 없습니다.

(※ 만일 변호사를 선임했다면, 이후의 모든 절차는 변호사가 전부 처리해 주니, 절차에 대해서는 볼 필요가 없습니다.)

서식) 간단답변서

답 변 서

사　　건　　2024느합0000 상속재산분할
청 구 인　　자녀2
상 대 방　　자녀1

위 사건에 관하여 상대방은 다음과 같이 답변서를 제출하면서 심문을 준비합니다.

청구취지에 대한 답변

1. 청구인의 청구를 전부 기각한다.
2. 심판비용은 청구인이 부담한다.

라는 심판을 구합니다.

청구원인에 대한 답변

구체적인 답변을 위하여 증거 수집 중에 있으므로 충분한 심문 준비를 위해 추후 제출하겠습니다.

2024.　1.　　.

위 상대방　자녀2　㊞

서울가정법원 가사x부(나)　　　귀중

바. 반심판청구

상속인 중 일부가 상속재산분할심판청구 또는 상속재산분할과 기여분 청구를 함으로써 소송이 진행된다고 하더라도 소송을 당한 상속인이 오히려 반대로 기여분을 청구할 필요성이 있을 수 있습니다. 특히 기여분청구는 주장만으로 인정을 받을 수 있는 것이 아니라 반드시 청구를 해야만 인정을 받을 수 있습니다.

이 경우 소송을 당한 상대방 상속인은 기여분을 원인으로 하는 반심판청구를 함으로써 자신의 기여분을 주장할 수 있습니다.

이때 기여분을 주장하고자 하는 상속인은 자신을 제외한 나머지 상속인 전부를 상대방으로 해서 신청하게 됩니다.

그러한 관계는 후에 심판문에서 당초에 상속재산분할을 신청한 상속인은 '청구인 겸 반소상대방'이 되고, 상속재산분할심판청구를 당했으나 기여분을 청구한 상속인은 '상대방 겸 반소청구인'이 되고, 나머지 상속인들은 그냥 '상대방 겸 반소상대방'으로 표시함으로써, 각 당사자의 청구관계를 구분해서 표시하게 됩니다.

서식) 기여분청구를 위한 반심판청구

반 심 판 청 구 서

반심판 청구인   자녀2 (XXXXXX-2XXXXXX)
(상대방)   서울 XX구 XX로 XXX, XXX동 XXXX호 (XX동,아파트)

반심판상대방   1. 배우자 (XXXXXX-2XXXXXX)
(청구인)   서울 XX구 XX로 X, XXX동 XXX호 (XX동,힐스테이트)
                2. 자녀1 (XXXXXX-1XXXXXX)
                   경기도 XX시 XX읍 XXX길 X, XX호

사 건 본 인   김 X X (XXXXXX-1XXXXXX)
(피상속인)   서울 XX구 XX로 XXX, XXX동 XXXX호 (XX동,아파트)

기여분결정 및 상속재산분할

위 당사자 사이의 위 사건에 관하여 상대방(반심판 청구인)은 다음과 같이 반심판 청구를 제기합니다.

반 심 판 청 구 취 지

1. 피상속인 망 김XX의 상속재산 중 별지 제1 목록 기재 각 부동산을 상대방의 기여분으로 정한다.
2. 별지 제2 목록 기재 상속재산을 상대방의 소유로 분할한다.
3. 별지 제3 목록 기재 상속재산을 법률상 적절한 비율로 분할한다.

4. 심판비용은 청구인들(본심판 청구인들)이 부담한다.
라는 심판을 구합니다.

청 구 원 인

1. 당사자의 관계 및 상속개시

망 김XX(이하 '망인'이라고 합니다)는 청구외 권XX과 혼인하여 상대방(본심판 청구인, 이하 '청구인'이라고만 합니다) 자녀1, 자녀2를 두었으나 이혼한 후 청구인(본심판 상대방, 이하 '상대방'이라고만 합니다) 배우자와 혼인하였습니다. 그런데 망인은 20XX. X. XX. 사망하였습니다.

따라서 상대방은 망인의 배우자이고, 청구인들은 망인의 자녀들인 자들로써, 우리 민법 제1009조 법정상속분 규정에 따라 상대방의 법정상속분은 3/7지분이고, 청구인들의 법정상속분은 각 2/7지분이 됩니다.

2. 상속재산

가. 부동산

청구인들의 본심판청구에 의하면 - 생략 - 이 있습니다.

나. 금융재산

상속개시 당시 망인 명의의 금융재산으로는 농협은행 - 생략 - 합계 55,654,983원이 있습니다.

3. 상대방과 망인 및 청구인들 간의 관계

가. 각자의 혼인생활에 실패했던 망인과 상대방

— 생략 —

4. 상대방의 기여분

가. 기여분의 법리

우리 민법 제1008조의2 1.항에서는 「공동상속인 중에 상당한 기간 동거·간호 그 밖의 방법으로 피상속인을 특별히 부양하거나 피상속인의 재산의 유지 또는 증가에 특별히 기여한 자가 있을 때에는 상속개시 당시의 피상속인의 재산가액에서 공동상속인의 협의로 정한 그 자의 기여분을 공제한 것을 상속재산으로 보고 제1009조 및 제1010조에 의하여 산정한 상속분에 기여분을 가산한 액으로써 그 자의 상속분으로 한다.」라고 판단하고 있습니다.

따라서 상속인 중 일부가 다른 상속인에 비하여 피상속인의 재산증가에 특별한 기여를 하거나 부양과 간병을 한 경우에는 일률적으로 규정하고 있는 법정상속분에 기여분을 반영함으로써 공동상속인의 실질적인 형평과 공평을 도모할 수 있습니다.

나. 상대방의 기여분으로 인정될 이 사건 아파트 1/2지분

— 생략 —

5. 청구인 김XX의 특별수익

우리 법원은 「구체적 상속분을 산정함에 있어서는 상속개시시를 기준으로 상속재산과 특별수익재산을 평가하여 이를 기초로 하여야 할 것이다(대법원 1997. 3. 21.자 96스62 결정 등 다수).」라고 판단하고 있습니다.

따라서 망인이 청구인 자녀1에게 증여한 경기도 XX군 XX리 XX 전 XXX㎡에 관한 상속개시 당시의 시가로 산정되어야 할 것입니다.

6. 맺는 말

위와 같으므로 상대방의 반심판청구 및 기여분을 전부 인용하여 주시기 바랍니다.

입 증 방 법

1. 을 제1호증　　　　　　　　　　등기부

이하 생략

첨 부 서 류

1. 위 입증방법　　　　　　　　　　　　　각 1통
1. 납부서　　　　　　　　　　　　　　　1통

2024. X. X.

위 상대방　배 우 자　(인)

서울가정법원　　　**귀중**

별지 1 목록

이하 생략

사. 준비서면 제출

소송의 당사자는 상대방의 주장을 부인하고 자신의 주장을 법원으로부터 인정받기 위해서 자신의 주장을 기재한 준비서면을 제출할 수 있습니다. 만일 상대방의 주장에 대해서 반박하는 준비서면을 제출하지 않는 경우에는 상대방의 주장을 그대로 인정하는 것으로 보여지게 되므로 준비서면은 최대한 자신의 주장을 잘 표현할 수 있어야 하고, 자신이 주장하는 사실관계를 인정받을 수 있는 증거자료를 첨부해야 합니다.

일반적으로 법원은 준비서면을 30장 이내로 제출하도록 권유하며 서면은 A4 규격으로 제출하며 상단과 하단 등의 공간 등은 소장 부분에서 알려 드린 형식을 그대로 따르면 됩니다.

그리고 준비서면에 각 당사자의 증거로 제출되는 문서에는 청구인은 '갑 제X호증' 또는 '갑 제X호증의 1', 상대방은 '을 제X호증' '을 제X호증의 1'과 같이 번호를 붙여서 제출하게 됩니다.

다만 상대방이 2명 이상이고 각각 준비서면을 제출하는 경우에는 상대방1은 '을가 제1호증'으로, 상대방2는 '을나 제1호증'과 같이 '을 제1호증'에 '가나다' 순서로 삽입해서 서증번호를 기재합니다.

서식) 상대방들이 각자 제출하는 준비서면

준 비 서 면

사　　건　　2024느합XXX 상속재산분할
청 구 인　　오ＸＸ 외 1
상 대 방　　김ＸＸ 외 2

위 사건에 관하여 상대방1. 김XX은 다음과 같이 준비서면을 제출하면서, 심문을 준비합니다.

다 음

1. 들어가면서

상대방1 김XX은 주장정리의 편리성을 위하여 청구인들의 주장 순서에 맞추어 진술하도록 하겠습니다.

2. 상대방의 특별수익에 관하여

　가. 서울 XX구 XX동 XX로 1번지 부동산

-생 략-

입 증 자 료

1. 을가 제1호증　　　　　　계좌내역
2. 을가 제2호증의 1　　　　건물등기부
3. 을가 제2호증의 2　　　　토지등기부

2024.　1.　　.

위 상대방1. 김XX　㊞

서울가정법원 가사x부(나)　　　　귀중

아. 특별수익

(1) 증여된 재산의 파악

상속재산분할심판청구는 피상속인이 생전에 상속인에게 증여한 재산을 반영해서 각 공동상속인들의 구체적 상속분을 결정하는 절차입니다.

이에 대해서 판례는 「구체적 상속분을 산정함에 있어서는, 상속개시 당시를 기준으로 상속재산과 특별수익재산을 평가하여 이를 기초로 하여야 하고, 공동상속인 중 특별수익자가 있는 경우 구체적 상속분 가액의 산정을 위해서는, 피상속인이 상속개시 당시 가지고 있던 재산 가액에 생전 증여의 가액을 가산한 후, 이 가액에 각 공동상속인별로 법정상속분율을 곱하여 산출된 상속분의 가액으로부터 특별수익자의 수증재산인 증여 또는 유증의 가액을 공제하는 계산방법에 의한다(대법원 2022. 6. 30.자 2017스98, 99, 100, 101 결정).」라고 하고 있으며, 서울고등법원 2017. 8. 7.자 2016브5(본심판), 2016브6(반심판), 2016브7(반심판), 2016브8(병합) 결정에서는 '간주상속재산(=상속재산 가액+특별수익-기여분)'으로, '구체적 상속분액(=법정 상속분액-각 특별수익+각 기여분)'으로 기재하고 있습니다.

따라서 이와 같은 법리에 의할 때 각 공동상속인들이 취득하게 되는 구체적 상속분은 '{((상속재산 - 기여분)+특별수익 - 상속채무)×법정상속분} - 해당 상속인의 특별수익+해당 상속인의 기여분'이 됩니다.

그러므로 특별수익의 규모에 따라 각 공동상속인들의 법정상속분액이 달라지게 됩니다. 즉 증여재산이 많으면 많을수록 그에 비례하여 법정상속분액도 증가하고 반대로 증여재산의 규모가 줄어들수록 법정상속분액도 감소됩니다. 따라서 증여재산과 법정상속분액은 비례의 관계에 있다고 할 것입니다. 그러므로 상속재산분할심판청구에서 증여재산을 확인하는 것은 심판절차를 원활하게 진행하고 상속인이 원하는 결과를 얻기 위한 첫단계라고 할 것입니다. 그럼 아래에서 증여된 부동산과 예금을 추적하고 확인하는 방법을 보도록 하겠습니다.

(가) 부동산

① 소유하거나 매각한 부동산 확인

청구인이 상속재산분할심판청구를 하더라고 소장을 제출하는 단계에서 피상속인이 증여한 재산의 일부를 알고 있을 뿐 증여한 재산 전부를 알고 있지 못한 경우가 있습니다. 더구나 피상속인이 상대방이 어릴 때 상대방 명의로 부동산을 매수하는 방법으로 부동산을 증여하게 되면 해당 부동산을 모두 알기는 더욱 어렵습니다.

따라서 이때에는 법원에 피상속인과 상대방 명의로 된 부동산에 대한 조회신청을 해서 피상속인과 상대방 명의로 소유하고 있거나 또는 현재는 없더라도 과거에 소유했던 부동산 내역을 파악하는 방법을 통해서 피상속인과 상대방 명의의 부동산을 확인하게 됩니다.

통상은 법원행정처에 신청하면 피상속인과 상대방이 소유하거나 소유했던 전국 부동산이 모두 조회가 가능하지만, 법원행정처는 이름, 주소, 주민등록번호로 조회하기 때문에 일부 누락되는 경우가 있습니다. 이때에는 부동산이 있을 것으로 확인되는 지방자치단체에 사실조회를 하면 세부적인 내역을 보다 정확하게 확인할 수 있습니다.

이와 같이 피상속인과 상대방 명의의 각 부동산이 조회되면 인터넷등기소(http://www.iros.go.kr/PMainJ.jsp)를 접속해서 해당 부동산등기부등본을 발급받아 피상속인 명의의 부동산이 상대방 또는 상대방의 가족들에게 증여되었는지 아니면 매각되었는지를 확인할 수 있습니다. 또한 상대방 명의의 부동산 등기부를 확인함으로써 해당 부동산이 피상속인으로부터 증여받은 것인지 아니면 피상속인의 부동산이 매각된 시점에 매수된 부동산인지의 여부를 확인할 수 있습니다.

서식) 피상속인과 상대방의 부동산에 대한 사실조회신청서

사실조회 신청서

사　건　　2024느합XXX 상속재산분할
청 구 인　　자녀1
상 대 방　　자녀2

위 사건에 관하여 청구인은 그 주장사실을 입증하기 위하여 다음과 같이 사실조회 명령을 신청합니다.

대상기관의 명칭 및 주소

명칭 : 법원행정처(참조 : 등기과)

주소 : 서울 XX구 서초로 219 (우 137-750)

명의인의 인적사항

망 홍XX(000000-1111111), 변XX(222222-3333333)

요구대상거래기간

1980. 1. 1. - 2023. 12. 31.

사실조회촉탁의목적

망 홍XX은 생전에 상대방에게 많은 재산을 증여하였으나 청구인은 이를 전부 알지 못합니다. 따라서 청구인은 사실조회를 통하여 피상속인으로부터 상대방에게 증여

된 각 부동산의 내역을 확인한 후 이를 구체적 상속분의 산정을 위한 간주상속재산에 산입하고자 합니다.

사실조회할 사항

망 홍XX(000000-1111111), 변XX(222222-3333333)에 관하여, 조회가능일로 부터 조회일 현재까지 소유하고 있거나, 소유하고 있다가 소유권 이전된 부동산내역.

2024. 2.   .

위 청구인 자녀2   ㉞

서울가정법원   제0합의부(나)   귀중

② 증여 또는 유증된 부동산이 무효일 것으로 예상되는 경우

피상속인이 중증도의 치매 등으로 유언 또는 증여를 할 수 없는 상태인 경우에는 등기일로부터 5년이 지나지 않은 경우 해당 부동산을 관할하는 등기소 또는 등기국에 해당 부동산의 등기신청서에 대한 등사와 열람신청을 통하여 증여계약서, 유언공정증서를 확인함으로써 언제 증여와 유언공증이 이루어졌는지 확인할 수 있습니다.

그리고 이후 증여 또는 유언이 이루어진 시기에 해당하는 피상속인의 의무기록을 해당 법원으로부터 발급을 받아 수증자에 대한 증여 또는 수유자에 대한 유언공증이 무효인 사실을 주장할 수 있습니다.

또는 직접 방문하지 않더라도 소송이 계속 중에 법원에 해당 관할등기소에 대한 문서송부촉탁을 신청하여 회신을 받은 후 전자소송을 통해서 다운로드받아 증여 또는 유증된 부동산이 소유권이전될 당시에 제출된 증여계약서, 유언공정증서 등 신청시 첨부된 서류 일체를 확인할 수 있습니다.

또한 이와 같은 확인을 통하여 상대방 또는 그 가족들이 부동산을 매수한 시점과 계약금, 중도금, 잔금을 지급할 시기와 피상속인의 부동산 매각대금이 입금된 시기를 비교함으로써 피상속인의 부동산 매각대금에 대한 행방과 피상속인의 부동산 매각대금으로 상대방 또는 그 가족들 명의의 부동산을 매수한 사실을 확인할 수 있습니다.

반면에 5년이 경과한 부동산의 경우에는 해당 지방자치단체에 사실조회를 통하여 매매계약 후 거래신고를 할 당시에 제출된 매매계약서를 확인할 수 있습니다.

그런데 만일 발급받은 부동산의 등기부에 등기원인을 증여로 하여 상대방 명의로 소유권이전등기는 마쳤으나 그 이전의 기록이 없거나, 최상단의 소유권자가 상대방 또는 그 가족들로 기재된 경우에는 해당 부동산등기부등본의 폐쇄등기부에 대한 신청을 통하여 이전의 기록에 대한 확인을 할 수 있습니다.

다만 이와 같은 폐쇄등기부는 인터넷등기소로 발급을 받을 수 없고 직접 등기소를 방문하여 신청하게 되는데, 이때 등기소는 해당 부동산의 관할등기소가 아닌 가까운 등기소를 방문해서 신청해도 됩니다.

서식) 문서송부촉탁신청서 : 증여 또는 유증된 부동산의 소유권이전등기신청서

문서송부촉탁신청서

사　　건　　2024느합XXXX 상속재산분분할
청 구 인　　자녀 1
상 대 방　　자녀 2

위 사건에 관하여 청구인은 그 주장사실을 입증하기 위하여 다음과 같이 문서송부촉탁을 신청을 합니다.

대상기관의 명칭 및 주소

명칭 : 의정부지방법원 고양지원 고양등기소

주소 : 경기도 고양시 일산동구 중앙로1275번길 38-30 (장항동 773)

명의인의 인적사항

망 피상속인 (주민등록번호)

요구대상거래기간

2020. 1. 1. - 2020. 4. 11.

사용목적

피상속인의 고양시 덕양구 OO동 000 답 100㎡가 2020. 2. 3.자 매매금액을 500,000,000원으로 하는 매매를 등기원인으로 2020. 3. 21. 소외 ㅁㅁㅁ 명의의 소유권이전등기를 마쳤습니다.

그런데 상대방은 2020. 4. 20. 고양시 덕양구 OO동 001 답 200㎡에 관하여 상대

방 명의의 소유권이전등기를 마쳤습니다.

이에 청구인은 피상속인 명의의 부동산에 대한 매매계약서에 대한 확인을 통하여 피상속인의 부동산 매각대금으로 상대방 명의의 부동산을 매수한 사실, 피상속인의 매각대금이 상대방에게 증여된 사실을 입증함으로써 이를 상대방의 특별수익에 산입하고자 합니다.

제출할 문서의 표시

귀 등기소의 관내에 있는 고양시 덕양구 OO동 000 답 100㎡에 관하여 의정부지방법원 고양지원 고양등기소 2020년 3월 21일 접수번호 제000호의 등기신청시 제출된 서류 일체.

2024. 8. 20.

위 청구인 △△△ (인)

서울가정법원 귀중

③ 피상속인의 매각된 부동산의 매매대금 확인

또한 피상속인이 매각한 부동산의 매매대금이 피상속인의 계좌에 입금되지 않은 경우에는 매각된 부동산을 관할하는 등기소 또는 등기국에 대한 문서제출명령신청 또는 직접 방문을 통하여 피상속인으로부터 매수자 명의로 소유권이전될 당시에 제출된 등기신청서를 확인함으로써 매매대금, 매매대금이 지급될 계좌 등을 확인할 수 있습니다.

(나) 금전

① 피상속인의 계좌에서 수증자의 계좌로 직접 이체된 경우

피상속인이 어떤 금융기관을 거래했는지를 알기 위해서는 상속인의 주민등록증을 지참

하신 후에 동사무소 또는 금융기관(ⓔ 국민은행, 신한은행, 농협은행 등)를 방문해서 안심상속원스톱서비스[21])를 신청하시면 됩니다.

안심상속원스톱서비스를 신청하고 한달정도 지난 후 금융감독원홈페이지를 방문해서 상속인금융조회란을 클릭하면 피상속인이 생전에 거래하던 금융기관의 잔고나 부채를 알 수 있는데, 잔고나 부채가 0원으로 나오는 금융기관은 피상속인이 생전에 거래를 했으나 현재 잔고나 부채가 없는 것이므로 잔고나 부채가 0원인 금융기관도 피상속인이 생전에 거래한 금융기관입니다.

그렇게 금융기관을 확인하면, 피상속인의 기본증명서, 가족관계증명서, 상속인의 주민등록증을 들고 해당 금융기관의 아무 지점이나 방문해서 계좌의 폐쇄여부를 불문하고 피상속인이 생전에 개설했던 모든 계좌의 구체적인 거래내역을 출력해 달라고 하면 됩니다. 다만 출력할 때에는 상대방 금융기관, 계좌번호, 거래일시가 모두 나오도록 출력해야 피상속인의 계좌에서 출금된 금액이 누구에게 이체되었는지를 쉽게 알 수 있습니다.

② **피상속인의 계좌에서 출금되었으나 입금된 상대방을 알 수 없는 경우**
피상속인의 계좌에서 출금되는 방식은 앞서 본 바와 같이 상대방의 이름이 기재된 계좌이체의 방법 이외에도 계좌이체되었지만 상대방을 알 수 없는 경우, 수표로 출금된 경우, 현금으로 출금된 경우가 있습니다. 이때는 아래와 같은 방법으로 금융정보제출명령을 신청할 수 있습니다. 다만 금융조회는 자금을 추적하는 것이기 때문에 1번만으로 확인되는 경우도 있지만, 몇 번을 반복해야 하는 경우도 있습니다.

아래의 서식은 피상속인의 계좌로부터 출금된 금액을 확인하는 1차 조회신청서의 서식입니다.

---

[21]) 인터넷신청은 "안심상속원스톱서비스"를 조회하면 나옵니다.

서식) 1차 금융정보제출명령신청서

금융정보제공명령신청서

사　　건　　2024느합100000 상속재산분할심판
청 구 인　　자녀2
상 대 방　　자녀1

1. 신청취지

위 사건에 관하여 청구인의 소송대리인은 그 주장사실을 입증하기 위하여 다음과 같이 금융정보제공명령을 신청합니다.

2. 대상기관의 명칭 및 주소

명칭 : KB국민은행

주소 : 서울 성북구 종암동 8-2번지 종암센터 2층 업무지원센터　　(우 02800)

3. 명의인의 인적사항

망 홍XX(000000-1111111), 변XX(222222-3333333)

4. 요구대상거래기간

1970. 1. 1. - 2017. 12. 31.

5. 사용목적

망 홍XX은 거액의 재산을 형성하였으나 망 홍XX의 사망 당시에 어떠한 상속예금도 남아 있지 않았습니다. 이에 청구인은 망 홍XX의 계좌로부터 출금되었으나 망 홍XX의 다른 계좌에 입금되지 않은 금액에 대한 금융정보제출명령신청을 통하여 상대방의 특별수익을 입증하고자 합니다.

6. 금융정보제출명령할 사항

1. 귀 은행의 고객 망 홍XX(000000-1111111)의 각 계좌로부터 아래와 같이 각 금액이 출금되었는바,

- 아 래 -

순번	거래일자	계좌번호	출금액	구분	취급점
1	2020-10-02	123-45-647890	100,000,000	해약	반포역
2	2021-03-12	223-45-647890	10,000,000	대체출금	반포역
3	2022-05-10	323-45-647890	20,000,000	대체출금	반포역

가. 각 출금전표 및 출금된 금액이 입금된 상대방 계정 입금전표.
나. 만일 무전표거래로 출금되어 다른 계좌로 입금되었다면, 입금된 계좌의 구체적 정보 및 내역(계좌번호, 명의자 등)과 입금 당시 작성된 전표 사본 일체.
다. 만일 수표로 출금되었다면, 해당 수표의 지급제시일, 보관점 등에 관한 구체적 내역서(만일 수표가 귀 은행에 제시되었다면, 수표 앞뒷면 사본 및 수표가 입금된 계좌의 구체적 내역).
라. 대체되어 다른 계좌로 입금되었다면, 입금된 계좌의 구체적 정보 및 내역(계좌번호, 명의자 등)과 입금 당시 작성된 전표 사본 일체.

2. 귀 은행의 고객 변XX(222222-3333333) 명의로 개설된 각 계좌(폐쇄여부를 불문하고 출자금, 보험, 정기예금 등)에 관한,

가. 개인별 총괄거래계좌목록(고객정보조회표 등 포함)
　　[폐쇄 또는 해지여부 및 과목명을 불문하고 출자금, 정기예탁금, 자립예탁금, 정기적금, 보험 등 일체]

나. 위 각 계좌별 입출금 거래내역서.
　　[개설일로부터 조회일 현재까지의 거래일·시·분, 거래상대방 계좌의 금융기관, 예금주, 계좌번호가 기재되도록 출력해 주시기 바랍니다].

2024. 2.   .

위 청구인 자녀2 ㊞

서울가정법원　제0합의부(나)　　　　　　귀중

③ 수표로 출금된 사실이 확인된 경우

피상속인의 계좌에서 출금된 수표가 1차 조회를 한 은행에 제시되었다면 1차 조회만으로 해당 수표를 누가 배서했는지, 누구 명의의 계좌로 입금이 되었는지를 알 수 있기 때문에 추가적인 조회 없이 곧바로 상대방이 해당 수표를 취득했는지의 여부를 알 수 있습니다.

그러나 출금된 수표가 다른 은행에 제시되었다면, 1차 조회신청된 은행의 회신만으로는 해당 수표의 사본과 어느 계좌에 입금되었는지를 알 수 없습니다. 그러나 1차 조회신청한 은행에서는 해당 수표가 어느 은행의 어느 지점에 언제 제시되었고, 현재 수표를 어디에서 보관하고 있지를 회신해 줍니다. 그러면 이러한 정보를 갖고 수표가 제시된 은행에 2차 조회를 해서 해당 수표를 추적하게 되는데, 2차 조회의 서식은 아래와 같습니다.

서식) 2차 금융정보제출명령신청서

금융정보제공명령신청서

사　　건　　2024느합XXXXX 상속재산분할심판
청 구 인　　자녀2
상 대 방　　자녀1

1. 신청취지
위 사건에 관하여 상대방의 소송대리인은 그 주장사실을 입증하기 위하여 다음과 같이 금융정보신청합니다.

2. 대상기관의 명칭 및 주소
명칭 : KDB산업은행

주소 : 서울 영등포구 은행로 14

3. 명의인의 인적사항
망 홍XX(000000-1111111), 변XX(222222-3333333)

4. 요구대상거래기간
2021. 1. 1. - 2023. 12. 31.

5. 사용목적
하나은행의 2024. 4. XX.자 회신에 의하면 망인의 하나은행 123-456789-01234 계좌로부터 2022. 7. 10. 출금된 금50,000,000원의 수표 1매(수표번호 : 1234

5678)가 2022. 7. 12. 산업은행에 제시된 사실이 확인되었습니다.

이에 청구인은 위 수표에 대한 금융정보제출명령을 통하여 상대방이 위 수표를 취득한 사실을 확인함으로써 이를 상대방의 특별수익에 산입하고자 합니다.

6. 금융정보제출명령할 사항

망 홍XX의 KB국민은행 계좌로부터 2023. 3. 12.에 10,000,000원이 수표 1매(수표번호: 12345678)가 출금되어 2023. 3. 13. 귀 은행의 잠원지점에 지급제시되었는바,

1. 해당 수표의 수표 앞뒷면 사본.

2. 수표가 입금된 계좌의 구체적 내역(예금주, 계좌번호, 주민등록번호 등).

2024. 2.   .

위 청구인 자녀2   ⑨

서울가정법원   제0합의부(나)   귀중

(2) 증여된 재산을 특별수익으로 인정받는 방법

(가) 부동산

① 증여를 원인으로 상대방 명의로 부동산의 소유권이 이전된 경우

증여된 부동산의 등기부등본을 제시하면 됩니다. 물론 이때에도 상대방은 이런 저런 이유를 대면서 증여가 아니라고 주장할 수 있으나, 특별한 사정이 없다면 법원에서는 등기부의 기재대로 증여로 인정할 가능성이 높습니다.

다만 이때에도 피상속인 명의의 임대차보증금이 있다면 임대차보증금은 증여금액에서 공제됩니다.

그러나 피상속인을 채무자로 하는 근저당권이 설정된 경우에는 부담부증여인 경우가 아니라면 원칙적으로 근저당권채무는 공제되지 않습니다. 물론 수증자가 부동산을 증여받으면서 피상속인 명의의 채무자를 수증자로 변경하는 방법으로 면책적 인수를 하게 되면 해당 대출금채무는 증여가액에서 공제됩니다.

또한 10년 이내의 증여하면 관할세무서에 증여세자진신고서에 대한 과세정보제출명령을 통하여 당시 공제될 대출금과 임대차보증금을 확인할 수 있습니다.

따라서 증여를 등기원인으로 상대방 명의로 소유권이전등기를 마친 부동산은 일부 예외적인 경우를 배제하고는 대부분 특별수익으로 인정됩니다.

② 제3자 명의에서 직접 상대방 명의로 부동산의 소유권이 이전된 경우

㉮ 일부 피상속인은 증여세를 내지 않기 위해서 전소유자와 부동산매매계약을 하지만 잔금을 지급한 후에는 자녀의 명의로 등기하는 방법으로 부동산을 증여하기도 합니다.

실무에서는 이런 경우가 가장 문제가 되는데, 이때 소송을 당한 상대방은 갖은 주장을 통해서 해당 부동산을 자신의 돈으로 매수했다고 주장하게 됩니다. 반면에 소송을 신청한 청구인의 입장에서는 당시 상대방이 부동산을 살만한 경제력이 없다고 주장합니다.

그런데 이와 같이 부동산을 증여해 주었는지 아니면 실제 상대방이 매수했는지가 문제가 되는 경우에는 상대방이 자신의 돈으로 매수한 것을 증명할 책임이 있는 것이 아니라 소송을 한 청구인이 피상속인이 상대방 명의로 부동산을 증여해 주었다는 사실을 증명해야 합니다.

특히 우리 법원은 등기에 관하여 「부동산에 관한 등기부상 소유권이전등기가 경료되어 있는 이상 일응 그 절차 및 원인이 정당한 것이라는 추정을 받게 되고 그 절차 및 원인의 부당을 주장하는 당사자에게 이를 입증할 책임이 있다(대법원 2008. 3. 27. 선고 2007다91756 판결 등 다수).」라고 함으로써, 등기는 그 자체만으로도 기재된 사실과 실체사실이 동일하다는 등기의 추정력을 인정합니다.

따라서 상대방이 매매를 원인으로 제3자로부터 취득한 부동산에 관하여 등기의 추정력을 부인하고 이것을 피상속인이 증여한 것으로 인정받고자 한다면, 등기의 추정력을 부인할 정도의 입증을 해야 합니다.

그런데 또한 우리 법원은 등기의 추정력을 번복하는 것에 관하여 「등기절차가 적법하게 진행되지 아니한 것으로 볼만한 의심스러운 사정이 있음이 입증되는 경우에는 그 추정력은 깨어진다(대법원 2008. 3. 27. 선고 2007다91756 판결 등 다수).」라고 판결하고 있습니다.

그러므로 등기의 추정력이 있다고 하더라도 그것은 절대적인 것이 아니라 깨질 수 있는 추정력입니다.

그럼 아래에서는 어떠한 방법으로 등기의 추정력을 깰 수 있는지 살펴보도록 하겠습니다.

㉴ 통상 피상속인이 자녀에게 부동산을 사 주는 경우는 ① 피상속인의 계좌로부터 매매대금을 출금해서 직접 지급하는 방법과 ② 소유하던 부동산을 팔아 그 매매대금으로 자녀 명의의 부동산 매수대금을 지급하는 방법, ③ 비교적 상대방이 어린 나이에 부동산을 매수해서 증여하는 방법 등이 있습니다.

이때에는 피상속인의 계좌내역을 조회하여 상대방 명의로 부동산을 취득할 당시에 피상속인의 계좌로부터 거액의 금액이 출금된 사실을 증명한 후에 상대방에게 당시 매수대금을 입증할 것을 요구함으로써 상대방이 매수대금을 지급하지 않은 사실을 증명할 수 있습니다. 또한 세무서에 상대방에 대한 소득세나 근로소득세 등에 대한 과세정보제출명령을 통하여 상대방이 부동산을 취득하기 이전에 얻은 소득이 부동산을 매수하기에 턱없이 부족하다는 사실을 증명할 수 있습니다. 또한 피상속인의 부동산 매도시기와 상대방 명의로 부동산을 취득한 시기가 일치하다는 사실을 증명해서 피상속인 명의의 부동산이 처분된 대금으로 상대방 명의의 부동산을 매수한 사실을 증명할 수 있습니다. 그리고 이외에도 각각의 개별적 사정에 따라 여러 가지 다양한 방법으로 증여사실을 증명할 수 있습니다.

실제 사례를 들어보면, 2017. 1. 11. 판결이 선고된 인천지방법원 부천지원 2014가합3572 유류분반환 사건에서는 "○○아파트의 매수 시기 및 당시 상대방의 나이와 직업, 부동산 매수자금의 흐름 (중략) 등 앞서 본 여러 사정을 종합하여 보면 망인이 상대방에게 ○○아파트를 증여하였다고 인정된다."고 판결하였습니다.

그리고 이외에도 2017. 4. 12. 판결이 선고된 청주지방법원 2016가합20548 소유권이전등기 사건에서도 "이 법원의 동청주세무서에 대한 2016. 1. 26.자 과세정보제출명령결과 및 심문 전체의 취지를 종합하여 알 수 있는 다음과 같은 사정들, 즉 ㉮ 앞서 본 바와 같이 상대방은 위 각 부동산의 소유권 취득 시점에 가까운 1986. 7. 31. ○○○로부터 별지 목록 제1항 기재 부동산을 증여받은 점, ㉯ 상대방은 □□□대학교 대학원에 1982. 3. 4. 입학하여 1987. 2. 23. 졸업한 대학원생이었을 뿐만 아니라, 1982. 1. 1.부터 1989. 12. 31.까지 관할세무서에 종합소득세의 신고 및 근로(사업)소득의 연말정산과 관련하여 제출한 자료가 없는바, 상대방은 위 각 부동산을 취득한 시점에 속하는 위와 같은 기간에 부동산을 취득할 만한 경제적 자력이 있었다고 보기 어려운 점 등에 비추어 보면, 위 각 부동산은 상대방이 ○○○로부터 증여받은 것이라고 봄이 상당하므로, 이를 유류분 산정의 기초가 되는 증여재산에 포함하여야 한다."라고 판결하고, 위 사건은 대전고등법원 2017나5649 소유권이전등기 사건으로 항소되었으나 2017. 11. 14. 항소기각이 선고되어 확정되었습니다.

㉰ 그러므로 피상속인이 부동산을 매수해서 명의를 상대방으로 하는 방법으로 증여한 경우에는 위와 같은 몇 가지 기본적인 방법과 개별적 사정에 따른 몇 가지의 추가적인 입증을 통해서 부동산을 증여한 사실을 증명할 수 있습니다.

③ 건물에 대해서 보존등기를 마치는 방법으로 소유권을 취득하는 경우
이 경우는 위의 제3자로부터 직접 특별수익자 명의로 소유권을 이전하는 경우에 특별수익을 입증하는 방법과 같이 당시 특별수익자가 해당 부동산을 신축할 정도의 경제력이 없는 점, 해외 또는 군복무 중인 사실 등을 입증함으로써 특별수익을 인정받을 수 있도록 합니다.

서식) 과세정보제출명령신청서 : 증여내역과 상속재산에 대해서

과세정보제출명령신청서

사 건   2024느합0000 상속재산분할
청 구 인 XXX
상 대 방 XXX

1. 신청취지

위 사건에 관하여 청구인은 그 주장사실을 입증하기 위하여 다음과 같이 과세정보 제출을 신청합니다.

2. 대상기관의 명칭 및 주소

명칭 : XXX세무서

주소 : 충북 XX시 XX구 1

3. 명의인의 인적사항

XXX(601213-1234567)

4. 요구대상거래기간

2000. 1. 1. ~ 2024. 4. 30.

5. 사용목적

XXX은 피상속인을 망 XXX로 하는 증여세 과세내역과 상속세결정결의서에 대한 과세정보제출명령을 통하여 XXX의 특별수익 입증과 상속재산의 범위를 확정하고자 합니다.

6. 과세정보제출명령할 사항

망 XXX(361213-1234567)는 2024. 5. 1. 사망하였고, 상속인으로는 배우자인 XXX과 자녀들인 XXX, XXX가 있는바 그 기간을 2000. 1. 1.부터 2024. 4 30. 까지로 하여,

1. 피상속인을 망 XXX로 하여
가. 귀 세무서가 과세고지한 증여·상속세결정결의서, 증여·상속세과세통지서 및 그 관련 부속서류 일체(예 상속세과세가액계산명세서, 상속인별 증여·상속재산 및 평가명세서 등).
나. 상속세의 구체적 납부 현황(예 납부일, 납부금액, 납부당사자 등)

2. 증여자를 망 XXX로 하는 증여세자진신고서, 증여세결정결의서, 증여세과세통지서 및 부속서류 일체,

3. 수증자를 XXX, XXX, XXX로 하는 증여세자진신고서, 증여세결정결의서, 증여세과세통지서 및 부속서류 일체,
[※ 증여재산의 구체적 내역의 확인을 통하여 피상속인의 사망 당시를 기준으로 시가를 산정할 수 있으므로, 증여재산에 대한 개별적 확인이 가능하도록 증여세과세가액계산명세서, 증여재산 및 평가명세서, 과세예고통지서, 확인서 등을 반드시 첨부하여 주시기 바랍니다.]

2024. 3. .
위 청구인 XXX (인)

서울가정법원 귀중

서식) 과세정보제출명령신청서 : 소득에 대해서

과세정보제출명령신청서

사　　건　　2024느합0000 상속재산분할
청　구　인　　자녀2
상　대　방　　자녀1

1. 신청취지
위 사건에 관하여 청구인은 그 주장사실을 입증하기 위하여 다음과 같이 과세정보 제출을 신청합니다.

2. 대상기관의 명칭 및 주소
명칭 : 동청주세무서
주소 : 충북 청주시 XX구 XX로 44 (XX동)

3. 명의인의 인적사항
변XX(601201-1234567)

4. 요구대상거래기간
1990. 1. 1. ~ 2005. 4. 30.

5. 사용목적
청구인은 동청주세무서에 대한 과세정보제출명령을 통하여, 상대방 명의로 □□□ 의 소유권이전등기가 마쳐질 당시까지 상대방에게 어떠한 소득도 없다는 사실을 입증함으로써, 위 각 부동산을 상대방의 특별수익에 산입하고자 합니다.

6. 과세정보제출명령할 사항

변XX(601201-1234567)에 관하여, 1990. 1. 1.부터 2005. 4. 30.까지의 기간 동안에 과세처분되거나 납부된 급여소득, 사업소득, 부가가치세 등의 내역.

2024. 2.   .

위 청구인 자녀2   ㊞

서울가정법원 제0합의부(나)   귀중

서식) 사실조회신청서 : 서울출입국관리사무소

사실조회 신청서

사   건   2023가합XXX 유류분반환
청 구 인   XXX
상 대 방   XXX

1. 신청취지

위 사건에 관하여 청구인의 소송대리인은 주장사실의 입증을 위하여 서울출입국관리사무소에 대한 사실조회를 신청합니다.

2. 사실조회촉탁의 목적

상대방은 XX대학교를 졸업하고 미국 XX대학 XX대학원을 수료하였습니다. 그런데 상대방(19XX년생)는 197X. XX. XX. 당시 24살의 나이로 아래와 같은 부동산에 관하여 매매를 등기원인으로 상대방 명의의 소유권이전등기를 마쳤습니다.

순번	상대방의 나이	소유권이전등기일	부동산의 표시
1	24살	197X.XX.XX	서울 XX구 XX동1가 XX-X 대 302㎡
2			서울 XX구 XX동1가 XX-XX 대 102㎡
3	25살	198X.XX.XX	XX시 XX동 XX-X 대 108㎡
4	29살	198X.XX.XX	XX시 X구 XX동1가 X-XX 대 215㎡
5			XX시 X구 XXX1가 X-X 대 250㎡

따라서 상대방은 불과 29살의 나이에 매매를 등기원인으로 XX억원을 초과하는 재산을 취득하였고, 이후 상대방이 유학으로 인하여 해외에 거주할 당시에도 거액의 재산을 취득하였습니다.

그런데 우리 법원은 등기의 추정력에 관하여 「부동산등기부에 소유권이전등기를 하면 그 절차와 원인이 정당한 것이라고 추정되고 절차와 원인이 부당하다고 주장하는 당사자에게 이를 증명할 책임이 있다. 그러나 등기 절차나 원인이 부당한 것으로 볼 만한 의심스러운 사정이 있음이 증명되면 그 추정력은 깨어진다(대법원 2017. 10. 31. 선고 2016다27825 판결).」라고 판단하고 있습니다.

그런데 29세의 나이인 상대방이 거액의 부동산을 매수할 정도의 경제적 능력이 없다는 사실, 해외에서 유학 중이던 상대방이 건물을 신축하거나 각 부동산을 매수할 경제적 능력이 없는 사실은 명백하므로, 위 각 부동산에 대한 등기의 추정력은 이미 깨어졌다고 할 것입니다.

이에 청구인들은 상대방이 해외로 출국하여 대학원을 다닌 사실을 입증함으로써, 위 각 부동산은 피상속인이 대학교를 졸업하고 해외에 유학을 하던 상대방을 위하여 이 사건 각 부동산은 피상속인이 매수한 후 단지 상대방 명의의 소유권이전등기를 하는 중간생략형 등기를 통하여 상대방에게 증여한 상대방의 특별수익인 사실을 입증하고자 합니다.

3. 대상기관의 명칭 및 주소

명칭 : 서울출입국관리사무소
주소 : 서울 양천구 목동동로 151 (신정동, 서울출입국관리사무소)

4. 사실조회 사항

XXX(511315-1234567)에 대하여,

1. 1975. 1. 1.부터 2020. 12. 31.까지의 출국 및 입국내역
2. 만일 입출국 내역이 있다면 입국할 당시의 출국지 및 출국할 당시의 입국지의 구체적인 내역

2024. 1.   .

위 청구인 XXX   (인)

서울가정법원   귀중

서식) 사실조회신청서 : XX대학교

사실조회 신청서

사　　건　2023느단XXX 상속재산분할
청　구　인　XXX
상　대　방　XXX

1. 신청취지

위 사건에 관하여 청구인들의 소송대리인은 주장사실의 입증을 위하여 서울출입국관리사무소에 대한 사실조회를 신청합니다.

2. 사실조회촉탁의목적

상대방은 XX대학교를 졸업하였습니다. 그런데 상대방(19XX년생)는 197X. XX. XX. 당시 24살의 나이로 아래와 같은 부동산에 관하여 매매를 등기원인으로 상대방 명의의 소유권이전등기를 마쳤습니다.

순번	상대방의 나이	소유권이전등기일	부동산의 표시
1	24살	197X.XX.XX	서울 XX구 XX동1가 XX-X 대 302㎡
2			서울 XX구 XX동1가 XX-XX 대 102㎡
3	25살	198X.XX.XX	XX시 XX동 XX-X 대 108㎡

따라서 상대방은 불과 29살의 나이에 매매를 등기원인으로 XX억원을 초과하는 재산을 취득하였고, 이후 상대방이 유학으로 인하여 해외에 거주할 당시에도 거액의 재산을 취득하였습니다.

그런데 우리 법원은 등기의 추정력에 관하여「부동산등기부에 소유권이전등기를 하면 그 절차와 원인이 정당한 것이라고 추정되고 절차와 원인이 부당하다고 주장하는 당사자에게 이를 증명할 책임이 있다. 그러나 등기 절차나 원인이 부당한 것으로 볼 만한 의심스러운 사정이 있음이 증명되면 그 추정력은 깨어진다(대법원 2017. 10. 31. 선고 2016다27825 판결).」라고 판단하고 있습니다.

그리고 당시 대학교를 다닐 24살의 나이인 상대방이 거액의 부동산을 매수할 정도의 경제적 능력이 없다는 사실은 명백하므로, 위 각 부동산에 대한 등기의 추정력은 이미 깨어졌다고 할 것입니다.

이에 청구인들은 상대방이 다닌 서울대학교에 대한 상대방의 입학과 졸업시기에 대한 사실조회를 통하여 상대방이 위 각 부동산을 매수할 당시 대학생인 사실을 입증함으로써 위 각 부동산은 상대방이 매수한 것이 아니라 이 사건의 피상속인이 매수한 후 단지 상대방 명의의 소유권이전등기를 하는 중간생략형 등기를 통하여 상대방에게 증여한 특별수익인 사실을 입증하고자 합니다.

3. 대상기관의 명칭 및 주소

명칭 : XX대학교

주소 : 서울특별시 XX구 XX로 X 총무과

4. 사실조회 사항

귀 대학의 졸업생인 XXX(511315-1234567)에 대하여, 입학, 졸업의 각 연월일

2024. 1. 18.

위 청구인 XXX　(인)

서울가정법원　귀중

(나) 금전

일반적으로 혼인자금의 지원, 대학교 등록금 등은 비록 현금을 증여한 사실이 증명된다고 하더라도 특별수익으로 산입하지 않습니다. 판례는 증여라고 하더라도 부모가 자연스러운 애정으로 자녀를 배려한 것에 불과하거나 배우자에 대한 배려라고 볼 수 있다면 증여라고 하더라도 해당 금전의 지원을 상속분의 선급에 해당하는 특별수익에서 배제하고 있습니다.

그러나 일부 적은 돈이라고 피상속인이 매월 자녀인 상속인에게 생활비를 지급했다면 이를 특별수익으로 산입할 수 있습니다.

따라서 고액이 아니고 소액인 경우에는 어떠한 현금증여가 상속분의 선급인지 아니면 자연스러운 애정으로 인한 배려에 불과한 것인지의 경계가 모호하므로, 실무에서는 상대방의 특별수익을 주장하고자 하는 상속인의 입장에서는 피상속인으로부터 상대방에게 지급된 사실이 증명된 금액은 모두 특별수익에 산입해야 할 것입니다.

대법원 2022. 3. 17. 선고 2021다230083, 230090 판결

민법 제1008조는 '특별수익자의 상속분'에 관하여 "공동상속인 중에 피상속인으로부터 재산의 증여 또는 유증을 받은 자가 있는 경우에 그 수증재산이 자기의 상속분에 달하지 못한 때에는 그 부족한 부분의 한도에서 상속분이 있다."라고 정하고 있다. 이는 공동상속인 중에 피상속인으로부터 재산의 증여 또는 유증을 받은 특별수익자가 있는 경우에 공동상속인들 사이의 공평을 기하기 위하여 그 수증재산을 상속분의 선급으로 다루어 구체적인 상속분을 산정하는 데 참작하도록 하기 위한 것이다. 여기서 어떠한 생전 증여가 특별수익에 해당하는지는 피상속인의 생전의 자산, 수입, 생활수준, 가정상황 등을 참작하고 공동상속인들 사이의 형평을 고려하여 당해 생전 증여가 장차 상속인으로 될 자에게 돌아갈 상속재산 중 그의 몫의 일부를 미리 주는 것이라고 볼 수 있는지에 의하여 결정하여야 한다.

(3) 특별수익의 배제 및 감액

(가) 특별수익의 부인

일반적으로 증여에 대한 입증이 마쳐지만 해당 증여를 곧바로 특별수익에 산입하는 경향이 있습니다. 그런데 판례는 '증여=특별수익'아니라 '증여 > 특별수익'이라고 판단하고 있습니다. 즉 증여 중에서 상속분의 선급에 해당하는 증여만이 특별수익으로써 산입된다는 의미입니다.

그리하여 법원은 대법원 2019. 11. 21.자 2014스44, 45 전원합의체 결정을 통하여 특별수익을 정의하면서 대법원 2022. 3. 17. 선고 2021다230083, 230090 판결을 통하여 기여의 대가나 보답의 성격을 띠는 증여, 대법원 2011. 12. 8. 선고 2010다66644 판결을 통하여 배우자에 대한 보답과 재산분할 및 부양의 의미로 보이는 증여, 대법원 2014. 11. 25.자 2012스156,157 결정을 통하여 소액에 해당하는 금액, 혼수비용, 유학비용과 국내 체류비용 등을 특별수익으로부터 배제하고 있습니다.

그러므로 상속재산분할심판청구에서 상대방의 특별수익을 주장하는 경우 상대방은 위와 같은 판례를 인용하면서 사실관계를 왜곡함으로써 피상속인의 증여가 위와 같은 의미라는 주장으로 특별수익을 부인하게 됩니다.

> **대법원 2022. 3. 17. 선고 2021다230083, 230090 판결**
> 피상속인으로부터 생전 증여를 받은 상속인이 피상속인을 특별히 부양하였거나 피상속인의 재산의 유지 또는 증가에 특별히 기여하였고, 피상속인의 생전 증여에 상속인의 위와 같은 특별한 부양 내지 기여에 대한 대가의 의미가 포함되어 있는 경우와 같이 상속인이 증여받은 재산을 상속분의 선급으로 취급한다면 오히려 공동상속인들 사이의 실질적인 형평을 해치는 결과가 초래되는 경우에는 그러한 한도 내에서 생전 증여를 특별수익에서 제외할 수 있다.

대법원 2014. 11. 25.자 2012스156,157 결정

원심은 피상속인 명의의 신한은행계좌에서 인출된 3,794,893원, 상대방의 혼수비용, 상대방의 자녀에게 송금한 유학비용과 국내 체류비용 등은 특별수익으로 볼 수 없거나 피상속인이 증여하였다고 볼 증거가 부족하다는 이유로 이 부분 상대방의 특별수익에 관한 청구인의 주장을 배척하였는바, 위 법리에 비추어 기록을 살펴보면 원심의 위와 같은 사실인정과 판단은 정당한 것으로 수긍할 수 있고, 거기에 논리와 경험의 법칙에 반하여 자유심증주의의 한계를 벗어나거나 민법 제1008조의 특별수익에 관한 법리를 오해한 잘못이 없다.

사례

증여를 기여의 대가로 인정한 사례 : 특별수익 배제

▷ 서울중앙지방법원 2022.8.31.선고 2021가단116260 소유권이전 등

3. 판단

가. 이 사건 부동산이 유류분 산정의 기초재산에 해당하는지

갑 제8호증, 을 제5 내지 10, 15, 17호증의 각 기재와 심문 전체의 취지에 의하여 인정되는 다음 사실들을 종합하면, D가 피고에게 이 사건 부동산을 증여한 것은 피고의 특별한 기여나 부양에 대한 대가의 의미로 봄이 타당하다. 이러한 경우 피고가 증여받은 이 사건 부동산을 상속분의 선급으로 취급한다면 오히려 공동상속인들 사이의 실질적인 형평을 해치는 결과가 초래되므로, 이 사건 부동산은 피고의 특별수익이라고 보기 어렵다.

① 피고는 1993. 9.경부터 D 사망 무렵까지 약 28년 동안 이 사건 부동산에서 D와 함께 거주하였고, 2004년경까지는 D의 모친도 함께 부양하였다.

D는 2017년경부터 걸으면 아프다고 호소하였고, 2019년경부터는 집에서 병상생활을 하며 바퀴 달린 의자에 앉아 화장실만 가는 정도로 거동이 불편하게 되어, 곁에서 일상생활을 도와줄 사람의 존재가 필요한 상태였다. D가 투석 필요성에도 불구하고 입원생활을 거부하였고(을 제8호증 의무기록), 건강보험공단에서 제공하는 장기요양급여 중 방문요양(주 5회), 방문목욕(월 4회), 방문간호(월 2회)만 받은 것으로 미루어 보면 일상생활을 돌보는 역할을 피고와 그 가족들이 주로 하였던 것으로 보인다.

② D는 2011. 12.경부터 2021. 7.경까지 고혈압, 요추 및 추간판장애, 치주염, 무릎관절증, 심부전 등으로 1,000회 가까이 외래 진료, 입원치료를 받거나 약을 처방받았고, 2017년경부터 2021. 7. 사망할 때까지 H병원 척추센터, 신장내과에서 척추관협착증, 투석 등으로 수시로 외래 진료 및 입퇴

원을 반복하였는데, 피고와 그의 처가 보호자로 동반하였고, 치료비를 부담하였다. 한편 원고 B은 2017. 3. 15. 15만 원, 같은 해 2. 13. 50만 원, 원고 A은 2017. 11. 21. 747,000원, 2017. 12. 9. 500,000원, 2017. 12. 13. 472,430원, 2018. 5. 1. 401,000원을 치료비 또는 용돈 명목으로 송금하였다.

③ D는 이 사건 부동산 외에는 자산이 없고, 기초연금 등 사회보장혜택 외에는 소득이 없었다. 치료비와 생활비를 동거하던 피고와 그의 처의 수입에 상당 부분 의존하였을 것으로 보인다. ②항에서 본 치료비 및 용돈 송금 내역 외에 원고들이 D의 부양비용을 분담하였다는 자료는 보이지 않는다.

④ 앞서 보았듯이 피고는 이 사건 부동산 매매대금 중 3차 중도금(1,300만원)과 잔금(1,000만 원)을 부담하였고, 매매대금 지급을 위해 이 사건 부동산을 담보로 대출받은 700만 원의 원리금을 변제하였다. D에게 특별한 수입이 없었던 점에 비추어 보면 이 사건 부동산의 재산세 등 공과금도 피고가 납부하였을 것으로 보인다. 이 사건 부동산 취득과 유지에 피고가 기여하였다고 인정할 수 있다.

⑤ 피고의 처는 2021. 5. 25.부터 5. 27.까지 원고 A에게 D의 병원비 자부담 비율을 낮추기 위해 기초생활수급 신청이 필요하니 금융정보제공동의서에 서명해달라는 문자메시지를 여러 차례 보냈으나 원고 A이 아무런 답을 하지 않아 결국 가족관계해체확인서를 대신 제출하고 기초생활수급 신청을 하였다. 기초생활수급 신청의 당부를 떠나서, D 부양과 관련한 일에 무관심한 태도를 보였다는 정황에 해당한다. 원고 A은 기초생활수급자 신청이 D를 이 사건 부동산에서 내쫓는 일이었으므로 협조하지 않았다고 주장하나, 피고 또는 그의 처에게 그러한 이유로 D의 기초생활수급자 신청에 반대한다거나 대안을 의논한다거나 어떤 식으로든 D 부양 또는 병원비 문제에 관여하였다는 자료는 없어 위 주장을 선뜻 믿기 어렵다.

나. 따라서 이 사건 부동산이 피고의 특별수익으로서 유류분 산정의 기초 재산에 포함됨을 전제로 하는 원고의 유류분반환청구는 받아들이지 않는다.

▷ **서울중앙지방법원 2022.8.17.선고 2020가단5014614 유류분**

3. 청구원인에 관한 판단

피고가 망인으로부터 이 사건 아파트 지분을 증여받았다고 하더라도, 앞서 든 증거들, 을 제1 내지 6호증의 각 기재 및 심문 전체의 취지에 의하여 인정되는 다음과 같은 사정들, 즉 ① 피고는 망인과 20년이 넘는 기간 동안 혼인생활을 유지하며 망인과 생활을 함께 하여온 점, ② 망인은 2001년 하반기부터 이 사건 토지에 건물을 신축하고자 하였는데, 피고가 2002. 1.경 피고 소유의 서울 강남구 O맨션을 매도하여 그 매도대금을 이 사건 아파트 신축을 위한 계약금 등으로 사용하도록 하였을 뿐만 아니라 이후에도 이 사건 아파트 신축공사의 공사비 지급을 위하여 피고의 지분을 포함한 이 사건 대지 및 아파트 각 호실에 공동담보를 설정하여 대출을 받기도 하는 등 망인이 이 사건 토지 및 아파트의 신축·유지함에 있어 피고가 기여한 부분이 상당하다고 보이는 점(원고들은 위 O맨션은 망인이 피고에게 명의신탁한 부동산이라고 주장하나 이를 인정할 아무런 증거가 없다), ③ 망인은 사망 당시 만 90세의 고령이었는바, 사망하기 몇 해 전인 2015년경부터는 건강상태가 눈에 띄게 나빠지기 시작하면서 피고가 병원 내원 및 치료비 부담 등 망인에 대한 부양의무를 부담하여 온 것으로 보이는 점, ④ 원고 A, B은 1985년경부터 현재까지 미국에서 계속 거주하고 있어 망인이 한국으로 귀국한 이후에는 오로지 피고가 망인과 함께 생활하며 망인을 부양하였다고 보이는 점 등을 종합하여 보면, 피고에 대한 증여는 배우자인 피고의 기여나 노력에 대한 보상 내지 평가, 실질적 공동재산의 청산, 피고의 여생에 대한 부양의무의 이행 등의 의미도 함께 담겨있다고 봄이 상당하므로, 이를 특별수익에서 제외하더라도 원고들을 비롯한 망인의 다른 자녀들인 공동상속인들과의 관계에서 공평을 해친다고 볼 수 없다. 따라서 피고에 대한 위 금원의 증여를 특별수익으로 보아 유류분 산정의 기초가 되는 재산액에 포함시키는 것을 전제로 한 원고들의 청구는 이유 없다.

▷ 같은 취지 : 서울동부지방법원 2023.1.13.선고 2021가단154654 유류분반환청구, 서울동부지방법원 2023.7.20.선고 2022가합109436 유류분반환청구

사례

증여를 기여의 대가로 보지 않은 사례 : 특별수익 산입
▷ **서울중앙지방법원 2022.6.9.선고 2021가합577459 유류분 반환청구**

(2) 이 사건의 경우

상대방이 망인을 부양하였다고 주장하는 기간 중 적어도 상당한 기간 동안에는 F에게 소득이 있었던 것으로 보이는 점, 상대방(그 배우자를 통하여 한 것도 포함하여)의 망인에 대한 동거·간호가 통상 기대되는 정도를 넘는다고 뚜렷하게 볼 수 있는 정도의 증거는 보이지 않는 점 등에 비추어 볼 때, 상대방이 제출한 증거들만으로는 상대방이 망인으로부터 D 토지의 1/2 지분을 증여받은 것이 상대방이 망인에 대하여 통상의 부양 수준을 넘는 특별한 부양을 한 데에 대한 대가로 받은 것이라고 인정하기에는 부족하고 달리 이를 인정할 증거가 없다. 결국 망인이 상대방에게 증여한 망인 명의의 D 토지 중 1/2 지분은 특별수익으로서 유류분 산정의 기초가 되는 재산에 포함된다 할 것이다.

▷ 같은 취지 : 서울중앙지방법원 2022.9.1.선고 2020가합568441 상속회복 청구의 소, 서울고등법원 2022.5.13.선고 2021나2026794 유류분반환청구의 소

(나) 배우자가 증여받은 경우

이 문제는 배우자가 어떠한 재산을 증여받았는지, 배우자가 피상속인으로부터 증여받은 재산 이외에 피상속인과 혼인 중에 취득한 재산이 있는지에 따라 배우자가 받은 증여재산이 특별수익으로 인정되기도 하고 그렇지 않기도 합니다.

실무의 경험에 의하면 피상속인이 배우자에게 거주하는 주택이나 노후를 위한 자금을 증여해 주었다면 특별수익으로부터 배제될 가능성이 있습니다.

그러나 만일 배우자가 증여받은 재산 이외에 혼인기간 중 별도의 상당한 재산을 취득해서 소유 중이라면, 이미 혼인을 통하여 상당한 재산을 소유하게 된 배우자에게 또다시 피상속인이 증여한 재산을 특별수익에서 배제하고 법정상속분으로 분할을 받게 하는 것은 오히려 공동상속인 간의 형평을 해하므로, 이러한 경우는 특별수익에 포함될 가능성이 높습니다.

(다) 피상속인의 며느리나 손자들이 증여받은 경우

원칙적으로 피상속인의 며느리나 손자들은 상속인이 아니므로 상속인의 배우자와 직계비속에 대한 증여는 상속인의 특별수익이 될 수 없습니다.

그러나 해당 상속인의 신용문제나 그 이외에 사정으로 인하여 상속인이 아니라 그 배우자나 자녀들에게 거액의 재산을 증여했음에도 불구하고 피상속인이 사망하자 해당 상속인이 자신이 직접 피상속인으로부터 증여를 받은 사실이 없다는 점을 내세워 상속분을 요구한다면 이를 공평하다고 할 수 없습니다.

따라서 예외적으로 증여 또는 유증의 경위, 증여나 유증된 물건의 가치, 성질, 수증자와 관계된 상속인이 실제 받은 이익 등을 고려하여 실질적으로 피상속인으로부터 상속인에게 직접 증여된 것과 다르지 않다고 인정되는 경우에는 상속인의 직계비속, 배우자,

직계존속 등에게 이루어진 증여나 유증도 특별수익으로서 이를 고려할 수 있습니다(대법원 2007. 8. 28. 자 2006스3,4 결정 참조).

그러므로 피상속인이 공동상속인과 그의 배우자에게 각 1/2지분으로 주택을 증여하거나, 며느리의 채무를 대신 변제해 주거나, 통상의 금액을 넘는 학자금을 손자에게 주거나 증여한 경우, 특히 미성년자인 손자에게 재산을 증여한 경우 등은 이를 공동상속인의 특별수익으로 산입할 수 있습니다.

> **대법원 2007. 8. 28.자 2006스3,4 결정**
> 민법 제1008조는 '공동상속인 중에 피상속인으로부터 재산의 증여 또는 유증을 받은 자가 있는 경우에 그 수증재산이 자기의 상속분에 달하지 못한 때에는 그 부족한 부분의 한도에서 상속분이 있다.'고 규정하고 있는바, 이와 같이 상속분의 산정에서 증여 또는 유증을 참작하게 되는 것은 원칙적으로 상속인이 유증 또는 증여를 받은 경우에만 발생하고, 그 상속인의 직계비속, 배우자, 직계존속이 유증 또는 증여를 받은 경우에는 그 상속인이 반환의무를 지지 않는다고 할 것이나, 증여 또는 유증의 경위, 증여나 유증된 물건의 가치, 성질, 수증자와 관계된 상속인이 실제 받은 이익 등을 고려하여 실질적으로 피상속인으로부터 상속인에게 직접 증여된 것과 다르지 않다고 인정되는 경우에는 상속인의 직계비속, 배우자, 직계존속 등에게 이루어진 증여나 유증도 특별수익으로서 이를 고려할 수 있다고 함이 상당하다.

> **사례 상속인에 대한 증여로 본 사례 : 특별수익 산입**
> ▷ **서울고등법원 2021.10.21.선고 2020나2037643 기타(금전)**
> 2) 박XX에 대한 증여를 상대방 김선규의 특별수익으로 볼 수 있는지 여부
> 다툼 없는 사실, 갑 제1 내지 14, 37호증, 을 제69호증(각 가지번호 포함, 이하 같다)의 각 기재, 제1심법원의 XX세무서장에 대한 과세정보제출명령결과 및 심문 전체의 취지에 의하여 알 수 있는 다음과 같은 사정들을 앞서 본 법리에 비추어 보면, 망인의 박XX에 대한 증여는 실질적으로 상속인인 상대방 김XX에게 직접 증여한 것과 다르지 않다고 판단된다. 따라서 청구인의 이 부분 주장은 이유 있다.
> • 상대방 김XX와 그 배우자인 박XX은 부부공동생활을 영위하며 경제적 공동체를 이루고 있으므로,

- 망인의 박XX에 대한 증여로 인한 이익은 상대방 김XX에게도 사실상 귀속된 것으로 볼 수 있다.
- XX기업 주식회사는 주주 현황, 임원 구성 등에 비추어 망 김XX와 망인의 가족들이 소유·운영해 온 가족회사이다. 망인이 2011년에 박XX에게 증여한 XX기업 주식 6,200주는 XX기업의 총 주식 수 48,000주의 약 12.9%에 해당하고, 상속개시 당시 가액은 1,435,643,800원(=6,200주 x 231,554원)에 달한다. 박XX이 상대방 김XX의 배우자라는 사실 외에 기록상 망인이 박XX에게 경제적 가치가 상당한 XX기업 주식을 증여할 별다른 사정을 발견할 수 없다.
- 상대방들은, 박XX이 2010년부터 XX기업의 사내이사로서 XX기업을 운영하는 망인을 보좌하였고, 사내이사 취임 전에도 XX기업에 근무하면서 회사 운영에 기여하였으므로, 망인이 그 공로를 인정하여 주식을 증여하였다는 취지로 주장한다. 그러나 박XX은 망인이 대표이사에서 사임하고 상대방 김XX가 대표이사에 취임한 날인 2010. XX. XX. 비로소 사내이사로 취임하였는데, 망인은 그 이후로 XX기업에서 어떠한 직위도 맡지 아니하였으며(갑 제12호증의 3), 사내이사 취임 전 박XX은 1994. XX. XX. XX기업에 입사하였다가 2000. XX. XX. 퇴사한 것에 불과하다(을 제69호증). 따라서 상대방들의 주장과 같이 망인이 6,200주를 증여할 정도로 박XX이 망인의 XX기업 운영을 보좌하였다거나 그에 기여하였다고 보기 부족하다.
- 박XX이 2002. XX. XX. 망인으로부터 증여받은 XX시 XX면 XX리 산 1-1 외 4필지 각 부동산 지분의 경우 상속개시 당시 가액이 2,021,541,979원에 달하고, 증여시점도 박XX이 XX기업의 사내이사로 취임한 때로부터 8년 전이다. 박XX이 상대방 김XX의 배우자라는 사실 외에 기록상 망인이 박XX에게 경제적 가치가 상당한 토지와 현금 등을 증여할 별다른 사정을 발견할 수 없다.

사례 상속인에 대한 증여에서 배제한 사례 : 특별수익 제외

▷ **중앙지방 2015.1.23.선고 2014가합100950 유류분반환청구의 소**

청구인은 상대방 김XX의 처인 상대방 오XX 명의로 소유권이전등기가 마쳐진 위 각 부동산은 망인이 실질적으로 상대방 김XX에게 증여한 것과 동일시할 수 있으므로 위 부동산은 유류분 산정의 기초재산에 포함되어야 함을 전제로, 상대방 김XX은 청구인에게 위 각 부동산의 상속개시 당시 시가를 기준으로 산정한 유류분액을 지급할 의무가 있다고 주장하므로 살피건대, 위 주장을 인정할 만한 증거는 없고, 오히려 갑 제1호증의 1, 갑 제2호증의 2, 을 제3호증의 1, 2, 을 제10호증의 1 내지 13의 각 기재에 의하면, 상대방 오각-은 시어머니인 망인의 처 이XX가 뇌경색으로 쓰러진 2002. XX. XX. 경부터 그가 사망한 2007. XX. XX.까지 이XX를 돌보면서 입원 및 통원 치료를 도운 사실을 인정할 수 있고, 위 인정사실에 비추어 망인은 며느리인 상대방 오XX의 위와 같은 노력을 감안하여 위 각 부동산을 증여한 것으로 보일 뿐이므로, 청구인의 위 주장은 이유 없다.

(4) 임대차보증금의 공제

부동산을 증여받은 경우에 임차인이 있었다면, 주택의 임차인이 제3자에 대한 대항력을 갖춘 후 임차주택의 소유권이 양도되어 그 양수인이 임대인의 지위를 승계하는 경우에는, 임대차보증금의 반환채무도 부동산의 소유권과 결합하여 일체로서 이전하는 것이므로 증여받은 부동산의 가액에서 임대차보증금을 공제한 나머지 금액이 특별수익이 됩니다(대법원 2009. 5. 28. 선고 2009다15794 판결 참조).

(5) 유증에 의한 부담부증여

유증은 포괄적 유증과 특정유증이 있습니다. 포괄적 유증은 유언자인 피상속인의 재산을 전부 또는 일정비율을 유증하는 방식이고, 특정유증은 피상속인의 재산 중 일부를 지정해서 유증하는 방식입니다.

포괄적 유증의 경우 유증된 재산에는 적극재산만이 아닌 소득재산인 채무도 포함이 됩니다. 따라서 피상속인이 재산 전부를 유증한 경우에는 채무도 전부 수증자에게 상속되고, 일정 비율로 유증한 경우에는 유증비율에 해당하는 채무도 함께 수증자에게 상속됩니다.

따라서 포괄적 유증의 경우 상속채무도 당연히 수유자에게 상속되는 것이므로 특별수익에서 인수되는 상속채무도 공제됩니다.

반면에 특정유증의 경우 유언자가 유언을 통해서 해당 유증이 부담부유증이라고 기재하지 않으면 해당된 적극재산에 대해만 유증의 효력이 미치게 됩니다. 그러나 유증의 대상이 부동산인 경우에 해당 부동산에 관련된 임대차보증금과 근저당권채무는 별다른 사정이 없는 한 함께 유증된 것으로 봅니다. 따라서 특정유증의 경우라고 하더라도 수증자는 해당 특정유증의 부담인 임대차보증금과 근저당권채무에 해당하는 금액의 감액을 주장할 수 있습니다.

자. 준비서면 (청구취지 및 청구원인변경신청)

상속재산분할심판청구는 유류분반환청구와 같이 청구취지 및 청구원인변경신청서를 별도로 제출하지 않고 준비서면의 형식을 제출하게 됩니다. 이러한 준비서면에는 각 특별수익과 기여분을 반영하여 구체적 상속분을 산정한 후 분할방식까지 기재하게 됩니다. 물론 청구취지 및 청구원인변경신청서 방식으로 제출해도 무방합니다.

다만 청구취지변경의 경우는 별도로 청구취지라는 기재를 통해서 원하는 분할비율과 분할방식을 명확히 기재하는 반면에 준비서면의 경우에는 그러한 기재가 없으므로 주로 서면의 끝 부분에 분할비율과 분할방법을 기재하게 됩니다.

특히 이때에는 준비서면만을 제출하지 않고 별도로 준비서면의 주장을 기준으로 계산한 상속재산분할명세표를 추가 제출하게 됩니다.

서식) 준비서면 (청구취지 및 청구원인변경)

준 비 서 면

사　　건　　2023느합XXXX 상속재산분할(본소)
　　　　　　2024느합XXX 기여분결정 및 상속재산분할(반소)
청 구 인　　김ＡＡ 외 1명
상 대 방　　박ＸＸ

위 사건에 관하여 상대방(반소청구인, 이하 '상대방'이라고만 합니다)의 소송대리인은 다음과 같이 준비서면을 제출하면서 심문을 준비합니다.

다 음

1. 당사자의 관계 및 상속개시

망 김XX(이하 '망인'이라고 합니다)는 청구외 권XX과 혼인하여 상대방(본심판 청구인, 이하 '청구인'이라고만 합니다) 김AA와 김XX을 두었으나 이혼하고, 청구인(본심판 상대방, 이하 '상대방'이라고만 합니다) 박XX와 재혼하였습니다. 그런데 망인은 2023. 1. XX. 사망하였습니다.

따라서 상대방은 망인의 배우자이고, 청구인들은 망인의 자녀들인 자들로써, 우리 민법 제1009조 법정상속분 규정에 따라 상대방의 법정상속분은 3/7지분이고, 청구인들의 법정상속분은 각 2/7지분이 됩니다.

2. 상대방의 기여분

기여분에 관하여 우리 민법 제1008조의2 1.항은 「공동상속인 중에 상당한 기간 동거·간호 그 밖의 방법으로 피상속인을 특별히 부양하거나 피상속인의 재산의 유지 또는 증가에 특별히 기여한 자가 있을 때에는 상속개시 당시의 피상속인의 재산가액에서 공동상속인의 협의로 정한 그 자의 기여분을 공제한 것을 상속재산으로 보고 제1009조 및 제1010조에 의하여 산정한 상속분에 기여분을 가산한 액으로써 그 자의 상속분으로 한다.」라고 규정하고 있습니다.

그리고 법원은 「민법 제1008조의2가 정한 기여분제도는 공동상속인 중에 피상속인을 특별히 부양하였거나 피상속인의 재산 유지 또는 증가에 특별히 기여하였을 경우 이를 상속분 산정에 고려함으로써 공동상속인 간의 실질적 공평을 도모하려는 것이다(대법원 2014. 11. 25.자 2012스156,157 결정).」라고 판단하고 있습니다.

따라서 상대방이 피상속인의 재산형성에 특별히 기여한 사실이 입증된다면, 공동상속인 간의 실질적 공평을 도모하기 위하여 상대방의 기여는 마땅히 인정되어야 할 것입니다.

그런데 이 사건으로 돌아와 보면 상대방이 2023. 5. 4.자 반심판청구 중 '3. 반심판청구인의 기여분'에서 자세히 진술한 바와 같이 경기도에서 이 사건 아파트 중 일부를 특별공급분양하였고 상대방이 이에 분양신청을 하여 수분양자로 지정된 사실은 명백히 인증됩니다(을11-1). 그리고 이와 같은 지정에 따라 상대방이 이 사건 아파트에 관하여 20XX. X. X. 분양계약을 체결함으로써 수분양자의 지위를 취득한 사실도 입증됩니다(을11-2). 따라서 당초 이 사건 아파트의 분양권은 전적으로 상대방의 소유에 있었습니다. 그런데 202X. X. XX.자 증여계약서에서 보는 바와 같이 상대방은 이 사건 아파트의 분양권 중 1/2지분을 피상속인에게 증여하였고 XX구청장의 검인까지 마쳤습니다(을13). 그리고 망인이 2023. 1. XX. 사망한 후 2023. X. XX. XX2재정비촉진구역제2지구주택재개발정비사업조합 명의의 보존등기를 마쳤습니다(갑22).

그렇다면 상속재산인 이 사건 아파트 중 1/2지분은 상대방의 202X. X. XX.자 증여로 형성된 재산이라는 사실이 명백합니다.

3. 상속재산

가. 상대방이 신청한 감정에 대한 2023. 8. 2.자 감정인 최XX의 회신, 청구인들이 신청한 감정에 대한 2023. 8. 4.자 감정인 박민수의 회신에 대한 상속개시 당시의 시가를 더하여 1/2를 곱하는 방법으로 산출한 상속개시 당시의 시가는 아래와 같습니다.

- 상속재산에 대한 상속개시 당시의 시가 -

순번	상속재산의 표시	상속개시 당시 시가
1	서울 XX구 XX동 XX e편한세상 XX동 XXXX호 중 1/2	735,500,000
2	서울 XX구 XX로 XX e편한세상 근린생활시설 XX동 XXX호 중 1/2	252,750,000
3	XX군 XX면 XX리 XX-X 답 XXXm²	182,466,000
4	XX군 XX면 XX리 XXX-X 하천 XXXXm² 중 XXXm² 지상주택	45,113,125
5	현금	55,575,718
	계	1,271,404,843

따라서 상속개시 당시를 기준으로 하는 상속재산은 1,271,404,843원(=1,271,484,108원+55,575,718원)입니다.

나. 그런데 우리 법원은 「간주상속재산=상속재산 가액+특별수익 - 기여분」이라고 하고, 「법정 상속분액=간주상속재산 합계×상속인별 각 법정 상속지분」으로 하고, 「구체적 상속분액=법정 상속분액- 각 특별수익+각 기여분」으로 판단하고 있습니다(서울고등법원 2017. 8. 7.자 2016브5(본심판), 2016브6(반심판), 2016브7(반심판), 2016브8(병합) 결정 참고)

그리고 우리 법원은 「상속재산분할은 법정상속분이 아니라 특별수익(피상속인의 공동상속인에 대한 유증이나 생전 증여 등)이나 기여분에 따라 수정된 구체적 상속분을 기준으로 이루어진다(대법원 2022. 6. 30.자 2017스98, 99, 100, 101 결정).」라고 판단하고 있습니다.

그렇다면 간주상속재산은 위 표 순번 제1번이 배제된 순번 제2 내지 5번의 합계 535,904,843원(=1,271,404,843원 - 735,500,000원)이라고 할 것입니다.

4. 공동상속인들의 특별수익

가. 상대방 : 0원

상대방의 특별수익은 없습니다.

나. 청구인 김XX 115,170,000원

청구인 김XX은 2019. 2. 19. 피상속인으로부터 양평군 양서면 국수리 516 전 698㎡을 증여받았습니다(갑15-1).

그리고 당심의 감정인 최성준의 2023. 8. 2.자 회신에 의하면 양평군 양서면 국수리 516 전 698㎡에 대한 상속개시 당시의 시가는 115,170,000원입니다. 그렇다면 위 115,170,000원은 청구인 김XX의 특별수익이라고 할 것입니다.

5. 구체적 상속분

기여분을 공제한 상속재산이 535,904,843원이고 청구인 김XX의 특별수익이 115,170,000원이므로 간주상속재산은 651,904,843원입니다. 따라서 수정된 상속분은 상대방이 279,032,076원(=651,904,843원×3/7)이고, 청구인 김AA은 186,021,384원(=651,904,843원×2/7)이고, 청구인 김XX은 70,851,384원[=651,904,843원×3/7) - 115,170,000원]입니다.

그리고 기여분이 반영된 구체적 상속분은 수정된 상속분 279,032,076원에 기여분인 이 사건 아파트 중 1/2지분에 해당하는 741,000,000원을 더한 1,014,532,076원(=279,032,076원+741,000,000원)이고, 청구인 김AA는 186,021,384원, 청구인 김XX은 70,851,384원입니다.

6. 분할방법

가. 위와 같다면 상대방의 기여분으로 별지 목록 제1항 기재 부동산을 상대방에게 단독분할하면 될 것입니다.

나. 또한 별지 목록 제2항 기재 부동산은 피상속인과 상대방이 혼인하여 피상속인이 사망할 때까지 함께 거주한 주택입니다.

따라서 어느모로보나 피상속인과 상대방이 함께 거주해 왔던 별지 목록 제2항 기재 주택은 상대방에게 단독으로 분할되는 것이 상식에 부합하다고 할 것입니다.

다. 그리고 이외에 별지 목록 기재 제3 내지 10항 기재 각 상속재산은 같은 목록 제2항 기재 주택의 상대방 분할을 반영한 적절한 비율로 공유하는 것으로 분할하면 될 것입니다.

7. 맺는 말

그러므로 위와 같은 제점과 이 사건 아파트에서 상대방과 함께 여생을 보내고자 했던 피상속인이 생전의사를 고려하시어, 별지 목록 제1항 기재 이 사건 아파트 중 1/2지분에 대한 상대방의 반심판청구를 인용하여 주시기 바랍니다.

그리고 청구인 김XX의 특별수익 115,170,000원을 반영한 구체적 상속분을 기준으로 적절한 분할방법에 따른 분할을 명하여 주시기 바랍니다.

2024. 4. 11.

위 상대방 박 X X (인)

서울가정법원 가사X부비송(다) 귀중

별지 목록

상속재산의 표시

1. 가. 1동 건물의 표시

　　　서울 XX구 XX동 XX 이편한세상 제XX동

이하 생략

2. 가. 1동 건물의 표시

이하 생략

3. 경기도 XX군 XX면 XX리 XXX-X 하천 X,XXX㎡ 중 XXX㎡ 위 지상 무허가 주택

4. 경기도 XX군 XX면 XX리 XXX 답 XXX㎡

5. XX은행 XX-XXXX-XXXX-XX계좌 : 3,000,000원

이하 생략

서식) 상속재산분할표

상속재산분할 명세표

재판부　　　　가사X부(비송) (다)
사건번호　　　202X느합XXXX(본소), 2023느합XXXX(반소)
피상속인　　　망 김XX(XXXXXX-1XXXXXX)
상속개시일(사망일)　202X. X. XX.

※ 주의사항

1. 아래 표에 기재하지 않은 재산은 원칙적으로 상속재산분할 대상으로 고려하지 아니할 예정이므로, 자신 및 상대방 모두에 대하여 그 재산으로 주장하는 것은 빠짐없이 기재할 것.

2. 해당 재산에 관하여 특이사항이 있으면 비고란에 기재할 것.

3. 상속재산과 특별수익의 상속개시 당시 가액을 밝힐 것. 당사자 사이에 시가에 관한 다툼이 있을 경우 아래 사항을 참조하여 해당 자료를 제출할 것.

    - 아파트 : 국민은행 부동산 시세 자료(http://www.kbstar.com/)와 국토해양부 실거래가 자료(http://rt.molit.go.kr/, 최근 1년 이내의 것)를 모두 제출할 것.

    - 기타 부동산 : 감정 절차를 거치되, 상속재산의 상속개시 당시 가액과 현재 시점의 가액에 관한 다툼이 있을 경우 두 가액 모두를 감정할 것(특별수익의 경우 상속개시 당시 가액을 감정할 것).

    - 차량 : 해당 차량 가액이 기재된 보험계약서를 제출하고, 이를 제출하지 못할 경우 인터넷 중고차거래 사이트 자료, 보험개발원 차량기준가액 자료(http://www.kidi.or.kr)를 제출할 것.

- 골프회원권이나 콘도회원권 : 회원권 거래소 시세 자료를 제출할 것.
4. 서울가정법원 홈페이지 '자주 묻는 질문'게시판에 아래 표의 한글파일이 게시되어 있으니, 해당 파일을 다운로드 받아 작성하여도 됨(이 경우 작성한 문서를 준비서면에 파일로 첨부하기 바람).

1. 상속인 목록

내역	성명	법정상속분, 분수(A')	법정상속분, 소수(A)	비고 (피상속인과의 관계)
상속인1(상대방1)	박XX	3/7	0.4286	배우자
상속인2(청구인1)	김AA	2/7	0.2857	직계비속
상속인3(청구인2)	김XX	2/7	0.2857	직계비속
상속분 합계		1		

2. 상속재산 목록

- 피상속인 명의의 재산을 원칙으로 함

	순번	재산내역	가액 (상속개시 당시) (B)	증거	비고
부동산	1	서울시 XX구 XX동 XX 아파트 XXX동 XXXX호 중 1/2	735,500,000 [22]	갑22	202X. X. X.자 감정평가서
	2	서울시 XX구 XX동 XX 근린생활시설(단지내상가) XXX동 XXX호 중 1/2	252,750,000	갑23	
	3	XX군 XX면 XX리 XXX-X 답 XXX㎡	182,466,000	갑6-1	
	4	XX군 XX면 XX리 XXX-X 하천 XXXX㎡ 중 XXX㎡ 위지상 무허가주택	45,113,125	갑21	
		소계	1,215,829,125		

---

22) 2023. 8. 2.자 감정평가서의 시가와 2023. 8. 4.자 감정평가서의 시가 평균액입니다
23) 735,500,000원은 상대방이 피상속인에게 증여한 이 사건 아파트 중 1/2지분에 대한 상속개시 당시의 시가입니다.

	3	XX은행 XXX-XXXX-XXXX-XX계좌	3,000,000	갑9	
채권 등	4	이하 생략			
	5				
	6				
	7				
	8				
		소계	55,654,983		
동산					
		총합계(B or C)	1,271,404,843		

3. 특별수익 목록(D)

- 피상속인으로부터 상속인(그 가족들도 포함될 수 있음)이 생전 증여받거나 유증 받은 재산

수익자	순번	수익일시	수익내용	시가* (상속개시당시) (D)	증거	비고
박XX	1		0			
김AA	1		0			
김XX	1	20XX.0X.XX	XX군 XX면 XX리 XX 전 XXX㎡	115,170,000		202X. X. X.자 감정평가서
		총합계(D)		115,170,000		

4. 기여분(G)

- 민법 제1008조의 2 제3항. 상속재산 중 적극재산을 표준으로 계산함.

    (주장비율은 %를 정수로 기재하고, 가액으로 주장하는 경우 기여분액에 해당 가액 기재)

기여상속인	주장비율(F, %)	기여분액(G) (B×F)	비고
박XX		735,500,000	
김AA			
김XX			
합계(G)		735,500,000	

5. 간주상속재산(H)

간주상속재산 651,074,843원=(상속재산 1,271,404,843원 - 기여분액 735,500,000원)+특별수익 115,170,000원

6. 구체적 상속분 계산

상속인	상속분	특별수익 (A)	상속재산 (B)	기여분 (58%) (C)	분할대상 (D=(B-C))	간주상속재산 (E=(A+D))	법정상속분액
박XX	3/7						279,032,076
김AA	2/7						186,021,384
김XX	2/7	115,170,000					186,021,384
계		115,170,000	1,271,404,843	735,500,000[23]	535,904,843	651,074,843	651,074,844

상속인	법정상속분	특별수익	수정된 상속분	구체적 상속분	상속비율
박XX	279,032,076		279032076	1,014,532,076	798/1,000
김AA	186,021,384		186021384	188,343,709	146/1,000
김XX	186,021,384	115,170,000	70851384	73,173,709	56/1,000
계	651,074,844	115,170,000	535,904,844	1,276,049,494	1,000/1,000

가계도

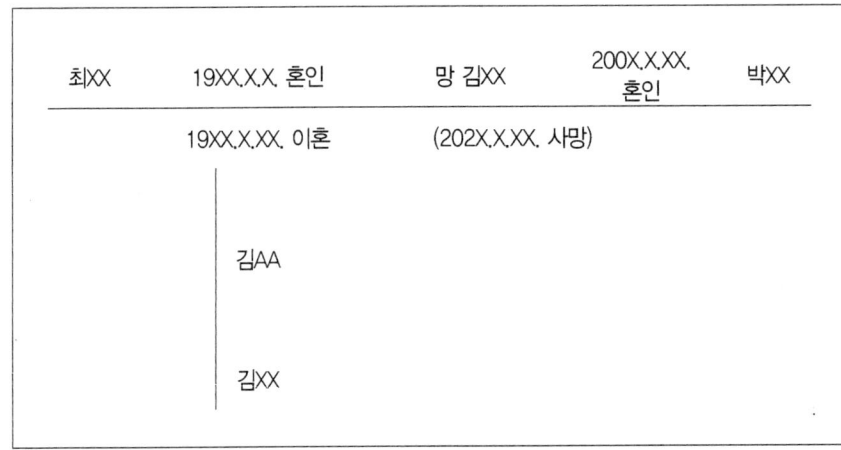

서식) 청구취지 및 청구원인변경신청서

청구취지 및 청구원인변경신청서

사 건   2024느합XXX 상속재산분할
청 구 인   김XX 외 1명
상 대 방   김XX

위 사건에 관하여 청구인들은 다음과 같이 청구취지 및 청구원인 변경을 신청합니다.

주위적 청구취지

1. 별지 목록 각 채권은 청구인들이 각 1/2 지분씩 준공유하는 것으로 분할한다.
2. 상대방은 청구인들에게 각 520,000,000원 및 이에 대하여 이 심판 확정일 다음날부터 다 갚는 날까지 연 5%의 비율에 의한 금원을 각 지급하라.
3. 소송비용은 상대방의 부담으로 한다.

라는 심판을 구합니다.

예비적 청구취지

1. 별지 목록 각 채권은 청구인들이 각 1/2 지분씩 준공유하는 것으로 분할한다.
2. 상대방은 청구인들에게 각 150,000,000원 및 이에 대하여 이 심판 확정일 다음날부터 다 갚는 날까지 연 5%의 비율에 의한 금원을 각 지급하라.
3. 소송비용은 상대방의 부담으로 한다.

라는 심판을 구합니다.

Ⅰ. 주위적 청구원인

1. 당사자의 관계

2. 상속재산
- 이하 생략 -

Ⅱ. 예비적 청구원인

1. 당사자의 관계

2. 청구인들에게 전부 분할될 남은 상속재산

2024. . .

위 청구인 김ⅩⅩ (인)
김ⅩⅩ (인)

서울가정법원 가사Ⅹ부(비송)(Ⅹ) 귀중

별지

생략

차. 참고서면

심문이 종결하더라도 각 당사자는 상대방의 주장에 반박하기 위하여 또는 자신의 주장을 보강하기 위하여 참고서면을 제출할 수 있습니다.

민사재판에서는 변론종결일 이후에 제출한 참고서면은 입증의 방법이 아니라 참고의 대상일 뿐이나, 상속재산분할심판에서는 참고서면이라고 하더라고 입증의 방법이 되므로, 심문이 종결된 후에라도 심판문이 고지되기 전에는 언제든지 제출할 수 있습니다.

카. 심판문

상속재산분할심판청구 사건에서는 판결문이라고 하지 않고 심판문이라고 합니다. 또한 해당 사건의 심문이 종결된다고 하더라도 일반 민사재판과 달리 별도의 선고기일(즉 판결일)을 지정하지 않고, 법원이 심판문을 작성하면 당사자에게 발송하는 방법으로 심판청구의 결과를 통지합니다.

이러한 심판문은 아래와 같이 당사자의 표시, 심판내용에 해당하는 주문 등으로 이루어졌습니다.

심판문은 먼저 당사자의 관계와 상속분을 계산하고, 상속재산을 정한 후 각 상속인들의 특별수익을 정한 후에 이를 반영한 구체적 상속분을 정하게 됩니다.

그리고 여기에 더하여 분할의 방법을 정하는데, 일반적으로는 각 상속재산을 구체적 상속분의 비율에 따라 공유하는 것으로 하나 예외적으로 경매분할 또는 일부 상속인이 일부 부동산을 취득하고 차액을 정산하거나 현금을 지급하는 등의 방법을 제시하기도 합니다.

서식) 심판문

서 울 가 정 법 원

가사 X 부 (비송)

사 건   2023느합XXXX 상속재산분할심판 및 기여분결정 청구

청구인   1. 이XX (XXXXXX-2XXXXXX)
         주소 서울시 XX구 XX로 XX
         등록기준지 XX시 XX면 XX로1번길 1-2
         – 이하 생략 –

상대방
         1. 김XX (XXXXXX-1XXXXXX)
         주소 서울시 XX구 XX로 XX
         등록기준지 XX시 XX면 XX로1번길 1-2
         – 이하 생략 –

주 문

1. 별지 부동산목록 제1 기재 각 부동산, 별지 부동산목록 제2 기재 부동산 중 망 소외 1 명의의 3/17 지분, 별지 채권목록 제1, 2 기재 각 채권, 별지 채권목록 제3 기재 채권 중 망 소외 1의 상속분 3/17 지분, 별지 주식목록 기재 주식, 별지 회원권목록 기재 회원권을 청구인이 단독으로 소유하는 것으로 분할한다.

2. 상대방들은 청구인에게,

   가. 별지 부동산목록 제1 기재 각 부동산 중 각 1/7 지분에 관하여 이 사건 심판 확정일자 상속재산분할을 원인으로 한 소유권이전등기절차를 이행하고,

나. 별지 채권목록 제1 기재 채권 중 각 1/7 지분을 양도하고, 위 채권양도사실을 삼성생명보험 주식회사에 통지하고,

다. 별지 채권목록 제2 기재 채권 중 각 1/7 지분 및 별지 채권목록 제3 기재 채권 중 각 3/119 지분을 각 양도하고, 위 채권양도사실을 주식회사 하나은행에 각 통지하라.

3. 심판비용은 각자의 부담으로 한다.

청 구 취 지

주문 제1항과 같다.

이 유

1. 상속인 및 법정상속분

갑 제1호증의 기재 및 심문 전체의 취지를 종합하면, 피상속인 망 소외 1이 194X. X. X. 망 소외 2와 혼인신고를 마치고 그 사이에 청구인과 상대방들을 낳은 사실, 망 소외 2는 200X. X. X. 사망하였고, 망 소외 1은 200X. X. X. 사망한 사실을 인정할 수 있는바, 위 인정 사실에 의하면 청구인 및 상대방들은 망 소외 1의 공동상속인으로서 각 1/7 지분의 비율로 법정상속분을 가진다.

2. 상속재산의 범위와 그 가액

가. 인정 사실

갑 제2, 3, 4호증, 갑 제5호증의 1 내지 5, 갑 제6호증의 1, 2, 갑 제7호증의 1, 2, 3, 갑 제14호증의 1, 2, 6, 7, 8, 9, 12, 14, 19, 갑 제18호증, 을 제21, 22호증, 을 제23호증의 1, 2의 각 기재, 갑 제14호증의 10, 15, 20호증의 각 일부기재

에 심문 전체의 취지를 종합하면, 다음과 같은 사실을 인정할 수 있고, 이에 반하는 을 제10호증의 2, 을 제20호증의 각 기재, 갑 제14호증의 10, 15, 20호증의 각 일부기재는 이를 믿지 아니한다.

(1) 망 소외 2는 사망 당시 별지 부동산목록 제2 기재 부동산과 별지 채권목록 제3 기재 채권을 보유하고 있었고, 망 소외 1은 사망 당시 별지 부동산목록 제1 기재 각 부동산, 별지 채권목록 제1, 2 기재 각 채권, 별지 주식목록 기재 주식, 별지 회원권목록 기재 회원권을 보유하고 있었다.

(2) 망 소외 1 사망 이후인 200X. X. X. 망 소외 2 명의의 별지 부동산목록 제2 기재 부동산 중 망 소외 1에게 3/17 지분, 청구인과 상대방들에게 각 2/17 지분에 관하여, 200X. XX. X. 상속을 원인으로 한 소유권이전등기가 경료되었고, 그 후 200X. X. X. 별지 부동산목록 제1 기재 각 부동산 중 청구인과 상대방들에게 각 1/7 지분에 관하여, 200X. X. XX. 상속을 원인으로 한 소유권이전등기가 경료되었다.

(3) 망 소외 1의 사망으로 인하여 상속이 개시될 무렵 별지 부동산목록 제1 기재 각 부동산의 가액은 합계 815,744,090원{토지 가액 708,040,000원(571㎡× 2004. 1. 1. 기준 ㎡당 개별공시지가 1,240,000원, 을 22) + 건물 가액 107,704,090원(갑 14-10,15,20)}, 별지 부동산목록 제2 기재 부동산 중 3/17 지분의 가액은 84,180,648원(원 미만 버림, 갑 14-10,15,20), 별지 주식목록 기재 주식의 가액은 합계 9,117,296,500원(1주당 가액 1,402,661원×6,500주, 갑 18), 별지 회원권목록 기재 회원권의 가액은 241,000,000원(갑 14-10,15,20)이다.

나. 분할대상인 상속재산의 범위

(1) 위 인정 사실에 의하면, 별지 부동산목록 제1 기재 각 부동산, 별지 채권목록 제1, 2 기재 각 채권, 별지 주식목록 기재 주식, 별지 회원권목록 기재 회원권과 별지 부동산목록 제2 기재 부동산 및 별지 채권목록 제3 기재 채권 중 망 소외 1의 법정상속분 각 3/17 지분이 망 소외 1의 상속재산(이하 '이 사건 상속재산'이라 한다)으로서 이 사건 분할대상이 된다.

(2) 이에 대하여 상대방 1은, 별지 채권목록 제1, 2 기재 각 채권, 별지 채권목록 제3 기재 채권 중 망 소외 1의 법정상속분 3/17 지분은 가분채권으로서 상속재산분할의 대상에 포함되지 않는다고 주장한다.

그러므로 보건대, 예금채권과 같은 가분채권은 상속개시와 동시에 공동상속인들에게 그 법정상속분에 따라 분할되는 것이 원칙이기는 하나, 상속인 중 초과특별수익자가 있는 경우 가분채권을 상속재산분할 대상에서 제외하면 초과특별수익자는 초과수익을 반환하지 않으면서도 가분채권에 대하여는 법정상속분의 비율로 분할받게 되고, 또 상속재산으로 가분채권만 있는 경우 특별수익자는 자기의 상속분 이상으로 분할받게 되고 기여자는 기여분을 평가받지 못하게 되어 공동상속인 간에 불공평한 결과가 생기게 되므로, 특별수익이나 기여분으로 인하여 법정상속분의 재조정이 이루어져야 하는 경우에는 공동상속인들 사이의 형평을 기하기 위하여 가분채권을 분할대상인 상속재산에 포함시키는 것이 타당하다 할 것인바, 이 사건의 경우 예금채권 등 가분채권이 상속재산의 적지 않은 부분을 차지하고 있고, 아래에서 보는 바와 같이 초과특별수익자가 존재하므로, 공동상속인들 간의 형평을 기하기 위하여 위 각 채권을 분할 대상인 상속재산에 포함시킴이 상당하다.

따라서 위 주장은 받아들이지 아니한다.

다. 분할대상이 되는 상속대상재산 가액 합계

위 인정 사실에 의하면, 이 사건 상속재산 가액의 합계는 12,828,370,201원{815,744,090원(별지 부동산목록 제1 기재 각 부동산의 가액) + 84,180,648원(별지 부동산목록 제2 기재 부동산 중 3/17 지분의 가액) + 9,117,296,500원(별지 주식목록 기재 주식의 가액) + 241,000,000원(별지 회원권목록 기재 회원권의 가액) + 2,570,148,963원(보험금 및 예금, 원 미만 버림)}이다.

3. 특별수익에 관한 판단

가. 청구인의 특별수익

(1) 갑 제14호증의 10, 15, 20, 갑 제18호증, 을 제1 내지 9호증, 을 제11호증의 2의 각 기재에 심문 전체의 취지를 종합하면, 청구인은 1989. 3. 27.경부터 1989. 12. 30.경까지 망 소외 1로부터 그 소유의 소외 3 주식회사 주식 17,936주를 증여 받은 사실, 망 소외 1의 사망 무렵인 2004. X. X.경 현재 위 주식 가액의 합계는 25,158,127,696원(=주당 평가액 1,402,661원×17,936주)인 사실을 인정할 수 있고, 이에 반하는 을 제10호증의 2의 기재는 이를 믿지 아니한다.

(2) 상대방 1은 먼저, 청구인이 2001. 12. 26. 자신이 점유·관리하던 망 소외 1의 정기예금 9,321,798,705원을 임의로 해지하여, 위 상대방에게 그 중 7,477,100,000원을 지급하는 등 이를 임의로 소비하였으므로 위 9,321,798,705원도 청구인이 특별수익한 것이라는 취지의 주장을 하나, 위 상대방에게 지급된 위 금원은 아래에서 보는 바와 같이 망 소외 1이 위 상대방에게 증여한 것으로서 이를 청구인이 특별수익하였다고 볼 수는 없고, 나머지 금원에 대하여도 청구인이 이를 임의로 소비하였다는 점을 인정할 아무런 증거가 없으므로, 위 주장은 이유 없다.

⑶ 상대방 1은 또한, 피상속인으로부터 증여 또는 유증을 받은 자가 있을 때에 그와 같은 증여 또는 유증으로 인하여 발생한 이익의 총액을 참작하지 않으면 공동상속인 간에 불공평한 결과가 발생하게 되므로, 청구인이 망 소외 1로부터 소외 3 주식회사 주식 17,936주를 증여받은 1989.경부터 망 소외 1의 사망으로 상속개시가 이루어지기 전인 2003.경까지 지급받은 주식배당금 또한 청구인이 특별수익한 것으로 보아야 한다는 취지의 주장을 한다.

그러므로 보건대, 공동상속인 중 증여 또는 유증을 받은 자가 있는 경우, 증여목적물의 소유권은 증여 받은 상속인에게 있으므로 그에게 과실을 수취할 권리가 있는 점, 생전에 피상속인이 그 목적물을 증여할 때는 그 목적물의 이용으로부터 발생하는 과실을 상속인에게 귀속시키려는 의사가 있다고 추정할 수 있고, 그와 같은 의사는 존중되어야 한다는 점, 또한 이미 소비하고 특별수익자에게 존재하지 않을 수도 있는 과실까지 특별수익에 포함시키게 된다면 이는 수증자에게 예기하지 못한 부담으로 작용할 수 있는 점 등을 고려하면, 공동상속인들 간의 형평을 위하여 상속개시 이후에 증여목적물로부터 발생한 과실을 특별수익에 포함시킬 수 있음은 별론으로 하고, 그 과실을 포함하지 않을 경우 상속인 간의 형평을 깨뜨릴 만한 특별한 사정이 없는 한, 상속개시 이전에 발생한 과실을 특별수익에 포함시키지 않는 것이 타당하다 할 것인바, 이 사건의 경우 청구인이 지급 받은 주식배당금을 특별수익에 포함하지 않으면 공동상속인들 간에 불공평한 결과가 초래될 만한 특별한 사정이 엿보이지 아니할 뿐만 아니라, 부동산에 대한 사용이익이나 금전에 대한 이자는 과실로서 특별수익에 포함시키지 않으면서 유독 주식배당금만을 특별수익에 포함시키는 것이 오히려 공동상속인 간의 공평의 견지에 반할 우려가 있다 할 것이므로, 상대방의 위 주장은 받아들이지 아니한다(한편, 이 사건 상속개시 이후 청구인이 위 증여받은 주식에 대한 배당금을 지급받았음을 인정할 아무런 증거가 없으므로, 상속개시 이후 주식배당금을 특별수익에 포함시킬 여지 또한 없다 할 것이다).

나. 상대방 1의 특별수익

갑 제10호증의 1 내지 5, 갑 제12호증의 1, 2, 3(을 19호증의 1, 2, 3과 같다)의 각 기재에 심문 전체의 취지를 종합하면, 상대방 1은 1998. 10. 21. 망 소외 1로부터 45억 원, 2001. 12. 26. 7,477,100,000원, 합계 11,977,100,000원을 증여받은 사실을 인정할 수 있다.

이에 대하여 상대방 1은, 자신이 2001. 12. 26. 지급받은 7,477,100,000원은 1998. 10. 10. 서울 ○○구 ○○동(지번 생략) 소재 토지 및 지상건물 중 자신 명의의 공유지분을 소외 3 주식회사에 이전하는 대가로 지급받은 것이지 증여받은 것이 아니라고 주장하므로 살피건대, 을 제16, 17호증의 각 1, 2의 각 기재만으로는 위 주장 사실을 인정하기에 부족하고 달리 이를 인정할 만한 증거가 없으며, 오히려 갑 제15호증의 1, 2, 을 제16, 17호증의 각 1, 2, 을 제18호증의 각 기재에 심문 전체의 취지를 종합하면, 망 소외 1이 서울 ○○구 ○○동(지번 생략) 소재 토지 및 지상건물 중 일부 지분을 상대방 1의 남편인 소외 4에게 명의신탁하였다가 다시 상대방 1에게 명의신탁한 사실, 그 후 상대방 1은 망 소외 1의 요구로 서울 ○○구 ○○동(지번 생략) 소재 토지 및 지상건물 중 자신 명의의 지분을 소외 3 주식회사에 이전한 사실이 인정되는바, 위 XX동 소재 토지 및 지상건물 중 상대방 1 명의의 공유지분이 위 상대방의 노력과 자산으로 마련한 재산임을 전제로 한 위 주장은 더 나아가 살필 필요 없이 이유 없다.

다. 상대방 2, 상대방 3, 상대방 4, 상대방 5, 상대방 6의 특별수익

갑 제14호증의 5의 기재에 심문 전체의 취지를 종합하면, 상대방 2, 상대방 3, 상대방 4, 상대방 5, 상대방 6은 망 소외 1로부터 1998. 10. 22. 각 45억 원(상대방 1의 2004. 11. 30. 준비서면 및 청구인의 2004. 12. 14. 준비서면), 2004. 1. 19. 각 8억 원을 증여 받아 각 합계 53억 원을 증여 받은 사실을 인정할 수 있다.

4. 상속재산분할청구에 관한 판단

가. 구체적 상속분의 산정

(1) 간주상속재산가액 합계

76,463,597,897원{=이 사건 상속재산 가액 합계 12,828,370,201원+청구인의 특별수익 25,158,127,696원+상대방 1의 특별수익 11,977,100,000원+상대방 2, 상대방 3, 상대방 4, 상대방 5, 상대방 6의 특별수익 합계 265억 원(53억 원×5)}

(2) 법정상속분

청구인 및 상대방 각 10,923,371,128원(=76,463,597,897원×1/7, 원 미만 버림)

(3) 수정상속분

① 청구인 : -14,234,756,568원(=10,923,371,128원 - 특별수익 25,158,127,696원)

② 상대방 1 : -1,053,728,872원(=10,923,371,128원 - 특별수익 11,977,100,000원)

③ 상대방 2, 상대방 3, 상대방 4, 상대방 5, 상대방 6 : 각 5,623,371,128원(=10,923,371,128원 - 특별수익 53억 원)

(4) 초과특별수익 안분액

위 계산에 의하면 청구인과 상대방 1이 초과특별수익자들이므로, 그들의 구체적 상속분은 0이 되고, 그들의 초과특별수익을 나머지 상속인들의 법정상속분에 따라 안분하면, 상대방 2, 상대방 3, 상대방 4, 상대방 5, 상대방 6이 각 3,057,697,088원{=(14,234,756,568원 +1,053,728,872원)×1/5}씩 부담하게 된다.

(5) 초과특별수익 분담 후의 구체적 상속분
상대방 2, 상대방 3, 상대방 4, 상대방 5, 상대방 6 : 각 2,565,674,040원(=5,623,371,128원 - 안분액 3,057,697,088원)

(6) 구체적 상속분율
상대방 2, 상대방 3, 상대방 4, 상대방 5, 상대방 6 : 각 2,565,674,040원(구체적 상속분) / 12,828,370,200원(구체적 상속분의 합)=1/5

나. 상대방 2, 상대방 3, 상대방 4, 상대방 5, 상대방 6의 구체적 상속분 양도
상대방 2, 상대방 3, 상대방 4, 상대방 5, 상대방 6이 망 소외 1로부터 각 53억 원을 증여받은 사실은 앞서 본 바와 같고, 한편 갑 제2호증, 갑 제8호증의 1 내지 14, 갑 제9, 11호증, 갑 제14호증의 1 내지 21, 갑 제19호증의 1 내지 6, 갑 제20호증의 각 기재에 심문 전체의 취지를 종합하면, 청구인과 상대방 2, 상대방 3, 상대방 4, 상대방 5, 상대방 6은 2004. 9. 10. 이 사건 상속재산에 대한 위 상대방들의 상속분을 청구인의 소유로 하는 것에 합의한 사실을 인정할 수 있는바, 위 인정사실에 의하면, 위 상대방들이 이 사건 상속재산에 관하여 특별수익이 반영된 자신들의 구체적인 상속분율 각 1/5을 청구인에게 양도한 것으로 봄이 상당하다.

다. 분할방법
그렇다면 이 사건 상속재산은 모두 청구인이 단독으로 소유하는 것으로 분할하고, 상대방들은 별지 부동산목록 제1 기재 각 부동산 중 각 1/7 지분에 관하여 이 사건 심판 확정일자 상속재산분할을 원인으로 한 소유권이전등기절차를 각 이행하며, 별지 채권목록 제1 기재 채권 중 각 1/7 지분을 각 양도하고, 위 채권양도사실을 삼성생명보험 주식회사에 각 통지하며, 별지 채권목록 제2 기재 채권 중 각 1/7 지분 및 별지 채권목록 제3 기재 채권 중 각 3/119 지분을 각 양도하고, 위 채권양도

사실을 주식회사 하나은행에 각 통지함이 상당하다.

5. 결 론

그렇다면 이 사건 상속재산분할청구에 대하여 위 인정과 같이 정하기로 하여 주문과 같이 심판한다.

판사 김선종(재판장) 김매경 시진국

[별 지] : 부동산목록 및 채권목록 등 생략

타. 항고장

심판문을 받게 되면 그때로부터 항고기간(민사소송은 항소기간)이 진행되는데 이 기간 안에 1심 법원의 판단에 불복하는 상속인은 심판문을 받은 다음 날로부터 14일 안에 항고장(민사소송은 항소장)을 제출함으로써 2심에서 다시 다툴 수 있습니다.

그런데 상속재산분할심판청구는 필수적 공동소송이므로 상속인 중 한명이라도 항고를 하게 되면 나머지 상속인들이 항고를 하지 않았다고 하더라도 전부 항고심으로 이송됩니다.

다만 실무에서는 1심의 결과 본인은 어느 정도 만족하여 항고를 하지 않으려고 하였으나, 다른 상속인이 1심에 불복해서 항고를 하는 경우에는 대부분 맞항고를 함으로써 자신도 1심 법원의 판단에 이의가 있다고 주장하게 됩니다.

서식) 항고장

항 고 장

사　　　건　　　2023느합 XX(본심판) 상속재산분할
　　　　　　　　2024느합 XX(반심판) 기여분
청구인(반심판상대방)　1. 이 X X (XXXXXX-1XXXXXX)
　　　　　　　　　　　　서울 강남구 XX동 XX
　　　　　　　　　　　 2. 이 X X (XXXXXX - 2XXXXXX)
　　　　　　　　　　　　서울 은평구 XX동 XXX-X XX아파트 X01호
상대방(반심판청구인)　이 X X (56XXXX - 2XXXXXX)
　　　　　　　　　　　　고양시 일산동구 X동 XX마을 X06동 X02호

위 당사자간 서울가정법원 2023느합 XX (2024느합 XX(반소)) 등 사건에 대하여 동 법원에서 2014. X. XX. 종국 인용되었는 바, 청구인들은 위 판결에 대하여 청구인들의 패소 부분에 대하여 전부 불복이므로 이에 항소를 제기합니다.
(위 판결정본을 2024. X. XX. 송달받았음.)

원심 판결의 표시

1. 청구인(반심판 상대방) 김XX와 상대방(반심판 청구인)의 각 기여분결정 청구를 기각한다.
2. [별지] 상속재산 중 처분된 9/11 지분에 대한 매매대금을 청구인(반심판 상대방) 김XX가 3/9지분, 청구인(반심판 상대방) 이XX, 이XX, 이XX이 각 2/9지분씩 공유하고, [별지] 상속재산 중 2/11지분은 상대방(반심판 청구인)이 소유하는 것으로 분할한다.
3. 심판비용은 각자 부담한다.

항 고 취 지

1. [별지]기재 상속재산에 관하여 청구인(반심판 상대방, 이하 '청구인'이라고 한다) 김XX의 기여분을 30%로 정한다.

2. [별지] 기재 상속재산은 청구인 김XX가 5064/10000지분, 청구인 이XX이 1377/10000지분, 청구인 이XX이 1377/10000지분, 청구인 이XX이 1377/10000지분, 상대방(반심판 청구인, 이하 '상대방'이라고 한다)이 805/10000지분 비율로 소유하는 것으로 분할한다.

3. 만약 현물분할이 부적당할 때에는 이를 경매하여 그 대금 중 경매비용을 제외한 나머지 금액을 청구인 김XX가 5064/10000지분, 청구인 이XX이 1377/10000지분, 청구인 이XX이 1377/10000지분, 청구인 이XX이 1377/10000지분, 상대방이 805/10000지분 비율로 소유하는 것으로 분할한다.

항 고 이 유

추후 제출하겠습니다.

첨 부 서 류

1. 항소장 부본   1통
1. 별지목록   1통

2024. X. XX.

청구인(항고인) 이 X X (인)

이 X X (인)

서울고등법원   귀 중

별지 목록

(1) 서울시 강남구 XX동 XX 대 XXX.X㎡

이하 생략 –

12. 사후인지자의 상속회복청구권

12. 사후인지자의 상속회복청구권

가. 인지청구

상속재산분할의 당사자는 상속인들이고, 민법은 피상속인의 배우자와 자녀들을 1순위 상속인들로 하고 있습니다. 이때 피상속인의 성별에 따라 다소 차이는 있으나 대부분 피상속인의 가족관계등록부를 기준으로 배우자인 상속인과 자녀들인 상속인이 결정됩니다. 특히 피상속인이 남성인 경우에는 비록 친자라고 하더라도 가족관계등록부에 자녀로 기재되어 있지 않으면 상속인이 될 수 없습니다.

그러다보니 피상속인이 생전에 혼인외의 여자와 관계를 통해서 자녀를 두었다고 하더라도 해당 자녀를 자신의 가족관계등록부에 자녀로 출생신고하지 않으면 해당 자녀는 피상속인의 친자임에도 불구하고 상속인의 자격을 취득할 없습니다. 이때 해당 자녀를 혼인외의 자라고 합니다.

이러한 혼인외의 자가 생부의 가족관계등록부에 자녀로 기재되는 절차는 임의인지와 인지청구가 있습니다. 임의인지는 생부가 스스로 자신의 의사에 따라 혼인외의 자를 자신의 자녀로 출생신고를 하는 것입니다. 그리고 인지청구는 혼인외의 자가 생부를 상대로 가정법원에 청구하는 절차입니다. 이러한 인지청구는 생부가 생존 중인 경우에는 생부를 상대로 직접 청구할 수 있으나, 생부가 사망한 후에는 생부가 사망한 사실을 안 날로부터 2년 안에 피상속인의 최후주소지를 관할하는 가정법원에 상대방을 해당 관할 검찰청의 검사로 하여 인지청구를 할 수 있습니다. 가령 피상속인의 주민등록상 주소지가 서울은 상태에서 사망했다면 상대방은 서울중앙지방검찰청 검사가 됩니다.

나. 인지청구되지 않은 혼외자를 배제한 상속재산분할협의

생부가 혼인외의 자에 대한 출생신고를 하지 않은 채 사망하게 되는 경우 피상속인의 가족관계등록부에서는 법률상 배우자와 그 사이에서 출생한 자녀만이 기재되어 있고 혼인외의 자는 기재되어 있지 않습니다.

이러한 점을 이용하여 피상속인의 가족관계등록부에 기재된 배우자와 자녀들은 혼인외의 자를 배제하고 자신들만으로 상속재산분할협의서를 작성하여 상속재산에 대한 협의를 마칠 수 있습니다. 그리고 이러한 상속재산분할협의는 유효합니다.

다. 혼인외의 자의 사후 인지청구

혼인외의 자에 대한 인지가 되지 않은 상태에서 생부가 사망하게 되면, 혼인외의 자는 검사를 상대로 인지청구를 할 수 있습니다. 이때 생부가 사망한 후에 인지되었다고 하여 실무에서는 이를 사후인지라고 합니다.

이때 혼인외의 자는 자신의 제적등본, 기본증명서, 입양관계증명서, 친양자입양관계증명서, 가족관계증명서, 주민등록초본, 가족관계등록부에 어머니로 기재된 분의 제적등본, 혼인관계증명서, 가족관계증명서, 주민등록초본의 신분자료와 생부의 신분을 알 수 있는 자료, 생부와 자신이 친자관계인 사실을 알 수 있는 사진 등을 첨부해서 제출하게 됩니다.

이와 같이 인지청구가 법원에 접수되면 가정법원은 혼인외의 자가 신청한 자료를 확인하여 피인지자인 생부의 기본증명서, 가족관계증명서, 혼인관계증명서, 친양자입양관계증명서, 입양관계증명서, 주민등록초본 그리고 인지청구의 결과에 따라 상속분이 변경되는 생부의 가족관계등록부에 배우자와 자녀들로 기재된 상속인들인 생부의 법률상 배우자와 자녀들의 신분자료와 주민등록초본의 제출을 명하는 보정명령을 하게 되고, 혼외자를 이러한 명령서를 지참해서 가까운 구청이나 주민센터를 방문해 서류를 발급받을 수 있습니다.

해당 자료를 법원에 제출하면 법원에서는 인지청구의 결과에 따라 상속분이 변경되는 생부의 상속인들인 생부의 법률상 배우자와 자녀들에게 인지청구가 신청된 사실을 통지하게 됩니다.

그리고 법원은 혼인외의 자와 생부의 자녀들 중 일부 사이에 부계유전자가 동일한지에 대한 유전자검사명령을 통하여 혼인외의 자가 피인지자의 친자인지의 여부를 확인하도록 합니다. 그리고 그 결과에 따라 판결을 하게 됩니다.

라. 분할을 마치지 못한 상속재산

혼인외의 자가 사후인지를 통하여 피상속인의 가족관계등록부에 자녀로 기재되면 비로소 상속인의 자격을 취득하게 됩니다. 만일 이때까지 상속인들 간에 분할을 마치지 못해서 여전히 피상속인 명의로 남아 있는 상속재산이 있다면 혼인외의 자는 상속인의 자격으로 해당 상속재산을 구체적 상속분에 따라 분할을 받게 됩니다.

또한 이미 혼인외의 자가 상속인의 지위를 취득했음로 다른 상속인들도 혼인외의 자를 배제하고 상속재산분할협의를 할 수 없게 됩니다.

따라서 사후인지에 의하여 혼인외의 자가 피상속인의 가족관계등록부에 기재되면 그 이후에는 일반적인 경우와 마찬가지의 상속재산분할협의의 절차를 밟게 됩니다

마. 마쳐진 상속재산분할협의와 상속회복

그런데 혼인외의 자에 대한 판결이 있기 전에 이미 상속재산분할협의가 마쳐지는 경우가 있을 수 있습니다. 이러한 경우 사후인지된 혼인외의 자는 다른 상속인들을 상대로 상속회복청구를 신청할 수 있습니다. 다만 일반적으로 상속회복청구는 민사법원에 신청하게 되나, 사후인지자의 상속회복청구는 가사소송법 규칙 제2조에 따라 가정법원에 신청하게 됩니다.

가사소송규칙

제2조(가정법원의 관장사항)
① 가정법원은 법 제2조제1항 각호의 사항외에, 다음 각호의 사항에 대하여도 이를 심리·재판한다.
2. 「민법」 제1014조의 규정에 의한 피인지자등의 상속분에 상당한 가액의 지급청구

민법

제1014조(분할후의 피인지자 등의 청구권)
상속개시후의 인지 또는 재판의 확정에 의하여 공동상속인이 된 자가 상속재산의 분할을 청구할 경우에 다른 공동상속인이 이미 분할 기타 처분을 한 때에는 그 상속분에 상당한 가액의 지급을 청구할 권리가 있다

그런데 이와 같은 사후인지자(이하 '피인지자'라고 합니다)의 상속회복청구에 관하여 민법은 가액으로 지급하라고 규정하고 있습니다. 따라서 피인지자는 자신의 상속분을 지분으로 받는 것이 아니라 금전으로 정산받게 됩니다.

생부가 사망한 후 인지청구를 통해서 생부의 가족관계등록부에 자녀로 등재된 친자는

상속인과 동일한 권리를 취득하게 됩니다.

그런데 피상속인의 법률상 배우자와 자녀들이 상속재산에 대한 협의분할을 하지 않아 피인지자가 생부의 가족관계등록부에 기재될 당시에 여전히 생부의 재산이 상속재산인 상태로 있다면 피인지자는 다른 상속인들과 동일하게 상속인으로 참여해서 상속재산분할협의를 하든가 상속재산분할심판청구를 할 수 있습니다.

그런데 피인지자가 생부의 가족관계등록부에 자녀로 기재되기 전에 이미 생부의 법률상 배우자와 자녀들이 피인지자를 배제한 채 자신들만이 참여해서 상속재산분할협의를 한 후에 이러한 분할협의를 근거로 생부의 상속 부동산에 대한 상속등기를 마치거나 상속예금을 출금해서 취득한 경우에는 분할을 할 대상이 없게 됩니다.

이 경우 우리 민법은 제1014조를 통하여 이미 분할을 마친 재산에 대한 재분할협의 요구를 할 수 없도록 하면서 단지 피인지자가 갖는 상속분에 해당하는 지분을 금전으로 지급하도록 하고 있습니다. 물론 일부 재산에 대한 분할협의를 마치고 일부는 여전히 상속재산으로 남아 있다면 분할협의를 마친 상속재산은 가액으로 청구할 수 있고, 생부의 명의로 남아 있는 상속재산에 대해서는 상속재산분할협의를 하거나 상속재산분할심판청구로 각 상속인들의 상속분을 결정하면 됩니다.

이때 피인지자에 대한 상속회복청구권이 발생하게 되나 몇 가지의 쟁점이 있습니다. 1) 피인지자가 취득하게 되는 상속분이 법정상속분을 기준으로 하는지 아니면 구체적 상속분을 기준으로 하는지의 여부이고, 2) 다른 상속인들이 이미 마쳐진 협의분할을 무효로 하고 피인지자를 참여하게 하여 새로운 분할협의를 할 수 있는지의 여부이고, 3) 기여분청구를 함으로써 분할대상이 되는 상속재산의 축소를 할 수 있는지의 여부이고, 4) 이미 납부된 상속세를 상속재산 가액에서 공제하고 피인지자에 대한 상속분을 계산할 것인지 아니면 상속재산을 공제하지 않고 상속재산 그 자체를 두고 피인지자에 지급할 상속회복분을 산정한 후에 지급할 금액에서 피인지자가 부담할 상속세를 공제하는 방법으로 할 것인지의 여부이고 5) 누가 얼마만큼을 반환해야 하는지 즉 반환비율의 문제입니다.

(1) 피인지자의 상속분

먼저 피인지자가 취득하는 상속분을 보면 구체적 상속분을 기준으로 하게 됩니다. 따라서 피인지자에 대한 법정상속분이 2/9지분이라고 하더라고 피상속인으로 부터 배우자와 다른 자녀들에게 특별수익이 인정된다면 피인지자에게 인정되는 상속분은 2/9지분이 아니라 그보다 더 많아지게 됩니다.

(2) 재분할의 가능성

우리 법원은 상속재산분할협의는 공동상속인 전원이 참여하도록 하고 있고 만일 공동상속인 중 일부가 참여하지 않으면 무효로 하고 있습니다. 따라서 피인지자가 없는 상태에서 공동상속인 전원이 참여해서 한 상속재산분할협의는 유효하나 피인지자가 상속인의 지위를 취득한 후 기존의 분할협의를 무효로 하고 새로운 상속재산분할협의를 하고자 한다면 피인지자도 참여해야 합니다.

그러나 실무적으로 이미 마쳐진 분할협의를 무효로 하고 새로운 분할협의를 통해서 재분할을 하는 사례는 찾기 힘듭니다. 대부분의 경우 피인지자는 금전을 지급받는 상속회복청구의 소를 통해서 자신의 상속분을 회복하고자 합니다. 따라서 결과적으로 재분할을 할 수 없다고 보시면 됩니다.

(3) 기여분청구의 가능 여부

상속인들이 해당 재산에 대한 협의분할을 통하여 나누었으나 친부의 배우자 또는 자녀들 중 일부가 기여분 청구를 할 수 있다면 배우자나 피인지자를 제외한 자녀들인 상속인들은 기여분청구를 통하여 분할대상인 상속재산을 축소할 수 있습니다.

가령 상속인으로 배우자와 혼외자를 제외한 자녀인 상속인들이 2명인 경우에 피인지자를 포함하면 상속분은 배우자 2/9지분, 자녀들인 상속인들은 각 2/9지분이 됩니다. 따라서 피상속인이 생전에 27억원의 재산을 소유하다가 자녀들 중 1명에게 4억원의 재산을 증여함으로써 남은 재산이 23억원이라면 피인지자를 포함한 각 상속인들의 상속분은 아래와 같습니다.

상속인	법정상속분	특별수익	상속재산	간주상속재산	법정상속분	구체적상속분
배우자	1/3				900,000,000	900,000,000
1남	2/9	400,000,000			600,000,000	200,000,000
1녀	2/9				600,000,000	600,000,000
혼외자	2/9				600,000,000	600,000,000
		400,000,000	2,300,000,000	2,700,000,000	2,700,000,000	2,300,000,000

따라서 이 경우 혼외자의 구체적 상속분이 6억원이 됩니다.

그런데 배우자가 혼외자의 상속회복에 대응하여 기여분을 주장하게 되고 기여분으로 30%가 인정되면 분할대상인 상속재산은 아래와 같이 23억원에서 16억 1,000만원으로 변경됩니다.

상속인	법정상속분	특별수익	상속재산	기여분	분할대상인 상속재산
배우자	1/3			690,000,000	
1남	2/9	400,000,000			
1녀	2/9				
혼외자	2/9				
계		400,000,000	2,300,000,000	690,000,000	1,610,000,000

따라서 기여분 30%의 인정으로 상속재산 23억원에서 기여분으로 6억 9,000만원이 분할대상에서 배제되면 분할대상인 상속재산은 16억 1,000만원이 됩니다. 그리하여 이

경우 법정상속분의 기준이 되는 간주상속재산은 특별수익 4억원에 분할대상인 상속재산 16억 1,000만원을 더한 20억 1,000만원이 됩니다. 이러한 간주상속재산을 기준으로 각 상속인들의 법정상속분액과 구체적 상속분을 산정하면 아래와 같습니다.

— 배우자의 기여분 30% 인정 —

상속인	특별수익	분할대상인 상속재산	간주상속재산	법정상속분	안분전 상속분	구체적 상속분
배우자				670,000,000	670,000,000	1,360,000,000
1남	400,000,000			446,666,667	46,666,667	46,666,667
1녀				446,666,667	446,666,667	446,666,667
혼외자				446,666,667	446,666,667	446,666,667
계	400,000,000	1,610,000,000	2,010,000,000	2,010,000,000	1,610,000,000	2,300,000,000

따라서 배우자에게 30%의 기여분 인정으로 피인지자가 취득하는 구체적 상속분은 446,666,667원으로 당초의 6억원에 비해 153,333,333원이 감액되고, 이로 인하여 피인지자를 제외한 나머지 상속인들이 반환할 금액도 그만큼 감소하게 됩니다.

그러므로 피인지자가 신청하는 상속회복청구 사건에서 배우자 또는 다른 공동상속인들이 기여분을 청구할 수 있는지의 여부와 인정 여부는 곧바로 반환할 상속회복분의 감액과 연결됩니다.

그런데 대법원 1999. 8. 24.자 99스28 결정에서는 판례는 「상속재산분할 후에라도 피인지자나 재판의 확정에 의하여 공동상속인이 된 자의 상속분에 상당한 가액의 지급청구가 있는 경우에는 기여분의 결정청구를 할 수 있다.」라고 함으로써 피인지자의 상속회복청구에 따른 기여분 청구를 인정하고 있습니다.

그러므로 인지청구를 통하여 상속인의 자격을 취득한 피인지자가 상속회복청구를 하는 경우에 다른 상속인들은 기여분 청구를 통하여 피인지자에게 반환할 회복분의 감액을 신청할 수 있다고 할 것입니다.

(4) 상속세의 공제 여부와 공제 방법

피인지자는 상속회복을 통하여 구체적 상속분의 비율에 따른 가액을 반환받을 수 있습니다. 그리고 구체적 상속분의 대상이 되는 재산은 상속재산이 됩니다. 즉 상속재산에서 기여분을 공제하고 특별수익을 더한 후에 법정상속지분을 곱하여 나온 법정상속분액에 각 공동상속인들의 특별수익을 공제하고 기여분을 더하여 각 상속인들의 구체적 상속분을 산정하게 됩니다.

여기서 상속회복의 대상이 되는 상속재산에 상속세를 공제한 후 피인지자의 상속회복분액을 산정할 것인지 아니면 상속재산 자체를 기준으로 구체적 상속분을 산정한 후 지급할 가액에서 피인지자가 부담하게 되는 상속세를 공제하고 지급하는 방법을 취할 것인지가 문제됩니다.

이에 대해서 2015. 11. 11. 선고된 서울고등법원 2015르199 상속회복 사건에서는 「상속재산의 가액을 산정함에 있어서 상속재산의 가액에서 상속세, 피상속인의 부채를 공제하는 것이 민법 제1014조의 입법 취지에 부합한다 할 것이다.」라고 한 후 「상속세를 공제하는 방법에는 크게, 이미 납부한 상속세액을 공제한 나머지 금액만을 상속재산의 상속개시일 기준 가액으로 보고 여기에 특별수익과 기여분을 가감하여 구체적 상속분을 산정한 후 다시 위 상속세액의 심문종결일 기준 환산액을 공제한 나머지 금액만을 상속재산의 심문종결일 기준 가액으로 보아 피인지자 등에게 귀속되어야 할 최종상속분액, 즉 상속분상당가액을 산정하는 방법과, 상속세액을 공제하지 아니한 상속재산의 상속개시일 기준 가액에 특별수익과 기여분을 가감하여 구체적 상속분을 산정한 후 역시 상속세액을 공제하지 아니한 상속재산의 심문종결일 기준가액을 근거로 피인지자 등에게 귀속되어야 할 최종상속분액, 즉 상속분상당가액을 산정한 후 그 가액에서 위 상속세액 중 피인지자 등이 부담하였어야 할 세액을 공제하여 다른 공동상속인들이 지급하여야 할 최종가액을 산정하는 방법의 두 가지가 있을 수 있는데, 비록 상속세액의 납부는 상속개시 이후에 이루어진다고 하더라도, 납부한 상속세액 상당의 상속재산은 공동상속인들이 현실적으로 이익을 얻을 수 있었던 부분이 아닌 점, 대부분의 상속세가 비교적 조기에 납부된 점, 상속세의 실제 납부일에 따라 그 가치를 상속개시일 또는 심문종결일로 환산하여 공제하는 방법에도 여러 가지 난점이 따르는 점 등의 사정을 고려하여, 이 사건에서는 전자의 방법에 따르기로 한다.」라고 함으로써, 상속재산 자체에서 처음부터 상속세를 공제하고 남은 금액만을 기준으로 구체적 상속분을 산정하고 있습니다.

그러므로 피인지자의 구체적 상속분은 '{특별수익+상속재산 - 상속세 - 기여분 - 상속채무}×법정상속분}+기여분 - 특별수익=구체적 상속분'이 됩니다.

그리고 이와 같은 계산에 따라 사후인지자는 상속회복을 통해서 가액을 반환받더라도 상속세를 납부할 필요가 없으며 사후인지자와 다른 상속인 간의 상속세 정산문제가 발생하지 않습니다.

(5) 반환비율

상속회복을 통하여 피인지자가 반환받을 금액이 정해졌다면 누구에게 얼마를 받을 것인지의 문제가 남게 됩니다.

이때 상속재산분할협의를 통해서 상속재산을 분할받은 각 상속인들은 자신의 구체적 상속분을 초과하는 금액의 전체 합계에 대한 비율에 따라 반환할 금액을 정하게 됩니다.

즉 '반환할 금액=반환되는 상속회복금×(해당 상속인의 구체적 상속분을 초과하는 분

13. 친생자관계부존재확인의 소와 상속재산분할청구권의 관계

할금 / 전체 상속인의 구체적 상속분을 초과하는 분할금의 합계)'가 됩니다.

13. 친생자관계부존재확인의 소와 상속재산분할청구권의 관계

가. 상속인으로부터 배제하는 친생자관계부존재확인의 소

상속은 과거에는 제적등본 2008년 가족관계등록제도가 시행된 후에는 가족관계등록부를 기준으로 정해지는 것이 일반적입니다. 따라서 실제 자녀가 아니라고 하더라도 가족관계등록부에 자녀로 기재되어 있다면 상속인이 되는 반면에, 실제 친자라고 하더라도 친부의 가족관계등록부에 기재되어 있지 않다면 상속인으로 부터 배제됩니다. 그러다 보니 피상속인의 친자가 아닌 사람이 피상속인의 가족관계등록부에 자녀로 기재된 경우에 친자들과 사이에 상속인의 지위 또는 상속분을 놓고 분쟁이 발생하기도 합니다. 상속재산에 대한 협의분할은 전제조건이 상속인 전원의 합의를 필요로 하므로, 자신이 친자가 아님에도 불구하고 가족관계등록부에 자녀로 기재된 것을 이유로 상속분을 요구하면서 협의를 거부하면 원만한 분할협의를 할 수 없습니다.

실무에서 자주 겪는 사례가 어떤 남자가 재혼을 하면서 그 여자의 자녀를 자신의 자녀인 것처럼 출생신고를 하는 경우입니다. 또는 남편이 밖에서 다른 여자와 사이에서 자녀를 낳고는 그 자녀를 당시 법률상 배우자의 자녀로 출생신고를 하기도 합니다. 그러다보니 앞의 경우에는 아버지와 자녀가, 뒤의 경우에는 어머니와 자녀가 사실과 다르게 가족관계등록부에 기재되는 불일치가 발생합니다.

그런데 평소 가족관계등록부를 발급받는 일이 거의 없으므로, 위와 같이 출생신고를 마쳤으나 재혼한 후에 다시 서로 이혼을 해서 재혼했던 여자가 자신의 아이를 데리고 가거나, 남편이 밖에서 낳은 아이에 대해서 배우자의 자녀로 출생신고를 했지만 여전히 그 아이를 생모가 키우는 경우 해당 남자의 자녀들은 자신의 아버지의 가족관계등록부에 전혀 알지도 못하는 사람이 자신들의 형제로 기재되어 있다는 사실을 알지 못하는 경우가 많습니다.

그러다보니 아버지 또는 어머니의 사망을 인하여 상속재산에 대한 분할협의를 하는 과정에서 자신들이 전혀 알지도 못하는 사람이 자신의 형제로 기재된 사실을 알게 됩니다.

이 경우 피상속인의 배우자나 자녀는 실제 피상속인의 자녀가 아님에도 피상속인이 자녀로 기재된 사람을 상대로 친생자관계부존재확인의 소를 제기해서 인용판결을 받아 그 자녀를 피상속인의 가족관계등록부에서 말소함으로써 상속인으로부터 배제할 수 있습니다.

아래는 남편이 다른 여자와 사이에 출생한 자녀를 본부인의 자녀로 출생신고를 한 사건에서 본부인이 해당 자녀를 상대로 친생자관계부존재확인의 소를 신청하여 '청구인(본부인)과 상대방(혼외자) 사이에 친생자관계가 존재하지 아니함을 확인한다.'는 판결을 받은 사례입니다. 이러한 판결을 받은 후에 항소기간을 거쳐 해당 판결이 확정되면 해당 판결문에 확정증명과 송달증명을 첨부해서 혼외자를 본부인의 가족관계등록부에서 말소함으로써 혼외자의 본부인에 대한 상속인의 지위를 말소할 수 있습니다.

> # 의정부지방법원
> # 판 결
>
> 사 건 2022느단XXX 친생자관계부존재확인
> 청 구 인 본부인
> 주 소
> 등록기준지
> 상 대 방 혼외자
> 주 소
> 등록지준지
> 심문종결 2023. 3. 22.
> 판결선고 2023. 4. 26.
>
> ## 주 문
> 1. 청구인과 상대방 사이에 친생자관계가 존재하지 아니함을 확인한다.
> 2. 소송비용은 각자 부담한다.

나. 무효인 출생신고의 입양으로의 전환

그런데 간혹 이러한 친생자관계부존재확인의 소가 제기되면 일부 자녀는 입양의 효력을 주장하기도 합니다.

법원은 친자가 아닌 사람을 자신의 자녀인 것처럼 출생신고를 마친 사안에 대하여「청구외 망 갑이, 태어난지 약 3개월된 상태에서 부모를 알 수 없는 기아로 발견되어 경찰서에서 보호하고 있던 피청구인을 입양의 의사로 경찰서장으로부터 인도받아 자신의 친생자로 출생신고하고 양육하여 왔는데 피청구인이 15세가 된 후 위 망인과 자신 사이에 친생자관계가 없는 등의 사유로 입양이 무효임을 알면서도 위 망인이 사망할 때까지 아무런 이의도 하지 않았다면 적어도 묵시적으로라도 입양을 추인한 것으로 보는 것이 상당하다(대법원 1990.03.09. 선고 89므389 판결 친생자관계부존재확인).」라고 판단하고 있습니다.

즉 해당 자녀가 피상속인의 자녀가 아니라고 하더라도, 만 15세까지 동거부양을 하면서 사실상 신분관계에 맞는 생활을 유지했다면, 대외적으로 해당 자녀가 피상속인의 자녀라는 사실이 대외적으로 형성이 되어 있고 그 둘 사이에서도 부모와 자녀 간의 관계가 성립되었으므로 무효인 출생신고를 말소하지 않고 유효한 입양으로 보아 입양의 효력이 있다고 보는 것입니다.

그리고 이와 같은 신분관계에 맞는 생활을 함으로써 입양의 효력이 발생하면 그 후 양자는 파양을 하는 것 외에 양자는 친자와 동일한 권리를 갖게 되므로, 어떤 자녀가 누군가의 친자가 아니라는 친생자관계부존재확인의 소가 제기되더라도 입양의 효력이 주장되고 인정되면 제기된 친생자관계부존재확인의 소를 기각되고 그 자녀를 양자로써 기존의 지위를 그대로 유지하게 됩니다.

다. 입양에 대응하는 파양

물론 친생자관계부존재확인의 소에서 양자가 입양의 효력을 주장하는 것에 반대하여 파양을 주장할 수 있습니다. 그러나 이와 같은 파양의 주장은 합당한 이유가 있어야 하는데, 만일 이러한 파양의 주장이 인정되면 친생자관계부존재확인의 소에서도 파양에 갈음하여 부존재판결을 하게 됩니다.

아래의 사건은 남편이 외부에서 낳은 아들을 자신의 자녀로 출생신고한 후 남편이 해당 아이의 양육을 부탁하자 이를 양육하였으나 이후 자신이 사망하게 되면 자신의 친자들이 자신의 상속재산을 두고 분쟁이 발생할 것을 염려하여 해당 자녀를 상대로 친생자관계부존재확인의 소를 제기하였으나 해당 자녀가 입양의 효력을 주장하자 이에 파양을 주장하여 인정된 판결사례입니다.

청 구 취 지

주문과 같다.

이 유

1. 기초사실

가. 원고는 1966. ▇▇▇ 심▇▇▇▇▇▇▇와 혼인신고를 하고 혼인생활을 영위하다가 2002. ▇▇ 위 심▇▇과 이혼하였다. 심▇▇은 2003. ▇▇▇ 장▇▇과 혼인신고를 하였다.

나. 원고와 피고의 가족관계등록부에는 피고의 부로 위 심▇▇이, 피고의 모로 원고가 등재되어 있다.

다. 그러나 사실 피고는 생부 심▇▇와 생모 최▇▇ 사이에서 포태되어 출생하였을 뿐 원고는 생모가 아니었다. 그럼에도 불구하고 심▇▇은 1979년경 피고를 심▇▇의 자로 출생신고(이하 '이 사건 출생신고'라 한다)를 하면서 피고를 심▇▇의 호적에 입적시켰고, 그 결과 가족관계등록부에는 당시 심▇▇의 배우자이었던 원고가 피고의 모로 등재되게 되었다.

라. 유전자 검사 결과 원고와 피고는 친자일 확률이 없는 것으로 나타났고, 피고도 원고의 친자가 아님을 변론기일에서 시인하였다.

[인정근거] 갑 제1 내지 3호증(가지번호 있는 것은 가지번호 포함, 이하 같다), 을 제5호증의 각 기재, 변론 전체의 취지

2. 판단

가. 위 인정사실에 의하면, 원고가 피고의 생모가 아닌 사실은 명백하다.

나. 이에 대하여 피고는, 원고가 이 사건 출생신고 당시에 원고와 피고 사이에 양친자관계를 창설하려는 명백한 의사가 있었고, 입양의 실질적 요건도 모두 구비되었으며, 입양의 법률적 효과는 친생자의 법률적 효과와 동일한 이상, 원고로서는 친자관계의 부존재를 다툴 법률상 이익이 없다고 주장한다.

살피건대, 을 제1 내지 4호증의 각 기재, 갑 제4, 5, 7, 8, 10, 11호증의 각 일부 기재, 증인 장■■의 일부 증언, 원고 및 피고에 대한 일부 당사자신문결과에 변론 전체의 취지를 더하면, 심■■은 원고와 혼인생활을 영위하던 중 최■■를 만났고, 최■■는 심■■과 사이에서 피고를 출산한 사실, 심■■은 최■■가 데리고 있던 피고를 1979년경 원고에게 데리고 와서는 원고에게 피고를 양육할 것을 요구하면서 이 사건 출생신고를 하였고, 그 결과 피고는 심■■과 원고의 자로 입적된 사실, 이에 대하여 최■■ 아무런 이의를 제기하지 않았던 사실, 원고는 심■■의 요구를 거부하는 의사를 표시하기도 하였으나 결국 피고를 키우기로 한 사실, 당시 원고는 심■■과의 사이에서 이미 4명의 친자(■■■■■■■■■■■)를 두고 있었는데 그럼에도 불구하고 원고는 위 친자들과 피고를 차별하지 않으려 노력하면서 2000년경까지 피고를 양육한 사실, 피고는 고등학교 재학 시절에 원고가 생모가 아닌 사실을 알게 된 사실, 그럼에도 피고는 원고를 고맙게 여기면서 군에서 제대한 2000년도까지는 원고와 각별한 사이를 유지하였던 사실, 더불어 위 4명의 친자들 또한 위 2000년도까지는 피고와 특별한 문제 없이 지내 왔었던 점을 인정할 수 있다.

위와 같이 인정된 사실 및 사정에 비추어 보면, 원고는 심■■이 행한 이 사건 출생신고를 받아들이면서 피고를 친자들과 별다른 차별 없이 양육하여 왔던 것으로 보이고, 그렇다면 이 사건 출생신고에는 입양의 효력이 있다고 할 것이다.

다. 이에 대하여 원고는, 원고와 심■이 이혼 소송을 벌이기 시작한 2000년경부터 현재까지 피고는 원고와의 연락을 끊고 오히려 원고와는 악연인 장을 어머니로 모시고 있는 등 원고와의 양친자관계를 계속하기 어려운 행동을 하고 있다면서, 원, 피고 간에는 민법 제905조 제4호가 정한 재판상 파양 사유가 존재하여 이 사건 확인을 구할 필요가 있다고 주장한다.

살피건대, 원고와 피고가 친생자관계가 아님에도 불구하고 2000년경까지 각별한 사이를 유지하고 지내왔던 사실은 앞서 본 바와 같지만, 한편 갑 제15호증의 영상, 갑 제4, 5, 7, 8, 10, 11호증의 각 일부 기재, 증인 장■의 일부 증언, 원고 및 피고에 대한 일부 당사자신문결과에 변론 전체의 취지를 더하면, 심■은 원고와의 혼인기간 중 장■을 만나 내연관계를 유지하였고, 장■은 1979년경 심■과 사이에서 심■을 출산한 사실, 심■은 2000년경 장■과 혼인생활을 할 생각으로 원고와 이혼 소송을 벌이기 시작하였는데, 이 때 원고의 친자들이 대부분 원고를 따라 갔으나 피고는 잠시 원고 곁에 있다가 심■을 따라 간 사실, 이후 원고와 심■은 이혼하였고, 얼마 지나지 않아 심■은 위 장■과 혼인신고를 한 사실, 한편 심■은 2008. ■.■. 사망하였는데 피고는 심■의 사망 사실을 원고에게 알리지 않은 채 장■ 등과 함께 장례식을 치른 사실, 피고는 2013년경 진행된 민사소송(서울중앙지방법원 2013가소■■■■사건)에서 위 장■, 심■과 함께 소송을 진행한 사실, 피고는 원고에게 알리지 않는 대신 장■을 모시고 결혼식을 올린 사실, 피고는 2000년경부터 현재까지 원고 및 원고의 친자들과 명절이나 생일 등에도 교류하지 않는 등 거의 연락을 끊고 지내 온 반면, 장■은 피고의 자녀들 돌잔치에 참석하는 등 장■과는 교류를 이어 온 사실을 인정할 수 있다.

위 인정사실에 의하면, 피고는 2000년경부터 현재까지 원고와는 거의 연락을 끊고 지내온 반면, 원고와는 약연인 위 정◯◯와는 밀접한 관계를 유지하여 온 점을 인정할 수 있는바, 그렇다면 원고와 피고 사이의 양친자관계는 더 이상 유지되기 어렵다 할 것이고, 이는 민법 제905조 제4호가 정한 재판상 파양 사유가 해당한다.

따라서, 원고로서는 피고와의 친자관계 부존재의 확인을 구할 법률상 이익이 있다 할 것이다.

3. 결론

그렇다면, 원고의 이 사건 청구는 이유 있으므로, 이를 인용하기로 하여, 주문과 같이 판결한다.

판사

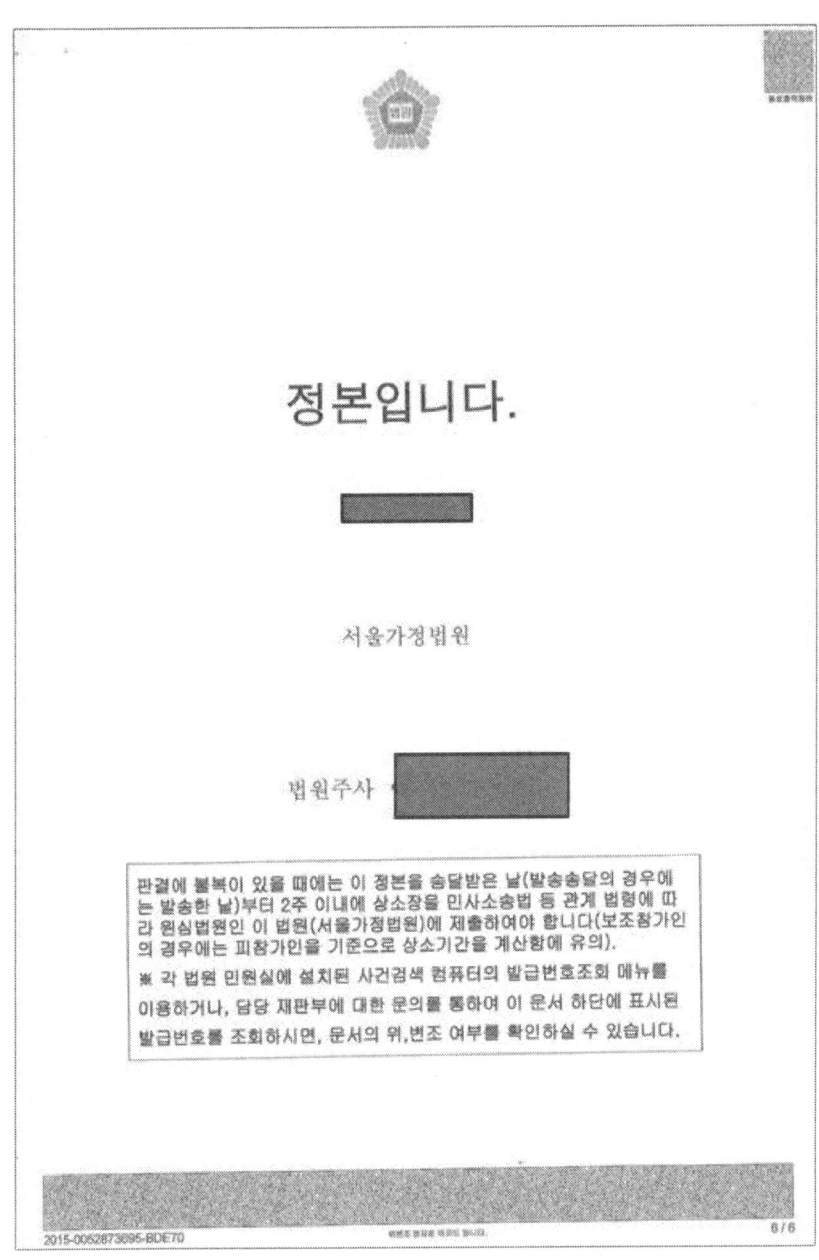

라. 친생자관계부존재확인의 소에 대한 흐름

그러므로 친생자관계부존재확인의 소는 친자가 아닌 자에 대한 "친생자관계부존재확인의 소 ⇒ 입양의 효력 ⇒ 파양"으로 진행된다고 할 것입니다.

물론 친생자관계부존재확인의 소는 친자가 아닌 경우에 신청되고, 입양의 효력은 상당 기간 양육한 경우에 주장됩니다. 그 후 입양의 효력이 인정되면 파양의 이유를 주장함으로써 사실상 파양에 해당하는 친생자관계부존재확인의 판결을 받음으로써 해당 자녀를 가족관계등록부에서 말소하게 됩니다.

대법원 2010.03.11. 선고 2009므4099 판결 친생자관계존부확인
당사자가 양친자관계를 창설할 의사로 친생자 출생신고를 하고 거기에 입양의 실질적 요건이 모두 구비되어 있다면 그 형식에 다소 잘못이 있더라도 입양의 효력이 발생하고, 양친자관계는 파양에 의하여 해소될 수 있는 점을 제외하고는 법률적으로 친생자관계와 똑같은 내용을 갖게 되므로 이 경우의 허위의 친생자 출생신고는 법률상의 친자관계인 양친자관계를 공시하는 입양신고의 기능을 발휘하게 되는 것이지만, 여기서 입양의 실질적 요건이 구비되어 있다고 하기 위하여는 입양의 합의가 있을 것, 15세 미만자는 법정대리인의 대낙이 있을 것, 양자는 양부모의 존속 또는 연장자가 아닐 것 등 민법 제883조 각 호 소정의 입양의 무효사유가 없어야 함은 물론 감호·양육 등 양친자로서의 신분적 생활사실이 반드시 수반되어야 하는 것으로서, 입양의 의사로 친생자 출생신고를 하였다 하더라도 위와 같은 요건을 갖추지 못한 경우에는 입양신고로서의 효력이 생기지 아니한다.

대법원 2009.04.23. 선고 2008므3600 판결 친생자관계존부확인
양모가 사망한 양부에 갈음하거나 또는 양부를 위하여 파양을 할 수는 없다고 할 것이며, 이는 친생자부존재확인을 구하는 청구에 있어서 입양의 효력은 있으나 재판상 파양사유가 있어 양친자관계를 해소할 필요성이 있는 이른바 재판상 파양에 갈음하는 친생자관계부존재확인청구에 관하여도 마찬가지라고 할 것이다. 왜냐하면 양친자관계는 파양에 의하여 해소될 수 있는 점을 제외하고는 친생자관계와 똑같은 내용을 갖게 되는데, 진실에 부합하지 않는 친생자로서의 호적기재가 법률상의 친자관계인 양친자관계를 공시하는 효력을 갖게 되었고 사망한 양부와 양자 사이의 이러한 양친자관계는 해소할 방법이 없으므로 그 호적기재 자체를 말소하여 법률상 친자관계를 부인하게 하는 친생자관계존부확인청구는 허용될 수 없는 것이기 때문이다.

14. 상속재산분할과 사해행위취소소송 간의 관계

14. 상속재산분할과 사해행위취소소송 간의 관계

가. 사해행위에 해당하는 상속재산분할협의

피상속인의 사망으로 상속인들에게 피상속인의 재산과 채무가 포괄적으로 승계됩니다. 이때 당시 소유하고 있는 재산보다 채무가 더 많은 상속인이 자신의 상속분을 포기하고 다른 상속인이 상속을 받도록 하거나 상속분보다 적은 재산을 상속받는 것으로 하는 상속재산분할협의를 하는 경우가 있습니다.

그런데 상속재산분할협의를 통해서 채무자인 상속인의 상속분을 0원으로 한 사안에 대해서 법원은 「상속재산의 분할협의는 상속이 개시되어 공동상속인 사이에 잠정적 공유가 된 상속재산에 대하여 그 전부 또는 일부를 각 상속인의 단독소유로 하거나 새로운 공유관계로 이행시킴으로써 상속재산의 귀속을 확정시키는 것으로 그 성질상 재산권을 목적으로 하는 법률행위이므로 사해행위취소권 행사의 대상이 될 수 있고, 한편 채무자가 자기의 유일한 재산인 부동산을 매각하여 소비하기 쉬운 금전으로 바꾸거나 타인에게 무상으로 이전하여 주는 행위는 특별한 사정이 없는 한 채권자에 대하여 사해행위가 되는 것이므로, 이미 채무초과 상태에 있는 채무자가 상속재산의 분할협의를 하면서 자신의 상속분에 관한 권리를 포기함으로써 일반 채권자에 대한 공동담보가 감소한 경우에도 원칙적으로 채권자에 대한 사해행위에 해당한다(대법원 2007. 7. 26. 선고 2007다29119 판결, 대법원 2001. 2. 9. 선고 2000다51797 판결).」라고 판단하고 있습니다.

따라서 상속분은 양도받는 형태의 상속재산분할협의를 통해서 채무자인 상속인의 상속분을 0으로 하고 다른 상속인들이 상속재산을 전부 상속받게 되면 이러한 상속재산분할협의는 사해행위취소소송의 대상이 됩니다.

나. 상속분을 양수받은 상속인의 선의 여부

이미 채무초과 상태에 있는 채무자가 상속재산의 분할협의를 하면서 자신의 상속분에 관한 권리를 포기함으로써 일반 채권자에 대한 공동담보가 감소된 경우 그 상속재산분할협의는 특별한 사정이 없는 한 일반채권자의 채권을 해할 수 있다는 사정을 인식하고 한 사해행위라고 봄이 타당하고 수익자의 악의는 추정됩니다.

그러므로 반대로 채무자인 상속인으로부터 상속분을 양수받은 수익자에게 선의가 추정된다면 이러한 상속재산분할협의는 사해행위로부터 배제되므로 이에 대한 사해행위취소소송은 기각됩니다.

판결문) 어머니에게 분할한 상속재산에 대한 사해행위취소소송

서울남부지방법원
판 결

사 건	2017가단226074 사해행위취소
원 고	대한민국
피 고	XXX
변론종결	2018. 4. 24.
판결선고	2018. 7. 10.

주 문

1. 원고의 청구를 기각한다.
2. 소송비용은 원고가 부담한다.

이 유

1. 인정사실

가. 박○○은 2009. 4. 15.부터 2011. 8. 31.까지 '△△' 상호로 xx설계(분수, 조명) 등 영업을 영위하였는데, 이와 관련하여 아래 표 기재와 같이 2009년 ~ 2011년귀속 부가가치세, 갑종 근로소득세, 종합소득세 등을 체납하고 있다.

나. 망 박◇◇(2016. 9. 15. 사망, 이하 '망인'이라고 한다)은 배우자인 피고와 사이에 박□□, 박○○을 자녀로 두었다. 망인이 사망하여 처인 피고가 3/7, 자녀인 박□□, 박○○이 각 2/7 지분의 재산상속인이 되었다.

다. 박○○을 포함한 망인의 상속인들은 2017. 3. 6. 망인의 상속재산인 별지 목록 기재 각 부동산(이하 '이 사건 부동산'이라고 한다)에 관하여 피고가 이를 단독으로 상속하는 내용의 상속재산협의분할약정(이하 '이 사건 분할약정'이라고 한다)을 체결하고, 피고는 2017. 3. 7. ☆☆지방법원 등기국 제xxxxx호로 협의분할에 의한 상속을 원인으로 한 소유권이전등기를 마쳤다.

라. 박○○은 이 사건 분할약정 당시 적극재산으로 이 사건 부동산의 상속지분 이외에는 예금 62,480원 채권만 보유하고 있었고, 이 사건 분할약정에 따라 이 사건 부동산에 관한 박○○의 상속지분(2/7)이 피고에게 이전됨으로써 박○○은 채무초과 상태가 되었다.

마. 한편, 이 사건 부동산의 상속 당시의 시가는 3억 5,900만 원 정도에 이르고, 이 사건 분할약정 당시 이 사건 부동산에는 망인을 채무자로 한 근저당권설정등기가 경료되어 있었는데, 그 피담보채무의 채권최고액 합계액이 약 1억 1,600만 원이다.

[인정근거] 다툼 없는 사실.

2. 주장 및 판단

가. 사해행위 여부

상속재산의 분할협의는 상속이 개시되어 공동상속인 사이에 잠정적 공유가 된 상속재산에 대하여 그 전부 또는 일부를 각 상속인의 단독소유로 하거나 새로운 공유관계로 이행시킴으로써 상속재산의 귀속을 확정시키는 것으로 그 성질상 재산권을 목적으로 하는 법률행위이므로 사해행위취소권 행사의 대상이 될 수 있다(대법원 2001. 2. 9. 선고 2000다51797 판결 참조). 한편, 이미 채무초과 상태에 있는 채무자가 상속재산의분할협의를 하면서 자신의 상속분에 관한 권리를 포기함으로써 일반 채권자에 대한 공동담보가 감소된 경우 그 상속재산분할협의는 특별한 사정이 없는 한 사해행위에 해당한다.

위 법리에 비추어 이 사건에 관하여 보건대, 위 인정사실에 의하면, 박○○은 채무초과 상태에서 상속재산분할협의를 하면서 이 사건 부동산의 상속지분(2/7)을 포기하고, 피고로 하여금 그 지분을 상속하게 함으로써 원고 등 일반채권자에 대한 공동담보를 감소시켰으므로, 박○○이 피고와 사이에 한 이 사건 분할약정은 일반채권자의 채권을 해할 수 있다는 사정을 인식하고 한 사해행위라고 봄이 타당하고, 수익자인 피고의 악의는 추정된다.

나. 피고의 주장에 관한 판단

피고는 이 사건 분할약정 당시 선의였다는 취지로 항변한다. 살피건대, 위에서 든 증거에다가 을1호증, 을2호증의 1, 2의 각 기재 및 변론 전체의 취지를 종합하여 알 수 있는 다음과 같은 사정, 즉 ① 피고가 망인과 1969. 4. 27. 혼인하여 슬하에 2명의 자녀를 두었고, 망인이 2016. 9. 15. 사망할 때까지 약 50년 가까이 혼인생활을 한 점, ② 피고가 망인이 피고와 혼인생활 중인 1995. 5. 13.경 이 사건 부동산을 취득한 무렵부터 현재까지 위 부동산에 거주하고 있는 점, ③ 망인이 1988. 1. 1.경부터 2000. 9. 16.까지 한국공항 주식회사에 근무하면서 소득활동을 하여 국민연금으로 합계 5,914,700원을 납부할 정도로 혼인생활 중 경제활동을 하여 이 사건 부동산의 취득 및 유지에 상당부분 기여하였을 것으로 보이는 점, ④ 이 사건 분할약정 당시 이 사건 부동산에 망인을 채무자로 한 근저당권설정등기의 각 피담보채무의채권최고액만 합해도 1억 1,600만 원에 이르러 약 1/3 정도는 이미 공동담보로서의 의미가 없었던 점, ⑤ 망인의 상속인들 중 일부만이 이 사건 부동산에 관한 자신의 상속지분을 포기한 것이 아니라 피고를 제외한 나머지 상속인들 전부가 이 사건 부동산에 관한 자신의 상속지분을 포기한 점, ⑥ 노년부부가 어떤 집에서 상당한 기간 살던 중 일방 배우자가 먼저 사망하는 경우 자녀들이 남은 부모에게 상속재산 협의분할의 방식으로 그 부동산을 단독상속하게 함으로써 노후에 대비하도록 하는 것은 우리 사회에서 흔히 일어나는 일이고, 이는 우리 사회의 도덕관념에 부합하는 관습에 해당하는 것으로 보이는 점, ⑦ 상속재산분할협의는 매매·증여 등 전형적인 사해행위의 양태와 달리 처분자의 의도와 무관하게 피상속인의 사망이라는 우연한 선행 사건을 필요로 하고, 그 결과에 있어서도 채무자의 기득재산을 적극적으로 감소시키는 것이 아니라 소극적으로 그 증가를 방해하는 것에 그치는 점 등에 비추어 보면, 피고는 선의의 수익자라고 봄이 상당하다. 따라서 피고의 위 항변은 이유 있다.

3. 결론

그렇다면, 원고의 청구는 이유 없으므로 이를 기각하기로 하여 주문과 같이 판결한다.

다. 사해행위취소의 범위

채무자인 상속인이 상속재산분할협의를 통해서 자신의 상속분을 0으로 하는 경우에 채무자인 상속인의 채권자는 상속받은 상속인을 상대로 채무자인 상속인의 법정상속분을 기준으로 사해해위취소소송을 신청하게 됩니다.

가령 배우자와 1남 2녀를 둔 피상속인이 부동산을 상속재산으로 남기고 사망했는데 해당 부동산을 배우자인 어머니가 단독상속하는 것으로 하는 협의분할을 마치고 협의분할을 원인으로 하는 소유권이전등기까지 마친 경우에, 1남의 채권자는 어머니를 상대로 사해행위취소를 원인으로 1남의 법정상속분인 2/9지분의 말소를 청구하게 됩니다. 그런데 이와 같이 사해행위가 인정된다고 해서 법정상속분을 기준으로 말소되는 것이 아닙니다.

우리 법원은 「채무초과 상태에 있는 채무자가 상속재산의 분할협의를 하면서 상속재산에 관한 권리를 포기함으로써 결과적으로 일반 채권자에 대한 공동담보가 감소되었다 하더라도, 그 재산분할결과가 채무자의 구체적 상속분에 상당하는 정도에 미달하는 과소한 것이라고 인정되지 않는 한 사해행위로서 취소되어야 할 것은 아니고, 구체적 상속분에 상당하는 정도에 미달하는 과소한 경우에도 사해행위로서 취소되는 범위는 그 미달하는 부분에 한정하여야 한다(대법원 2001. 2. 9. 선고 2000다51797 판).」라고 판단함으로써 비록 상속재산분할협의가 사해행위의 대상은 되나 취소의 범위는 구체적 상속분을 기준으로 하고 있습니다.

그리하여 위 판결에서는 채무자인 상속인이 피상속인으로부터 증여받은 특별수익을 공제하지 않고 법정상속분을 기준으로 취소를 명한 원심을 파기환송하였습니다[24].

> 구체적 상속분={ (사전증여+유증+상속재산 - 상속채무)×법정상속분 } - 당해 상속인의 사전증여 - 당해 상속인의 유증

따라서 사해행위취소소송이 제기된 경우라도 채무자인 상속인이 피상속인으로부터 생전에 증여를 받은 특별수익이 있다면, 이를 증명해서 취소대상을 감액할 수 있을 것입니다.

실제 2023년 7월 19일에 선고된 서울중앙지방법원의 2022나33011 사해행위취소 사건에서는 「○○○의 구체적 상속분에 관하여 보건대, 제1심법원의 감정평가사사무소에

---

[24] 대법원 2001. 2. 9. 선고 2000다51797 판결
피고 3의 법정상속분에서 위 수증액을 공제하고서도 나머지가 있는지를 판단하여 사해행위가 되는 범위를 확정한 후 그에 따른 지분이전 또는 가액반환을 명하였어야 함에도, 이에 나아가 심리·판단하지 아니한 채 피고 3의 법정상속분 전체에 대하여 사해행위가 성립한다고 판단한 원심판결에는 피고들의 위 주장에 관한 판단을 유탈하거나 상속재산의 분할협의에 이르게 된 사정에 관한 심리를 다하지 아니한 잘못이 있다 할 것이고 이는 판결 결과에 영향을 미쳤음이 분명하다. 이 점을 지적하는 상고이유의 주장은 이유 있다.

대한 감정촉탁결과에 의하면 이 사건 상속개시 무렵인 2016. 3. 31. 당시 이 사건 부동산의 시가는 233,000,000원이고, 이에 ○○○의 특별수익 134,860,531원을 가산하면 367,860,531원이 되는바, 여기에 ○○○의 법정상속분 2/7를 곱하여 산출된 상속분 가액 105,103,008원에서 ○○○의 특별수익 134,860,531원을 공제하면 ○○○의 구체적 상속분은 전혀 없는 것이 된다. 위와 같이 채무자인 ○○○에게 구체적 상속분이 전혀 없는 이상, 이 사건 분할협의로 인하여 일반 채권자인 원고의 공동담보가 감소되었다고 볼 수는 없으므로, 이 사건 분할협의가 사해행위에 해당한다고 판단하기는 어렵다.」라고 판단함으로써 사해행위를 전제로 한 원고의 청구를 기각하였습니다. 그리고 위 사건은 대법원 2023다265328 사건으로 상고되었으나 2023. 10. 12. 심리불속행기각으로 확정되었습니다.

판결문) 초과특별수익자인 상속인의 상속재산분할협의 대한 사해행위취소소송

서울중앙지방법원
제9-1민사부
판 결

사　　　　건	2022나33011 사해행위취소
원고, 피항소인	XX보증기금
	XX XX 첨XX로 1(XX동, XX보증기금본점)
	대표자 이사장 XXX
피고, 항소인	XXX
	서울 XX구 XX12길 12, 123호(XX동, XX 2차)
제1심 판결	서울중앙지방법원 2022. 6. 8. 선고 2020가단5243542 판결
변 론 종 결	2023. 6. 7.
판 결 선 고	2023. 7. 19.

주　　문

1. 제1심판결을 취소한다.
2. 원고의 청구를 기각한다.
3. 소송 총비용은 원고가 부담한다.

이　　유

… 중략 …

2. 판단

가. 관련 법리

공동상속인 중 피상속인으로부터 재산의 증여 또는 유증을 받은 자는 그 수증재산이 자기의 상속분에 부족한 한도 내에서만 상속분이 있으므로(민법 제1008조), 공동상속인 중에 특별수익자가 있는 경우에는 이러한 특별수익을 고려하여 상속인별로 고유의 법정상속분을 수정하여 구체적인 상속분을 산정하게 되는데, 이러한 구체적 상속분을 산정함에 있어서는 피상속인이 상속개시 당시에 가지고 있던 재산의 가액에 생전증여의 가액을 가산한 후 이 가액에 각 공동상속인별로 법정상속분율을 곱하여 산출된 상속분 가액으로부터 특별수익자의 수증재산인 증여 또는 유증의 가액을 공제하는 계산방법에 의하여야 하고(대법원 1995. 3. 10. 선고 94다16571 판결 등 참조), 특별수익자인 채무자의 상속재산 분할협의가 사해행위에 해당하는지를 판단함에 있어서도 위와 같은 방법으로 계산한 구체적 상속분을 기준으로 그 재산분할결과가 일반 채권자의 공동담보를 감소하게 하였는지 평가하여야 한다(대법원 2014. 7. 10. 선고 2012다26633 판결 등 참조).

나. 구체적 판단

1) 우선 망 ㅁㅁㅁ가 변제한 ㅇㅇㅇ의 대출원리금 합계 125,719,170원이 ㅇㅇㅇ의 특별수익이 되는지에 관하여 보건대, ㅇㅇㅇ이 XXX새마을금고로부터 125,000,000원을 대출받아 사용하였고, 그에 관하여 망 ㅁㅁㅁ의 소유였던 이 사건 부동산에 이 사건 근저당권설정등기가 마쳐진 사실, 그 후 망 ㅁㅁㅁ가 2012. 12. 18. XXX새마을금고에 위 대출원리금 합계 125,719,170원을 변제하고, 이 사건 근저당권설정등기를 말소한 사실은 앞서 본 바와 같다. 이와 같이 ㅇㅇㅇ이 망 ㅁㅁㅁ 소유의 부동산을 담보로 대출을 받고, 망 ㅁㅁㅁ가 그 대출원리금 채무를 변제하여 ㅇㅇㅇ이 위 대출금 채무가 소멸되는 이익을 얻은 이상, 망 ㅁㅁㅁ가 변제한 위 대출원리금은 ㅇㅇㅇ에 대한 증여로, ㅇㅇㅇ의 특별수익에 해당한다고 보는 것이 타당하다.

2) 한편, 증여받은 재산이 금전일 경우에는 그 증여받은 금액을 상속개시 당시의 화폐가치로 환산하여 이를 증여재산의 가액으로 봄이 상당하고, 그러한 화폐가치의 환산은 증여 당시부터 상속개시 당시까지 사이의 물가변동률을 반영하는 방법으로 산정하는 것이 합리적이다(대법원 2009. 7. 23. 선고 2006다28126 판결 등 참조). 이때 환산기준은 경제 전체의 물가수준 변동을 잘 반영한 것으로 보이는 GDP 디플레이터를 사용함이 타당하므로, 증여받은 금전의 상속개시 당시의 화폐가치는 '증여액×사망 당시의 GDP 디플레이터 수치 ÷ 특별수익 당시의 GDP 디플레이터 수치'로 산정하여야 하고, 2015년도를 기준연도로 하여 그 수치를 100으로 정한 한국은행 GDP 디플레이터 수치가 아래의 표 기재와 같이 책정되었음은 공지의 사실이다.

연도	GDP 디플레이터 수치	연도	GDP 디플레이터 수치	연도	GDP 디플레이터 수치
2011	93.898	2012	95.073	2013	96.042
2014	96.913	2015	100.000	2016	101.986

○○○의 위 특별수익을 상속개시 당시의 화폐가치로 환산하면 134,860,531원[= 125,719,170원×101.986(2016년 GDP 디플레이터 수치) ÷ 95.073(2012년도 GDP 디플레이터 수치), 원 미만 버림, 이하 같다]이 된다.

3) 나아가 ○○○의 구체적 상속분에 관하여 보건대, 제1심법원의 XX감정평가사 사무소에 대한 감정촉탁결과에 의하면 이 사건 상속개시 무렵인 2016. 3. 31. 당시 이 사건 부동산의 시가는 233,000,000원이고, 이에 ○○○의 특별수익 134,860,531원을 가산하면 367,860,531원이 되는바, 여기에 ○○○의 법정상속분 2/7를 곱하여 산출된 상속분 가액 105,103,008원에서 ○○○의 특별수익 134,860,531원을 공제하면 ○○○의 구적 상속분은 전혀 없는 것이 된다.

위와 같이 채무자인 ○○○에게 구체적 상속분이 전혀 없는 이상, 이 사건 분할협의로 인하여 일반 채권자인 원고의 공동담보가 감소되었다고 볼 수는 없으므로, 이 사건 분할협의가 사해행위에 해당한다고 판단하기는 어렵다. 따라서 이와 다른 전제에 선 원고의 청구는 나머지 주장에 관하여는 더 나아가 살펴볼 필요 없이 받아들이지 아니한다.

... 중략 ...

3. 결론

원고의 이 사건 청구는 이유 없어 기각하여야 한다. 이와 결론을 달리한 제1심판결은 부당하므로 이를 취소하고 원고의 청구를 기각한다.

재판장　　판사　xxx　(인)
　　　　　　판사　xxx　(인)
　　　　　　판사　xxx　(인)

라. 상속재산분할협의를 한 후 상속포기를 하는 경우

법정단순승인을 규정하고 있는 민법 제1026조 1.호에서는 「상속인이 상속재산에 대한 처분행위를 한 때」라고 하고 있습니다.

그리고 상속재산분할협의에 관하여 「상속인중 1인이 다른 공동재산상속인과 협의하여 상속재산을 분할한 때는 민법 제1026조 제1호에 규정된 상속재산에 대한 처분행위를 한 때에 해당되어 단순승인을 한 것으로 보게 되어 이를 취소할 수 없는 것이므로 그뒤 가정법원에 상속포기신고를 하여 수리되었다 하여도 포기의 효력이 생기지 않는다(대법원 1983. 6. 28. 선고 82도2421 판결).」라고 함으로써, 상속재산분할협의를 상속재산의 처분행위라고 판단하고 있습니다.

채무자인 상속인이 상속재산분할협의를 통해서 자신의 상속분을 0으로 하는 것은 법정단순승인으로써 이후 상속포기를 신청해도 그 효력이 없게 되나, 상속포기를 전제로 자신의 상속분을 0으로 하는 상속재산분할협의서를 작성한 경우에 관하여 법원은 「상속포기의 신고가 아직 행하여지지 아니하거나 법원에 의하여 아직 수리되지 아니하고 있는 동안에 포기자를 제외한 나머지 공동상속인들 사이에 이루어진 상속재산분할협의는 후에 상속포기의 신고가 적법하게 수리되어 상속포기의 효력이 발생하게 됨으로써 공동상속인의 자격을 가지는 사람들 전원이 행한 것이 되어 소급적으로 유효하게 된다. 이는 설사 포기자가 상속재산분할협의에 참여하여 그 당사자가 되었다고 하더라도 그 협의가 그의 상속포기를 전제로 하여서 포기자에게 상속재산에 대한 권리를 인정하지 아니하는 내용인 경우에는 마찬가지이다(대법원 2011. 6. 9. 선고 2011다29307 판결).」라고 판단하였습니다.

따라서 채무자인 상속인이 자신의 상속분을 0으로 하는 상속재산분할협의를 한 후에 상속포기를 신청하거나 신청한 후에 상속재산분할협의를 한 경우라도 그러한 협의서는 유효하게 됩니다. 다만 위 판결은 해당 상속재산분할협의가 사해행위에 해당하는지의 여부에 대해서는 명시적인 판단을 하지 않고 있으나, 필자가 보기로는 전체적인 해석상 사해행위에 해당하지 않는다고 보는 것이 합당할 것입니다.

마. 유증의 포기

상속포기와 비슷한 것으로 유증을 포기하는 경우가 있습니다. 즉 피상속인이 누군가에게 재산을 상속할 것을 유언하였으나 채무초과 상태인 수유자는 유증을 포기할 수 있고, 이때 유증의 포기는 사해행위의 대상이 되지 않습니다.

물론 그렇다고 해서 상속인의 지위까지 포기되는 것은 아니므로 유증을 받은 상속인인 채무자가 유증을 포기한 후 상속재산분할협의를 통해서 자신의 상속분을 양도하면 원칙적으로 사해행위에 해당하게 됩니다.

> **대법원 2019. 1. 17. 선고 2018다260855 판결**
> 유증을 받을 자는 유언자의 사망 후에 언제든지 유증을 승인 또는 포기할 수 있고, 그 효력은 유언자가 사망한 때에 소급하여 발생하므로(민법 제1074조), 채무초과 상태에 있는 채무자라도 자유롭게 유증을 받을 것을 포기할 수 있다. 또한 채무자의 유증 포기가 직접적으로 채무자의 일반재산을 감소시켜 채무자의 재산을 유증 이전의 상태보다 악화시킨다고 볼 수도 없다. 따라서 유증을 받을 자가 이를 포기하는 것은 사해행위 취소의 대상이 되지 않는다고 보는 것이 옳다.

바. 사해행위취소소송의 시효

우리 민법 제406조(채권자취소권) 2.항에서는 「전항의 소는 채권자가 취소원인을 안 날로부터 1년, 법률행위있은 날로부터 5년내에 제기하여야 한다.」라고 규정하고 있습니다. 따라서 위와 같은 규정에 의하면 사해행위취소소송의 시효는 1년과 5년으로 구분될 수 있습니다.

여기서 1년은 '채권자가 취소원인을 안 날'을 기준으로 하는데 이에 대해서 판례는 「채권자취소권의 행사에서 그 제척기간의 기산점인 '채권자가 취소원인을 안 날'은 채권자가 채권자취소권의 요건을 안 날, 즉 채무자가 채권자를 해함을 알면서 사해행위를 하였다는 사실을 알게 된 날을 말한다. 이때 채권자가 취소원인을 알았다고 하기 위해서는 단순히 채무자가 재산의 처분행위를 하였다는 사실을 아는 것만으로는 부족하며, 구체적인 사해행위의 존재를 알고 나아가 채무자에게 사해의 의사가 있었다는 사실까지 알 것을 요한다(대법원 2023. 4. 13. 선고 2021다309231 판결).」라고 판단하고 있습니다. 또한 다른 판례에서는 「취소원인을 안다는 것은 단순히 채무자의 법률행위가 있었다는 사실을 아는 것만으로는 부족하고, 그 법률행위가 채권자를 불리하게 하는 행위라는 것, 즉 그 행위에 의하여 채권의 공동담보에 부족이 생기거나 이미 부족상태에 있는 공동담보가 한층 더 부족하게 되어 채권을 완전하게 만족시킬 수 없게 된다는 것까지 알아야 한다(대법원 2018. 9. 13. 선고 2018다215756 판결).」라고 판단하고 있습니다.

따라서 이와 같은 판례에 의하면 사해행위취소소송에서 의미하는 '채권자가 취소원인을 안 날'은 채무자가 자신의 재산을 감소하게 하는 행위를 하고 이를 채권자가 알았으며 그로 인하여 자신의 채권에 대한 만족을 구할 수 없다는 사실까지 알게 된 것을 의미한다고 할 것입니다.

그리고 시효 5년의 기준이 되는 '법률행위있은 날'에 대해서 법원은 대법원 2021. 6. 10. 선고 2020다265808 판결을 통하여 "사해행위취소의 소는 법률행위가 있은 날부터 5년 내에 제기해야 한다(민법 제406조 제2항). 이는 제소기간이므로 법원은 그 기간의 준수 여부에 관하여 직권으로 조사하여 그 기간이 지난 다음에 제기된 사해행위취소의 소는 부적법한 것으로 각하해야 한다. 어느 시점에서 사해행위에 해당하는 법률행위가 있었는지는 당사자 사이의 이해관계에 미치는 중대한 영향을 고려하여 신중하게 판정하여야 하고, 사해행위에 해당하는 법률행위가 언제 있었는가는 실제로 그러한 사해행위가 이루어진 날을 표준으로 판정하되(대법원 2002. 7. 26. 선고 2001다73138, 73145 판결 참조), 특별한 사정이 없는 한 처분문서에 기초한 것으로 보이는 등기부상 등기원인일자를 중심으로 그러한 사해행위가 실제로 이루어졌는지 여부를 판정할 수밖에 없다(대법원 2002. 11. 8. 선고 2002다41589 판결 참조)."라고 판단하고 있습니다.

따라서 이와 같은 판례에 의하면 상속재산 중 부동산에 대한 사해행위취소소송의 시효 5년의 기준이 되는 시점은 등기원인일을 기준으로 하게 됩니다.

김정대 변호사

전) 대법원, 수원지방법원 국선변호인
　　법무법인 주한 상속센터장
　　최지수 법률사무소 상속변호사
　　법무법인 천명 상속변호사
현) 법무법인(유한) 로하나 가사상속센터장
　　대한변호사협회 등록 상속전문변호사

저자 연락 및 문의처 : lawsangsok@naver.com
　　　　　　　　　　02-6958-8544

이재우 상속전문위원

전) 서울보증보험㈜ 근무
　한불화장품(주) 법무팀장
　법무법인 세중 상속팀장
　법무법인 천명 가사상속팀장
현) 법무법인 로하나 상속전문위원

저서

유류분의 정석
한정승인과 상속포기의 정석

네이버블로그 https://blog.naver.com/oklaw64
유튜브 https://www.youtube.com/@oklaw64(상속이야기)

저자 연락 및 문의처 : oklaw64@naver.com
　　　　　　　02-6958-8544, 010-7348-7738

[개정판] 상속재산분할심판청구 실무의 완성판
상속재산분할의 정석

2025년 9월 20일 개정판 1쇄 인쇄
2025년 9월 30일 개정판 1쇄 발행

저　　자　　김정대 · 이재우 공저
발 행 인　　김용성
발 행 처　　법률출판사
　　　　　　서울시 동대문구 휘경로2길 3, 4층
　　　　　　☎ 02) 962-9154　　　팩스 02) 962-9156
등 록 번 호　　제1- 1982호
ISBN　　　978-89-5821-471-7　　　13360
e-mail :　　lawnbook@hanmail.net

Copyright ⓒ 2025
본서의 무단전재 · 복제를 금합니다.
정 가 28,000원